潘懋元肖像油画（魏楚予画）

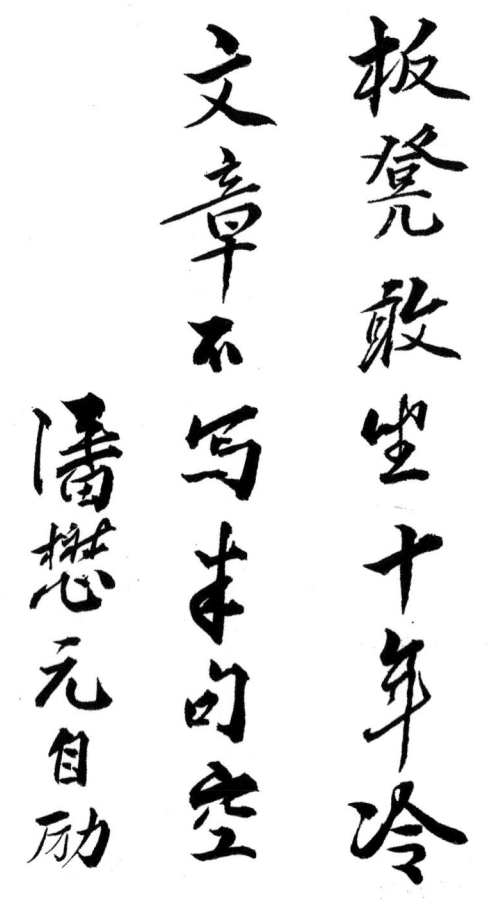

2006 年题铭自励

潘懋元 ◎ 著

潘懋元文集

卷六·讲课录

图书在版编目(CIP)数据

潘懋元文集. 卷六, 讲课录 / 潘懋元著. —2版. —广州：广东高等教育出版社, 2020.6
ISBN 978 - 7 - 5361 - 6742 - 1

Ⅰ. ①潘… Ⅱ. ①潘… Ⅲ. ①潘懋元—文集 ②高等教育—研究 Ⅳ. ① C53 ② G64

中国版本图书馆 CIP 数据核字（2020）第 060404 号

PANMAOYUAN WENJI JUANLIU JIANGKELU

出版发行	广东高等教育出版社
	地址：广州市天河区林和西横路 /510500
	营销电话：（020）87554153
	http://www.gdgjs.com.cn
印　刷	佛山市浩文彩色印刷有限公司
开　本	787 毫米 × 1092 毫米　1/16
插　页	2
印　张	17.5
字　数	277 千
版　次	2010 年 9 月第 1 版　2020 年 6 月第 2 版
印　次	2020 年 6 月第 2 次印刷
定　价	68.00 元（全套定价：1388.00 元）

（版权所有，翻印必究）

《潘懋元文集》编辑委员会

编委会主任：吴　岩

编委会委员（按姓氏笔画排序）：

　　　　　　王伟廉　王洪才　卢晓中　叶之红　邬大光
　　　　　　刘振天　汤贞敏　李　均　杨德广　肖海涛
　　　　　　别敦荣　张应强　张德祥　范跃进　林蕙青
　　　　　　周　川　郑冰冰　胡建华　钟凌翊　高宝立
　　　　　　黄红丽　韩延明　覃红霞　谢作栩　潘世墨

主　　编：肖海涛

分卷主编：肖海涛　卷一·高等教育学讲座

　　　　　　肖海涛　卷二·理论研究（上、下）

　　　　　　李　均　卷三·问题研究（上、下）

　　　　　　肖海涛　卷四·历史与比较研究

　　　　　　刘志文　卷五·序文

　　　　　　朱乐平　卷六·讲课录

　　　　　　向　春　卷七·昔年作品及其他

　　　　　　韩延明　卷八·潘懋元教授纪事年表

　　　　　　肖海涛　卷九·潘懋元教育口述史

谨以本书庆贺潘懋元先生百岁华诞暨从教八十五周年

编 辑 说 明

潘懋元，1920年出生于广东汕头，厦门大学文科资深教授。现任厦门大学教育研究院名誉院长，教育部人文社会科学重点研究基地厦门大学高等教育发展研究中心名誉主任；中国高等教育学会顾问、高等教育学专业委员会终身名誉理事长。兼任教育部教育发展研究中心、国家教育行政学院、南京大学、华中科技大学、华南师范大学、华中师范大学、广西大学、深圳大学等十多所研究机构和大学的客座或兼职教授。曾任厦门大学副校长、顾问、教务处处长、高等教育科学研究所所长、海外教育学院院长，国务院学位委员会教育学科评议组召集人，中国高等教育学会副会长，高等教育学专业委员会理事长，等等。

潘懋元先生是中国高等教育学科的奠基者和创始人。作为著名的教育理论家，潘懋元先生教育理论研究硕果累累，为创建我国高等教育学科，丰富和发展我国乃至世界高等教育理论体系做出了重要贡献。作为杰出的教师，他培养了大批高层次教育学人才，桃李满天下，为建设我国高等教育学科骨干教师队伍和研究队伍做出了重要贡献；作为一位优秀的教育活动家，他对我国若干重要教育改革决策提出了许多宝贵的意见和建议，为我国高等教育宏观决策科学化做出了重要贡献。

潘懋元先生从1935年15岁开始从事教育工作，在15岁之前就已经进行创作和发表。涉及范围从最初的文学创作，到后来从事教育史研究、教育学研究，开创高等教育学科以及长期从事高等教育研究等，时间跨度长达80多年，内容精彩，成果丰硕，卓有建树，其中尤以高等教育研究成果为最。

这套《潘懋元文集》收录了潘懋元先生的绝大多数成果，约550万字。根据潘懋元先生创作及研究成果的特点，我们进行了分类整理，一共有9卷11册。各卷名如下：

卷一·高等教育学讲座
卷二·理论研究（上、下）
卷三·问题研究（上、下）
卷四·历史与比较研究
卷五·序文
卷六·讲课录
卷七·昔年作品及其他
卷八·潘懋元教授纪事年表
卷九·潘懋元教育口述史

上述9卷基本上反映了潘懋元先生学术人生的全貌。其中，卷一是潘先生作为高等教育学科奠基人的奠基之作，1983年5月在人民教育出版社出版第一版，1985年、1992年分别出版第二版、第三版。2010年广东高等教育出版社出版《潘懋元文集》时，将此书收入作为卷一。本书虽然个别地方的表述与现在说法稍有出入，但为了尊重历史和潘先生奠基性的贡献，力求保持原貌。卷二至卷四集中反映了潘先生对教育特别是高等教育方方面面的研究成果，包括理论研究和问题研究。卷五是潘先生为学者们的教育研究专著所作的序言，话题宽泛。卷六是最新版讲课内容，是潘先生给2019级博士生讲授"高等教育学专题研究"课程内容的实录。卷七包括潘先生早年的学士学位论文和文学作品、散论等，最早的作品作于16岁。卷八包括各个时期个人生活、学术活动等内容的照片和教学、科研及学术活动纪事。卷九以教育口述史的形式，以时间为主线，以思想为专题，生动地反映了潘懋元先生的教育人生。该卷由北京师范大学出版社于2007年出版，这次收入文集时略有修订。

在对书稿进行编辑加工的过程中，我们对一些时间概念、专有名词、数据、注释等做了规范处理。为方便选择和阅读，每卷每册开头都编排了编辑说明、代序，末尾编排了潘先生的百岁感言和编者的后记，特此向读者说明。

编　者
2019年10月28日

代　序

潘懋元：中国高等教育研究的奠基人[①]

［加拿大］许美德（Ruth Hayhoe）

潘懋元教授，1920年出生于粤东沿海的汕头市，家境贫寒。在这样的家庭中，能获得基础教育就相当不容易了。但他对教育的热爱却使得他在1941年抗战时期考入当时迁于福建长汀的厦门大学，随后他的教育生涯就与厦门大学的历史结下了不解之缘。厦门大学位于福建省东南沿海的厦门（厦门旧称Amoy，与台湾隔海相望），有着独特的发展历史。

在我涉足中国高等教育之初，了解到潘懋元教授很早就在该领域从事重要的工作。1988年秋，我在南京大学召开的高等教育改革会议上首次聆听他的报告。第二年我移居北京，做加拿大驻中国大使馆的文化参赞。其间，我荣幸地接受了潘懋元教授的邀请访问厦门大学，了解到厦门大学在高等教育研究领域所做的工作。我为这滨海校园之美所打动，它的建筑风格成功地糅合了中西方的特点。

[①] 许美德. 思想肖像：中国知名教育家的故事［M］. 周勇，等译. 北京：教育科学出版社，2008. 许美德教授是国际著名的比较教育专家，多年来她对我国高等教育研究投入了大量的精力，成果丰硕。她对潘懋元教授的地位和贡献给予了高度的评价。本次出版《潘懋元文集》，我们征得许美德教授本人同意，将此文章作为文集的代序（少数地方根据现在的出版或文字规范稍有删改）。

更为重要的是，我获知了很多厦门大学高等教育科学研究所（以下简称"高教所"）的工作，它是潘懋元教授于1978年创办的，源头则要追溯到潘教授自20世纪50年代在厦门大学所做的工作。

1997年11月，我再次有机会访问厦门大学高教所，拜访潘懋元教授，并邀请他讲述自己的人生故事。此前我已定居香港，时任香港教育学院院长。本文的主要资料就来源于那一年的两次长谈。① 我也有幸看见他每周六晚在自己家里为研究生们举办的学术沙龙，由此领略了他的教学风格。

潘懋元教授住的是一栋两层楼的房子，位于厦门大学校园内的一座小山上。二楼是宽敞的斯巴达式的书房，里面整齐地排放着书架，桌子和沙发点缀其间，还准备了许多客人来访坐的小凳子。当晚来了12名研究生，我能感受到他们对于沙龙的热情和期待。潘教授寥寥数语先起了个头，介绍了晚上所要讨论的主题。当晚的主题是一位研究生的论文涉及的论题，她在此之前曾写过一篇论文，与南京的一位著名学者提出的教育社会观进行商榷。这位研究生认为，南京学者的那篇文章的理论前提完全忽视了高等教育作为独特领域而发挥的功能。南京学者于是又发表了一篇文章与她反商榷，这位研究生正在准备她的再次应答。于是学生们围绕着这个问题给她提供各自的意见，他们分成两派，充当论辩中的不同角色。在热情生动的争论中，几个小时不知不觉过去了，学生们在争论之中探讨了高等教育方方面面的社会功能。潘教授不时插入几句简短的评论，以免出现跑题的现象，但辩论主要由学生自主进行。我入迷地观察着整晚的沙龙，亲眼见识到了潘教授的教学风格和对学生和蔼

---

① 对潘懋元教授的访谈时间是在1997年12月6日和8日。

可亲的态度,而这是此前在相对正式一点的场合中我所从未见过的他。

本文中我所描绘的潘懋元形象主要基于他的那次自述,还有自己所拜读的他在高等教育领域的部分研究成果。我从厦门大学开始讲起,自1939年直至现在,这是他为生、为师以及成为学校管理者和教授的地方。

1920—1949年在中国东南地区的成长

1920年,潘懋元出生于广东东部沿海毗邻福建厦门的汕头市。由于贫困,家里无法供他上学,所以他的早期教育是不正规和断断续续的,由兄长和父亲在家教他认字。8岁时,他被送到当地的小学插班读三年级。他记得所学课程的主要内容都是传统经典。启蒙教育的内容是《三字经》,接下来是儒家经书和古代历史书籍。虽然1919年爆发了五四运动,新文化运动提倡采用接近口语的白话文,但潘懋元接受的仍然是传统教育,学的是文言文,直到后来才接触现代汉语。

小学毕业后,由于家庭无力支持,少年潘懋元无法继续上学。他的父亲希望他留在家中帮助碾米做一些发糕来卖。非常幸运的是,小学校长杨雪立在阅读毕业试卷时发现了潘懋元的中文写作才能。得知他待在家中,不能继续上学,杨校长帮助其减免一半的学费,使他得以上初中学习。就读的那所中学是一所非常传统的中学,称为时中中学。在那里他主要学习了3年的中文。潘懋元的很多老师参加过封建时期的科举考试,有的甚至考中举人。后来,他感觉到传统经典的学习给他的一生奠定了一个很有价值的基础。他回顾说,最为重要的是他学会了如何做人。

潘懋元15岁时，知道家里不可能再资助他上学了。但他得到一个到小学当教师的机会，他满腔热情地投入到工作中，但很快发现，教小学生并不是想象中那么容易。他每上一堂课要备课数个小时。初次讲课，备好的课讲不到半小时便无话可说，站在讲台上，面对乱哄哄的课堂不知所措。不甘失败的他决定想办法到师范学校学习，学习如何当老师，同时也找一些教育书籍来读。

他首先找到的是浙江大学庄泽宣教授的《教育通论》，这成了他的启蒙书。潘懋元发现这本书理论复杂，学问深入，他读不太懂，这更加坚定了他要找机会去师范学校读书的决心。1936年，终于有机会到海滨中学高中师范科做旁听生，学习了教育心理学、小学教材教法和教育行政等几门课程。当时，他已能通过教夜校和赚稿费维持生活。在海滨中学学习期间，他写过几篇短篇小说和许多散文，有一些已发表。

1937—1939年，潘懋元在农村小学教书。那时正是日本侵华战争时期，战争使得民不聊生。潘懋元热爱教书，但他越来越多地投身于抗日的洪流中，参加抗日宣传活动，组织民众起来抗日。他加入了汕头地下党组织的青年抗敌同志会，揭发敌人的罪恶行径，鼓舞民众的抗日激情。1939年6月，日军侵占了汕头，在其后的几个月里，潘懋元不得不辞去热爱的教学工作，参加抗日军队，全身心地投入到抗日运动中。

出于多种缘故，1940年，潘懋元决定离开家乡。离家的一个原因就是去接受进一步的教育，以便能做一个称职的老师。那一年他19岁，战争的局势日渐恶化。他翻山越岭，艰苦跋涉，一个星期之后，终于来到福建长汀，厦门大学于1937年迁移至此。他参加了厦门大学的入学考试，虽然他的中文很优秀，但由于事先未做充分准备，英语和数学未合格，结果名落孙山。为了读师范，他考入一所中等师资养成所学习了一年。次年，他终于考入厦门大学教育系。

潘懋元回顾说，1941—1945年在厦门大学的学习生活对他是很大的锻炼。当时在厦门大学担任教授的多是留美学者，其中教育系主任李培囿是杜威的学生，翻译了杜威的一些著作。另一名在教育系工作的知名学者陈景磐教授，于20世纪30年代在多伦多大学获得博士学位，其博士论文是关于孔子生活的背景和为师之道。[①] 通过这些年的学习，潘懋元成为杜威著作的敬慕者，并对陶行知把杜威的理论运用到中国教育实践特别欣赏。陶行知的教育实验在中国有很大的影响，虽然杜威1921年来华时仅在福建有过短暂访问（Keenan，1977），陶行知的实验工作也主要是在南京和上海，但他的思想在福建却备受推崇。[②]

为了糊口，在厦门大学读书期间，潘懋元先在一所小学担任兼职教师，接着又在一所中学做兼职教师。大学四年级时，他还担任了一所县立中学的教务主任，从而可以将自己所学的知识用于实际的教学当中。1945年大学毕业后，潘懋元在江西省的两所中学任教一段时间。与此同时，厦门大学也迁回厦门市。1946年，他收到厦门大学校长和教育系主任的邀请，要他担任厦门大学附属小学的校长，并在厦门大学教育系兼做助教。这期间，他发现陶行知的理论对他主持校长工作的帮助很大，虽然他很遗憾没有机会与陶行知会面。在这一点上，潘懋元与李秉德的认识是一致的，后者也认为陶行知的理论最符合中国教育的实际需要。

---

① CHEN J P. Confucius as a teacher: philosophy of Confucius with special reference to its educational implications [M]. Beijing: Foreign Languages Press, 1990.

② 刘海峰，庄明水. 福建教育史 [M]. 福州：福建教育出版社，1996：422-438.

新方向与新事业：社会主义时期

　　对潘懋元来说，1949年的革命胜利意味着新教育生涯的开始。中华人民共和国成立后，他继续留在厦门大学当讲师。1951年秋季，他被派到中国人民大学进修研究生课程，学习教育。一年后，李秉德也在此学习。潘懋元发现，在众多学友中，一些是和他一样的研究生；另外还有一些年长的教授，他们在此学习马列主义的理论知识，目的是为了更好地胜任未来的教育领导岗位。在潘懋元学习的班上，有好几位学者后来都成了北京师范大学的知名教授，包括教育哲学家黄济、教育学家王策三和王天一、心理学家章志光。1952年初，因为院系调整，这项进修计划从中国人民大学转到了北京师范大学。

　　潘懋元对在中国人民大学的学习至今记忆犹新，他记得有4位苏联教授给他们上马列主义的课程，还有苏联教育理论，他甚至还记得4位教授的名字，但是，对所学的那点儿俄语则记得甚少。当时的教学是有翻译协助的。学习给他留下了深刻的印象，他当时感受到苏联的课程组织的方式和教学计划的制订都非常严谨，能够达到有效的控制。

　　在北京学习一年之后，1952年夏，潘懋元便被厦门大学校长王亚南召回，协助厦门大学的教学和课程改革。他被任命为教学改革办公室的负责人，负责指导大学的各专业制订新的教学计划。他曾经非常推崇杜威的教育思想和美国的其他教育理念，感觉富有活力而且极具灵活性，但在控制严格的民国时期（指1912年1月1日至1949年9月30日，下同），实践这些理念是十分困难的。两者相比，他感到苏联的教育计划能够较好地使学生获得系统的知识，打好扎实的基础。特别是在诸如工程和自然科学等领域，这些对于社会主义建设是十分重要的。

潘懋元感到，事实上苏联的高等教育模式根植于欧洲大陆模式，特别是法国模式，与英美模式区别很大。他觉得苏联模式和中国自己的知识传统相对应，强调知识基础厚，存在一种中心化、系统化的知识方法。潘懋元特意提到著名的北京大学校长蔡元培，认为他是民国时期最杰出的大学校长。蔡元培在自己的高等教育思想中融合了德国、法国、中国的理念，他采用德国学问之道，特别是在研究和教学上，这得益于他在柏林大学和莱比锡大学的经历。蔡元培极力效仿法国模式的高等教育体系，因为其管理结构十分理性，并按地理区域均匀分布。在教育哲学方面，蔡元培陶醉于中国传统的自学之路，特别是对书院情有独钟，学生可以自主掌握学习进程。蔡元培极力提倡将学校分为从事理论知识研究的综合性大学和担负为国民经济各部门训练高级人力资源的专门学院。潘懋元认为20世纪50年代早期的改革，出现了大量的专门学院，同时只保留了数量相对较少的综合性大学，是较符合当时国情的，适应了中国发展的需要。[①]

但对于20世纪50年代初的院系调整，将一些民国时期优秀的综合性大学的系科进行削减，形成像苏联模式那样的综合性大学，潘懋元持保留意见，他觉得这些是完全可以避免的。他对按高等教育区域进行院系调整发表了看法，以自己所从事的教育领域为例，他认为，中心区按地理分布强调更多的是政治因素而非教育因素，这就导致了反常现象的出现。在南部的中心区里，位于广州市的中

---

① 潘懋元. 潘懋元论高等教育 [M]. 福州：福建教育出版社，2000：521-560.

山大学，其师范学院实力雄厚，1953年与其他教育系合并组建了华南师范学院。然而，华南师范学院当时只是不受重视的省级院校，经费和师资都受到限制，以致影响教育学科的进一步发展。

总的来说，潘懋元认为受苏联模式影响的院系调整在当时是起了积极作用的，为中国20世纪50年代国民经济建设培养了一批人才。在1956年中国共产党第八次全国代表大会上，周恩来强调了要尊重知识分子。[①] 如果一直贯彻这一项政策的话，潘懋元相信中国也许能够同日本和东亚其他地区一样经济快速发展。

苏联模式的高等教育有很多薄弱环节，但他感到，完全能够用一种平衡、理性的方法来解决。问题之一是对学生在不同领域能力的认识和实践强调得不够，常常希望学生通过刻苦专注的学习来达到课程所规定的较高的学术标准，而不是将更多的注意力放在教和学过程的研究上。另一个问题是过于迷信翻译过来的苏联资料，其实并不是所有的材料都适合中国国情。

1954年对潘懋元来说是十分重要的一年。他得知厦门大学教育系被并入福建师范学院，他很想前往，专心于教育史的研究和教学。然而，王亚南校长却舍不得他走，决定把他留在教务处，继续管理厦门大学的教学工作。他决心留下来，此举为一门新学科的诞生创造了条件，也由此改变了他日后的工作和生活的方向。

潘懋元感觉到在教育研究、学校教学和担任学校领导的生涯中，他所学的教育知识与高等教育领域的联系很少。大学层次的学生需要一个全新的教育理论，以及高等教育课程发展和教学制度。

---

① ZHOU E L. On the question of intellectuals [M]//BOWIE R R, FAIRBANK J K. Communist China 1955—1959：policy documents with analysis. Cambridge，Mass.：Harvard University Press，1962：128-144.

总体来说，高等教育是一个一直被教育理论者所忽视的知识和研究领域。到那时为止，不只是中国，苏联和西方国家也是这样。他曾为捷克一位教授在教育科学会议上所做的讲演所感，这个讲演认为教育理论仅仅关注普通学校，很少关注高等专业院校。潘懋元随后写了一篇题为《高等专业教育问题在教育学上的重要地位》的文章，发表在1957年厦门大学《学术论坛》上。同年，他与几位同事合作写出《高等学校教育学讲义》。这本书随即在中国的综合性大学和师范大学内广泛流传，作为课程改革和教学计划发展的资源。①尽管这本书从未正式出版，但它却是中国高等教育研究领域内最早的学术书籍。

潘懋元着力将此发展为一个新的研究领域，并兴奋地发现，这能为高等教育系统、课程发展和教学计划的制订提供重要的学术基础。然而，1957年是一系列政治运动的开端，他所希望的研究和发展几乎是不可能的。因出身贫寒，他并未受到1957年"反右"运动的影响，但他悲伤地看到，厦门大学的一些老教授虽然做出了杰出的学术贡献却被打成右派，从学术研究工作中被隔离出来。随后的1958年"大跃进"，同样侵扰着潘懋元。当时大量的教材都是从苏联翻译过来的，他认为这样的教材更加应该中国化。他同时感觉到，建立中国传统中医学院意义重大，因为中国传统医学把人体看成一个整体，发展起了不同于西方医学的中医方法，它是一笔巨大的遗产，不应该丢失。

就总体而言，潘懋元认为1958年的教育革命是个误导。1958年前，他在厦门大学教务处，参与了当时所有的课程变革。他感到

---

① 忻福良. 当代中国高等教育家[M]. 上海：上海交通大学出版社，1995：199.

很多想法都未经过细致思考，不过是一种政治运动口号罢了，对教育缺乏真正的理解。在潘懋元看来，让学生代替教师编写教学大纲和教材，这样做显然超过了学生的能力范围，因为他们大多数并没有足够的学科知识来做这些工作。改革强调增加学生参加生产活动实践的机会，然而这大都是出于政治目的，并没有多少教育价值。总之，过多的政治活动以及体力劳动引起很大的混乱。他记得，学生真正听学术课程的时间，一年之中只有70天。潘懋元认为，所谓"开门办学"的思想在某些方面固然有一定的可取之处，但是它无法替代对科学知识的系统教学，而中国的发展又需要这些科学知识来培养各行各业的专门人才。

潘懋元对高等教育作为一个研究领域逐渐有了兴趣，同时对中国高等教育系统在更大范围内发生的变化也给予了密切关注。社会上的学习机会一下子增加了许多，大量的所谓的"红专大学"的开设，给很多个人背景条件稍差的青年人提供了学习机会，但是这些学校根本没有足够的资源用于真正开展高等教育工作，大多数在几年内就关闭了。如江西新建的许多共产主义劳动大学，没有合格的师资，根本无法生存。然而另外有些新成立的院校，比如福州大学，是省内唯一的一所工科院校，被认为对本省经济发展起着至关重要的作用，因此得到省政府支持。

1961年的"困难时期"过后，20世纪50年代初期的那种学术氛围开始恢复，学术质量受到特别的重视。潘懋元再次希望能有机会发展高等教育这一研究领域。然而，1966年开始的"文化大革命"又使他的希望落空了。

建立一门新学科

1977年，邓小平复出。潘懋元准备开始他事业的一个全新阶段，他过去当过厦门大学的教务处处长，现在他致力于建立一门新学科——高等教育学，先是在厦门大学，再推广至全国。我们知道，在20世纪50年代中期他已经开始此项研究，并于1957年发表了一篇题为《高等专业教育问题在教育学上的重要地位》的论文。随后到来的政治运动和混乱年代让他更深刻地体会到研究这一领域理论的重要性，他认为这项研究将使人们对高等教育与社会、经济、政治、文化发展的关系有更深刻的理解。20世纪50年代至70年代后期，高等教育发展中最严重的问题是缺少能给高等教育的政策制定提供理论支持的系统理论研究。随着邓小平时代的到来，全国积极响应邓小平提出的"教育要面向现代化，面向世界，面向未来"的号召，潘懋元最终找到了追求自己理想的舞台和时机。

1978年，潘懋元在厦门大学建立了高等学校教育研究室，很快发展成为一个全国高等教育研究的中心。1983年，高等教育学被教育部认定为教育学的二级学科，有资格建立硕士点和博士点。厦门大学高等教育科学研究所招收全国第一批高等教育专业的硕士和博士。到1998年庆祝高教所成立20周年时，已经有20个博士生和75个硕士生毕业于此[1]，他们已在全国各地的大学工作，为这一领域的进一步发展贡献着力量。高教所承担了高等教育各个领域的主要研究课题，举办了十多次全国和国际学术会议。

虽然北京大学、华中科技大学、华东师范大学等其他大学都有

---

[1] 刘海峰. 厦门大学高等教育科学研究所建所二十周年工作报告[C]//建所二十周年纪念活动专集. 1998：33-35.

高等教育学的研究及相应的研究生培养，但是厦门大学高教所于2000年9月被评为该领域全国唯一一所国家级研究中心，被评为文科重点研究基地，国家提供数量相当的发展基金。这是政府支持人文社会科学研究项目的一部分，其目的是要使一些研究中心能够达到世界同等水平，使其能积极开展国际研究交流活动。厦门大学能排除地理上的相对劣势获得国家的认可，是非比寻常的。当然，这与潘懋元先生用毕生的精力致力于建立高等教育学这门新学科所做的贡献是分不开的。同时也表明，尽管在1949年中华人民共和国成立后的30年，中国政策和社会环境有许多束缚，但一个忠诚的教育家还是能有所作为的。

1978年以后，潘懋元又把工作重心放在学术研究上，他在厦门大学进行教学和研究工作。每周六晚上，他在家里开沙龙，与研究生们聊学习、聊生活，是一个和蔼可亲的长者。然而，他还想推动这门学科在全国范围内发展，希望中国高等教育学作为一门学科能够对国际学术发展做出贡献。1979年，他和上海市高教局及其他7所大学的学者召开了第一次全国高等教育研究会议。1981年，他组织编写了第一部高等教育学著作《高等教育学》，并于1984年出版。① 这是1983年教育部确立这门学科后的第一本高等教育学著作。在随后的这些年里，潘懋元仍然是这一领域中富有远见的领导者，他启发新思想、新的研究方法，鼓励其他人做研究，写作和发表论文，他自己也在这一领域中发表了大量文章，出版了大量著作。

潘懋元工作的中心是想通过建立坚实的理论基础、清晰的概

---

① 潘懋元. 潘懋元论高等教育[M]. 福州：福建教育出版社，2000：96.

念，以及研究方法来确保这门新兴学科的发展。1983年，中国高等教育学会成立时，潘懋元感到高等教育学被认为只是一个研究领域，而不是一门学科。于是，1992年，他在厦门大学组织了一次学术会议，提出要把高等教育学作为一门学科来研究。次年，在上海召开的高等教育学会议上，成立了一个新的组织——高等教育学研究会，它把高等教育学作为一门学科来研究，挂靠在中国高等教育学会之下。此后，会议定期召开。潘懋元在一篇回顾该学会前三次会议进程的文章中，列出了这一新学会的目标、工作范围，并鼓励进行理论争鸣与探讨。

高等教育学研究会的主要任务是要为理解中国的高等教育建立一个系统性的理论基础。工作范围主要有以下5个领域：理论、历史、高等教育的当代实践、未来发展以及研究方法。[①] 潘懋元对一些理论的观点和看法，使得这些会议开得活跃而有趣，对中国高等教育给予了深刻的关注和洞察。其中一个关键的理论问题是高等教育的功能问题，对其与社会、经济与政治体制的关系展开讨论。与此相关的是高等教育的目的，国内的研究者普遍认同以下3点，即培养人才，发展知识，为社会服务。然而，第三个目的在近年来受到了强烈的质疑，主要是由于许多大学通过各种形式的咨询服务或与企业的直接关系进行着大量的"创收"活动。有人认为，这些活动将会使大学远离学术追求。由此，一些中国学者们建议，高等教育应有以下6个目的：教学、继承知识、传播知识、发展知识、社会批判、对社会实施监督。[②] 这将激起高校对社会的特殊使命；大学将与社会经济和政治力量建立互动关系，而不只是对社会的发展

---

① 潘懋元. 潘懋元论高等教育[M]. 福州：福建教育出版社，2000：86.
② 潘懋元. 潘懋元论高等教育[M]. 福州：福建教育出版社，2000：87.

做消极的应对。

另外一个生动的议题是潘懋元在第二篇论述该学科发展的文章中提到高等教育的个体功能和社会功能问题。一派学者认为，人是教育的主体，教育的基本功能在于促进人的自我发展，达到个性的全面发展；与此相对立的观点是，教育是一种社会活动，按社会发展的需要塑造人，教育的基本功能在于满足社会的需要，促进社会的发展。[①] 如此公开著文承认个体发展的重要性及对自我价值的追求是十分有意义的，它使我们思考新儒学教育观"为自我而学习"，以及儒家哲学中所说的个人价值发展的重要性。尽管在20世纪50年代初期计划经济体制下，个人选择的自由受到很大的限制，五六十年代的政治运动给很多人造成了巨大的伤痛，但中国传统教育的价值观仍然保留着它的生机和活力。

在对高等教育学作为一门学科做全面综合研究时，潘懋元看到了两个理论挑战：第一，必须界定高等教育与政治、社会、经济、文化系统的关系，探索这些系统与高等教育系统的相互关系；第二，对高等教育内部各系统之间的关系——如学术与职业、通才教育与专才教育、教学与科研的关系等进行研究。

在发展这门学科的过程中，潘懋元感到既具挑战性又令人兴奋的重要原因在于它的开拓性。与学术体系和学习过程有关的教育学理论有着一百多年的历史，而高等教育学不仅在中国而且在全世界都是一门比较新的学科。在中国，基础教育和学校教育的理论建构受到欧美西方思想和苏联的重大影响，这一点潘懋元在早年的教育研究中就已经意识到了。然而，高等教育学作为一门学科就不再如

---

① 潘懋元. 潘懋元论高等教育 [M]. 福州：福建教育出版社，2000：101.

此。回顾在中国建立这一学科的这些年,潘懋元强烈地感到中国所做的独特贡献,同时又感到很骄傲,因为在中国发展起来的这些思想和观点不是别人的派生产物,而是稳稳地扎根于中国自己的知识社会和文化土壤,近几年才开始对国外高等教育的理论有所引进。

潘懋元鼓励他的同事们为世界高等教育研究的发展做贡献,并指出中国学者在发展这个领域承担重要角色的4个原因。其一,中国有着在亚洲历史上颇具影响的古老的学术文化。其二,中国是全世界最大的高等教育体系之一,其规模超过俄罗斯,接近美国。它不仅是一个非常庞大的系统,而且近年来随着社会主义市场经济的成功发展,它经历了快速而且巨大的变化,在这个过程中出现了许多有意义的问题,对高等教育提出了挑战。其三,中国有着一支庞大的高等教育研究队伍,从事这一领域研究的学者可能比其他任何国家都多。其四,中国高等教育发展成为一门学科,靠的是学者个人和地方院校的创造和努力,因此它更具灵活性和自主性。这与中国的其他大部分学科不同,它们多是由自上而下的行政决定建立起来的。中国的高等教育理论可以说是"本土理论",因为这些理论来自对中国近年来正在进行的高等教育改革中出现的实践问题的研究。①

潘懋元非常重视中国的传统文化,他的一篇文章对中国传统文化的特点以及文化对中国现代化进程的贡献进行了比较深入的探讨。潘懋元指出,现代化不能等同于工业化或西方化,它影响社会各个方面发展的过程。不同的文化背景塑造不同的现代化。文化的传承和创新是高等教育的功能,它塑造发生在不同社会中的现代化

---

① 潘懋元. 潘懋元论高等教育[M]. 福州:福建教育出版社,2000:107-110.

的不同特征。潘懋元否定那种认为西方社会已经进入"后现代时期"并建立了一套后现代的标准。他建议要对现代化概念本身做全面的理解，必须首先考虑中国现代化发展的轨迹。他还认为这一论点同样适用于正在经历现代化进程的其他非西方国家。[①]

　　潘懋元对现代化进程的定义是把"文化价值"放在核心地位，他认为现代化应该是人类共同追求的一个价值，其终极目标是实现"人"的价值，包括个人、集体和社会价值。这个共同追求会导致产生整个人类共同文化遗产，这是一种吸收了不同文明的多样化的遗产。[②] 中国传统教育的许多因素对中国的快速发展做出过积极的贡献，也应该是这一共同文化遗产的重要组成部分。这些思想使我们联想到联合国致力于文化之间对话的观点："把重点放在人类文化、精神层面，放在人类的相互依存和人类的多样性上。"

结语：集多种传统之大成

　　当被问到什么因素对他的教育事业影响最大时，潘懋元开玩笑地回答道：受益最大的是"文化大革命"中批判的三种意识形态"封""资""修"。他早年学习中国古典文学，从中获得了受益终身的良好道德基础，一生的教育经验使他感到儒学的确是适应任何时期的一种哲学。他在大学时代学习过美国的教育思想，特别是杜威的理论，他从中得到了对改善学校、获得生动的教学方法以及课程设置的很多有用的思想。20世纪50年代，他曾广泛接触苏联的教育理论和模式，慢慢理解并重视苏联模式中全国统一的学术标准，结构严密的教材和教学工作中精细备课的价值。在思考影响了

[①] 潘懋元. 潘懋元论高等教育[M]. 福州：福建教育出版社，2000：229-241.
[②] 潘懋元. 潘懋元论高等教育[M]. 福州：福建教育出版社，2000：231.

他思想的两种国外传统时,他感到,基于欧洲理性主义的苏联教材和教育方法,比美国的更加适应中国的环境,因为中国有着集中知识模式的传统,也因为苏联模式更符合当时中国发展的现实需要。

1997年,我曾两次有幸与潘教授进行深入交谈。当我问到他对中国高等教育未来的看法时,他说他感到当前面临最大的挑战就是要进行教学改革,必须要考虑学生的多样性,最大限度地发掘他们的才能。这反过来又强调了高等教育对优秀师资的迫切需要。总的来说,他对过去15年研究生教育所取得的进步感到高兴和满意。很多素质高的年轻人进入大学教师队伍,但他强调这些教师应该得到足够的支持。他感到高等教育改革应该把重点放在教学和研究的质量上,而不是放在管理结构的改革上,因为后者牵涉到政治改革的重大问题。

对于中国的高等教育体系,潘懋元觉得它将更适应未来世界发展的趋势,强调知识的广度和适应性,注重毕业生总体的德育和智育质量。他认为,终身学习是一种趋势,因为中国人会慢慢发现,为了跟上社会的快速发展,必须经常更新他们的知识。潘懋元相信,在中国快速走向高等教育大众化的时代,为了满足社会发展的需要,私立高校将会起到越来越重要的作用。

2000年,在庆祝潘懋元教授八十寿辰时,他的同事和学生们在厦门大学举行了一系列特殊的庆祝活动。其中之一是收集出版了他有关高等教育学的最重要的理论著作。① 然而,这并不是一个退休告别会,潘懋元仍然是一个积极的学者、教师,继续活跃在进一步发展高等教育学的工作中。他在2001年出版的新著《多学科观点

---

① 潘懋元. 潘懋元论高等教育[M]. 福州:福建教育出版社,2000:727.

的高等教育研究》就是企图以新的方法论来推进高等教育学的理论建设。是什么使这位来自贫苦家庭的谦谦君子,保持着发展一门新学科的热忱和忠诚,50年来从不言悔?潘教授谈到早年所受的中国传统教育时说的一番话也许能给我们答案。他可能从没掌握过一门外语,在数学和自然科学中也并没有很高的造诣,但在他早期所接受的教育中,首先学会了怎样做人,同时也学会了用汉语表达自己的思想,他把对文学的热爱转化成了从事教育工作的关键财富。最后,他学会了把从各处学来的有用知识融入他学生时代形成的知识框架中。

目录
CONTENTS

"高等教育学专题研究"课程说明　/1

专题 1　基本概念与原理
专题 1.1　高等教育学若干基本概念辨析　/3
专题 1.2　教育基本规律及其在高等教育研究与实践中的运用　/6
专题 1.3　高等教育的社会属性
　　　　　——兼论高等教育的公益性与产业性　/7
专题 1.4　论高等教育的主体功能与社会功能
　　　　　——人、教育和社会相互关系的视角　/12
专题 1.5　高等学校的社会职能　/16
专题 1.6　制约近现代高等教育价值追求的基本思潮
　　　　　——人文主义与科学主义、理性主义与功利主义　/20
专题 1.7　大学的理念
　　　　　——高等教育价值观　/25
专题 1.8　学术性、应用性和职业性
　　　　　——高等教育质量观　/27
专题 1.9　可持续发展
　　　　　——高等教育发展观　/30
专题 1.10　根据教育基本规律，总结实践经验，探讨高等教育基本原则　/33
专题 1.11　根据系统论的原理探讨高等教育结构的动态优化　/35

专题 2　高等教育研究的多学科视角

　　专题 2.1　作为高等教育研究方法论的多学科观点的研究　/39
　　专题 2.2　社会分层、社会流动与高等教育的关系（社会学视角之一）　/44
　　专题 2.3　高等教育的公平与效率（社会学视角之二）　/48
　　专题 2.4　学术权力与行政权力的关系（政治学视角之一）　/50
　　专题 2.5　大学的学术自治与科层制（政治学视角之二）　/54
　　专题 2.6　放管服结合与管办评分离（政治学视角之三）　/57
　　专题 2.7　高等教育与市场经济的关系（经济学视角之一）　/58
　　专题 2.8　知识经济时代的高等教育（经济学视角之二）　/60
　　专题 2.9　教育产业与教育产权（经济学视角之三）　/61
　　专题 2.10　制约与中介、传承与创新的关系（文化学视角之一）　/65
　　专题 2.11　传统文化与高等教育现代化（文化学视角之二）　/69
　　专题 2.12　人口、资源、环境对高等教育的制约与适应的关系
　　　　　　　（生态学视角）　/72
　　专题 2.13　青年心理现象与高等学校教育、教学的关系（心理学视角）　/75

专题 3　课程与教学

　　专题 3.1　自由教育→通识教育→人文素质教育的演变
　　　　　　　——兼论大学生素质教育与中小学生素质教育的异同　/79
　　专题 3.2　一种新的课程模式：STEM　/83
　　专题 3.3　后现代主义、建构主义的课程观与高等教育课程改革的趋向　/85
　　专题 3.4　现代信息技术对高等学校教学过程和模式的挑战　/87
　　专题 3.5　慕课（MOOCs）的意义与问题　/91
　　专题 3.6　"智慧教室"的功能　/93
　　专题 3.7　"互联网+课堂教学"是教学改革的走向　/94
　　专题 3.8　教育现代化对传统师生关系的挑战
　　　　　　　——学生主体性与教师主导作用的关系　/95
　　专题 3.9　高等学校教学原则体系的评价与重构　/97
　　专题 3.10　产学研结合的理论与实践　/99
　　专题 3.11　创新精神、创新能力的培养与大学的创业教育　/103
　　专题 3.12　学分制教学计划的理论与问题　/106

专题3.13　传统教学方法与教学方法改革　/108

专题3.14　回归"大学的根本"，重建基层教研组织　/110

专题3.15　学业考试的功能与问题　/112

专题3.16　根据"以生为本"的理念，探讨高校学生管理制度的改革　/114

专题3.17　校园文化在高等专门人才培养中的作用　/116

专题3.18　高等教育的质量保障与评估　/120

专题3.19　高等教育的质量建设　/122

专题3.20　转变外延式发展为内涵式发展，提高教育教学质量　/123

专题3.21　高等学校章程的制定与执行　/126

专题4　高等教育宏观问题的国际比较

专题4.1　20世纪世界高等教育的回顾　/129

专题4.2　世界高等教育发展阶段论
　　　　——教育外部关系规律作用的必然性与问题　/131

专题4.3　21世纪世界高等教育改革发展的若干要点　/133

专题4.4　2030年的高等教育愿景　/136

专题4.5　经济全球化与高等教育国际化
　　　　——着重讨论国际化与民族化（本土化）　/140

专题4.6　高等教育的国际交流——留学教育与在地国际化教育　/142

专题4.7　国际标准分类与高等教育的分类、定位
　　　　——着重讨论应用型大学的定位与建设问题　/144

专题4.8　改革高等学校招生制度，从"应试教育"中解放青少年　/146

专题4.9　公立和私立高等教育的国际比较　/147

专题4.10　巨型大学的出现与问题　/151

专题4.11　综合性、多科性与特色型大学　/155

专题4.12　世界一流大学的形成、发展与问题
　　　　——兼论中国的"双一流"建设　/159

专题4.13　研究生教育的国际比较　/163

专题4.14　应用型研究生教育的定位、特点和问题
　　　　——以教育专业博士（Ed. D）为例　/165

专题4.15　借鉴国外（境外）经验，建构职业教育体系　/166

专题 4.16　职业技术教育发展的新形势　/169

专题 4.17　社区高等教育的产生与建设　/170

专题 4.18　教师教育理念与模式的演变　/172

专题 4.19　女子高等教育的国际比较　/176

专题 4.20　继续教育的国际比较　/179

专题 4.21　融入终身教育体系的高等教育
　　　　　——终身教育体系的构建和学习型社会的形成　/181

专题 5　高等教育研究

专题 5.1　中国高等教育研究的进程、问题与前景　/185

专题 5.2　高等教育学学科建设与问题研究的关系
　　　　　——兼论高等教育研究的"学科"与"领域"之争　/188

专题 5.3　高等教育学科能否成为独立的一级学科
　　　　　——一个有关高等教育发展前景的问题　/193

专题 5.4　院本研究（院校研究）的意义、方法与问题　/196

专题 5.5　实践经验在高等教育研究上的重要性与局限性　/199

专题 5.6　量化、质性、思辨等方法在高等教育研究上的重要性与局限性
　　　　　——兼论"实证研究"　/200

专题 5.7　依附理论对中国高等教育研究的积极作用与消极影响　/203

专题 5.8　元教育学与元高等教育研究　/208

专题 5.9　从高等教育理论工作者的角度讨论理论工作者的社会责任　/210

附录一　高等教育学若干基本概念辨析讲稿　/212

附录二　教育基本规律及其在高等教育研究中的运用　/226

百岁感言　/244

编后记　/246

"高等教育学专题研究"课程说明

一、本门课程的性质、任务

通过对高等教育学科若干基本理论和前沿问题的研究，以加深高等教育理论认识，扩大高等教育研究视野，提高研究能力。

二、本门课程的基本框架

（1）高等教育基本概念与原理；

（2）高等教育研究的多学科视角；

（3）高等学校的课程与教学；

（4）高等教育宏观问题（着重国际比较）；

（5）高等教育学科建设。

三、本门课程的研究方法和学习要求

本门课程采用"学习—研究—教学"三结合的方法。即通过广泛自学，进行专题研究，提出研究报告。

（1）自学：先通读本《讲课录》的"高等教育学专题研究"，再选读至少两本参考论著。

（2）口头研究报告：每人任选两个与本"高等教育学专题研究课题"有关的专题，做两次口头研究报告，报告时间不超过30分钟。每一专题，自行商定一人点评，时间不超过10分钟；其他人参加提问、评论或讨论，每人发言不超过3分钟。

（3）书面作业：每人应交两篇口头研究报告的书面报告、两篇读书报告、一篇自选的小论文（不得以旧作充数）。每篇不超过5 000字。专题报告与小论文要达到公开发表水平。作业用A4纸打印，在左上角写明"高等教育学专题·专题报告（或读书报告、小论文）"。记住：不要忘记打上自己的姓名。书面专题报告在口头研究报告后一周内交，其他作业的最后缴交日期在本学期放假之前。

（4）考核：不进行一次性考试。考核根据：书面作业 50%，口头报告 30%，点评与讨论发言 20%。

（5）参考书：根据课题研究需要自找参考书外。下列论著只供参考。

黄济：《教育哲学通论》，山西教育出版社，2008 年版。

钟启泉、高文、赵中建主编：《多维视角下的教育理论与思潮》，教育科学出版社，2004 年版。

约翰·S. 布鲁贝克：《高等教育哲学》，浙江教育出版社，1987 年版。

伯顿·克拉克：《高等教育新论——多学科的研究》，浙江教育出版社，2001 年版；或潘懋元主编：《多学科观点的高等教育研究》，上海教育出版社，2001 年版。

胡建华、周川、陈列、龚放合著：《高等教育学新论》，江苏高等教育出版社，2006 年修改版；或韩延明：《高等教育学新论》，山东人民出版社，2012 年版。

陈洪捷等编：《国外高等教育学基本文献讲读》，北京大学出版社，2014 年版。

潘懋元主编的几本高等教育学，如《高等教育学》（人民教育出版社与福建教育出版社）、《新编高等教育学（修订本）》（北京师范大学出版社）、《高等教育学讲座》（人民教育出版社，1993 年版），可任选一本通读；《理论自觉与实践建构——高等教育的历史、现实与未来》（北京师范大学出版社），或《潘懋元高等教育论述精要》（福建教育出版社），可任选一本通读。《潘懋元文集》十卷本，可备查。

专题 1

基本概念与原理

在甘肃马蹄寺（1999年7月17日）

专题 1.1　高等教育学若干基本概念辨析

在本门课程开讲之前，请大家做个关于如何理解一些常见的教育概念的小测验。测验不记名，下列各题，可以单选，也可以多选。

常见教育概念测验题

1. 义务教育的义务是指（　　）
   A. 国家义务　　B. 政府义务　　C. 家长义务　　D. 学生义务
2. 综合大学的本意是指（　　）
   A. 学科齐全的大学　　　　　　B. 研究高深学问的大学
   C. 规模宏大、学生众多的大学　　D. 培养复合型人才的大学
3. 第三级教育相当于（　　）
   A. 大学教育　　B. 高等教育　　C. 中学后教育
4. 继续教育是指（　　）
   A. 大学后的教育　　　　　　　B. 初始教育基础上的职后教育
   C. 成人教育　　　　　　　　　D. 终身教育
5. 教育影响是指（　　）
   A. 有目的有意识的环境影响
   B. 教育者对受教育者的影响
   C. 联系教育者和受教育者的一切中介因素
   D. 教育对社会产生的影响

从小测验的结果看来，大家的选择分歧很大。这说明对于一些基本的或重要的概念进行辨析很重要，对学习和研究具有特殊的意义。一般来说，最简单的概念、最常见的概念，往往也是最难讲清楚的概念。例如，什么是"教育"，小孩子都懂得，"上学读书呗"！但是，若要给"教育"下个科学的定义，还真不容易。概念的使用应当规范，尤其是我们理论工作者或政策制定者，更要规范概念的使用。然而我们很多人错误地理解概念，错误地使用

概念。例如，刚才测验的"义务教育的义务"是指谁的义务？许多答案认为是"国家的义务""政府的义务"。按照法律的有关规定，国家、政府所拥有的是权力，所承担的是责任；公民所拥有的是权利，所承担的是义务。义务教育的主体只能是公民而非政府。中小学生年龄尚小，不能承担法律规定的义务，要由他们的监护人家长承担。所以义务教育的义务所指的是"家长的义务"。国家、政府对义务教育承担的是实施义务教育的责任。一般人说错情有可原，我们研究教育的，不应该弄错。这就是为什么我们对高等教育专题研究，首先要从若干基本概念的辨析说起。

一般来说，基本概念在"高等教育学"专著或教材中，已经有所阐述。但书上所写的，往往只是作者研究的结论。至于如何得出这一结论，作者的思考、辨析过程，可能比写出来的多得多。例如，在编写过程中所遇到的问题，出版后读者所提的意见，自己的认识过程等，没有必要对一般读者、学生说得太多，但对理论研究者，有必要把未写出来的某些东西（即所谓"书背后"）让研究者有所了解。现在的博士论文或其他研究著作，往往要在"引言"中把一些论文中涉及的基本概念进行尽可能详尽的"界定"，就是为了说明作者在本论文或本专著中使用某个概念所指的是什么意义，以免因为理解不同产生歧义。教育部接受国务院"全国科技名词审定委员会"的委托，组织了一个"教育名词审定委员会"，进行教育名词的规范工作，为的是规范一些重要的名词的使用，经过几年的艰苦工作，于2013年出版了《教育学名词》（高等教育出版社），收录了3 401条基本名词，但也无法一一详细说明为什么要这样规范，也无法代替论文或专著在特殊场合所做的"界定"。还有一些容易弄错的概念，如上述测验中的"综合大学"与"多科性大学"，以及"高等教育的功能"与"高等学校的社会职能"，都是容易弄错的。刚才的测验，对于"综合大学"的本意是指什么，许多人都填"学科齐全的大学"。学科齐全是多科性大学，综合大学应该是研究基础理论、高深学问的大学。蔡元培为大学所下的定义"研究高深学问"，就是从欧洲引进来的"大学"的概念。新中国成立前规定大学必须设文理两科，或至少有文科或理科之一再加上其他两个科，才能称为大学，就是因为文、理所研究的是基础理论而不是应用理论。苏联的"综合大学"，沿用欧洲大学的理念，规定设置的就是文、理两科。"文化大革命"后，由于对综合大学与多科性大学分辨不清，导致研究型大学和应用型院校相混，高等学校同质化；进而重视研究型大学而轻视应用型大学和高职院校。

当然，我们也要注意到，有些教育名词的多义，如"教育影响"，测验中四个答案都没有错，要根据上下文而定。同时，概念本身也在不断地发展中，要看到概念的稳定性与发展性。例如，"合作教育"既是一个多义的概念，也是一个发展的概念。既可以指"师生合作"，也可以指"工读交替"或"校企合作"。现在更发展成为"产学研合作"。正因如此，写论文、专著时，概念的界定显得十分重要。

本专题研究，只就《高等教育学》几个编写过程的"书背后"的问题进行讲述辨析。更多需要辨析的问题将在有关的专题中说明。这一专题由我做报告（见附录一），因为我对于高等教育学这一学科在中国的创立与发展介入较多较深。

专题 1.2　教育基本规律及其在高等教育研究与实践中的运用

教育学是一门研究教育现象和教育问题，揭示教育规律，运用教育规律解释教育现象和解决教育问题的科学。其中最主要的是无处不存在、无处不起作用的基本规律。基本规律的概括性最为广泛，内涵也最为概括，但却是最难发现与最难掌握的，如经济学的价值规律，就是古典经济学经过漫长的探索才概括得来的。教育同社会的经济、政治、文化以及其他社会现象存在必然的联系，教育内部诸要素也存在必然的联系，这是很简单的道理。但一般教育学只分别论述教育同某种社会现象的关系和教育内部诸要素之间的关系，而不承认作为必然联系的关系就是教育规律，不同层次的规律。因此，不能自觉地运用规律来研究问题，指导实践。

我提出两条基本规律，教育工作者，尤其是从事高等教育实际工作者通过实践检验而表示赞同。而有的脱离实际的教育理论工作者则持怀疑态度：有的认为不符合"马克思主义的哲学原理"；有的认为不符合大学的"本质"。因此，在专题研究中，有必要对这两条基本规律及其在教育研究与教育实践中的运用进行讨论。

研究这个专题要求：（1）弄清两条基本规律的实质和两条基本规律之间的关系。（2）懂得如何运用基本规律来研究高等教育现象，解释高等教育问题和预测高等教育发展趋势。

由于两条基本规律是我首先提出并经常运用的，所以这一专题也由我做报告（见附录二）。

专题1.3　高等教育的社会属性
——兼论高等教育的公益性与产业性

教育理论问题，历来有各种各样的争论。但大多数争论只有教育理论界关心，不像经济学问题、哲学问题、社会学问题那样，深受不同学科领域的理论工作者所关注。当然，也有一些教育问题，社会各界都很关心，如高考问题。可以说千家万户都在议论。但所关心的不是大规模统一考试的理论问题而是高考的具体措施。

但是，在20世纪70年代末到80年代初，中国却有一场教育理论争论，或叫论战也可以，不但教育理论界参加争论，哲学界、经济学界等许多理论家也参加了争论，包括党中央主管意识形态的领导也非常关心这个问题，因为它涉及哲学问题、政治经济学问题，涉及马列主义的理论问题。这场争论最早不是由教育理论界挑起来的，而是由经济学界，或者说是由教育经济学界挑起来的。这场争论在中国持续了好几年，当时人们把它叫作"教育本质争论"，即教育的本质是什么。事实上，这种说法不准确，它与教育本质有一定关系，但还不是教育本质的争论，应该是教育社会属性的论争，即教育具有什么样的社会属性，或者说教育的社会属性是什么。因为教育的社会属性与教育本质有一定关系，笼统称其为"教育本质争论"也不算错，但准确的说法应该是教育社会属性的争论。当时，争论开始时围绕的问题是：教育是不是上层建筑？对于这个问题，马克思主义经典著作中没有论述。政治是上层建筑，文化是上层建筑，在马克思主义著作中都可以找到根据。但教育是不是上层建筑，马克思主义经典著作没有肯定，也没有否定。当然也没有说教育是经济基础。

争论的最早挑起者是经济学家于光远。他认为，教育的一部分，如教育思想等，是上层建筑，但教育实践中许多东西是非上层建筑的。开始时，争论的焦点最终形成了四种主要观点：第一种认为教育就是上层建筑，这是传统观点；第二种认为教育就是生产力；第三种认为教育一部分是上层建筑，一部分是生产力，如教育思想是上层建筑，教育实践是生产力；第四种认为教育既不是上层建筑，也不是生产力，不要把一切社会现象都套到上层建筑和经济基础的关系上，教育属于另外一种社会实践范畴，不能用上层建筑或生产力来划分。正如语言是社会沟通的工具，不属于上层建筑或生产力所研究的范围，是另外一种社会实践。后来，这场争论发展出各种各样的流派，有兴趣的可以参阅薛天祥教授主编的《高等教育学》（广西师范大学出版社，2001年版）。书中把各种说法归纳为五对对立学说，其中最后一对就是"产业说"与"非产业说"，至今还在争论中。这场争论很特别，争论了几年没有结论，直到现在，理论界也没有做出结论。但是，没有结论的争论却有积极的成果，而且成果非常重要。

第一，这场争论有力地解放了人们的思想，解放人们在教育理念、教育政策、教育本质上的思想。在马克思的论著里，上层建筑包括宗教、道德、艺术等多个方面，却没有提到教育，这就为后人提供了广阔的思辨空间。在中国，正式提出教育是上层建筑有两次：一次是在20世纪50年代初，苏联曾争论教育是不是上层建筑，当时有人提出语言不是上层建筑，教育也应当不是上层建筑。语言不是上层建筑是斯大林说的，在当时，斯大林的话是绝对权威，他的《论语言学问题》是针对当时有社会科学家提出语言是上层建筑，要用阶级观点来研究语言问题，并说这是马克思主义。斯大林提出，语言里的基本词汇，即母语不是上层建筑，它是供大家使用的，但是有些语言具有一定的阶级性。譬如，我们现在所讲的一些不是母语的概念就具有一定倾向性，我们常批判"官僚主义"，实际上"官僚"这个词是中性的，但我们在特殊场合用的"官僚主义""个人主义"这些词是具有意识形态色彩的。母语不反映意识形态，最基本的母语不是上层建筑。有人因此思考，对儿童的教育也是大家共同的，是否也应不属于上层建筑而是中性的呢？当时，在苏联最权威的《苏维埃教育杂志》讨论了一年左右，发表了几十篇文章，就仓促下了个结论说：教育是一个永恒的范畴，但教育的存在、教育的实践是有阶级性的，所以教育是上层建筑。单纯"教育"两个字是永恒的范畴，哪一个社会都需要教育，自从有了人类，就有了教育，奴隶社会、封建社会、资本主义社会、社会主义社会都要教育，所以教育是永恒的范畴；但是教育必须通过某种形式在某种政治制约下实行，属于上层建筑。可见，50年代苏联这场争论的结论是：抽象教育是永恒的，具体教育是上层建筑。这是苏联的结论，而当时中国是全面学习苏联的，所以也都说教育是上层建筑。第二次是《毛泽东选集》第五卷的出版，其中有一篇文章谈到教育是上层建筑，被人们作为真理。今天说教育不是上层建筑已无所谓，但在70年代末80年代初敢于提出这样的观点，并认为毛主席的话不是句句都是真理，可以说解放了人们的思想。

第二，这场教育社会属性的争论虽然没有结论，但它开拓了人们的思路。因为主张教育是上层建筑也好，主张教育是生产力也好，主张教育一半是上层建筑一半是生产力也好，主张教育既不是上层建筑也不是生产力也好，都要准备面对不同的意见，辩护自己的观点，回答别人的反驳，这些大大开拓了人们的认识和思路。也就是说，这场争论促使人们对关于教育的社会属性究竟是什么，进行了深入研究。

第三，这场争论影响很大，经济学界、哲学界都参与了讨论。当时，有人提出应该赶紧定下结论，不要众说纷纭。但主管领导认为这种争论应该让大家公开讨论。到目前为止，影响较大的一个观点是当时提出的"教育是生产力"。这个主张为后来将教育作为一种产业开辟了通道，并由此产生了教育的公益性和产业性问题。教育具有公益性，这已是共识。除此之外，是否还具有产业性呢？教育既然是生产力，或者部分是生产力，那就应该具有产业性。教育是生产力这种观点，开始时赞同的人很少，但在实践中起了推动作用，使教育围绕经济建设为中心运转，促使人们在考虑教育战略时，要考虑教育与科技的关系、教育与经济的关系。

一般地说，争论应该有结论，但没有结论的争论不等于没有作用，这场没有结论的争论恰恰发挥了很重要的作用。与一般的常识不同，这场争论持续了几年没有最终结果，却并不是浪费。自然科学与社会科学不同，对自然科学问题我们不敢说是否一定要讨论到有结论才有价值，社会科学的讨论往往不可能有唯一的结论。因为从不同的角度看社会问题，会有不同的结论，每种结论都有其正确的地方，但如果具体问题不做具体分析就可能是错误的。也许有人会认为，争论而没有结论就没有意义，我认为关键要看是什么类型的争论。政策性的讨论，是要有一个结论的，否则没有办法进行决策。学术性的讨论，不一定要勉强做出结论，让人们自己去认可和认同。教育是生产力，或教育部分是生产力，这个问题虽然当时没有结论，但人们可以在实践中慢慢去认同它，教育至少有生产力的因素包含在内。

自然科学的争论比较容易做出结论，是否科学可以通过实验加以验证。当然，这只是比较简单的问题，不是所有的问题都是可以通过实验验证的，自然科学有些理论现在还是模糊的。实践是检验真理的标准，社会科学的争论，理论上说，可以通过社会实践来检验。但是科学实验相对简单，社会实践相对复杂，存在许多空白未能解决。如实践时间究竟该有多长？谁来实践？由于价值观和角度的不同，不同的人群通过实践往往得出不同的结论。这就给我们一个很好的启发，社会科学讨论不要勉强做出结论。过去有过这样的经验，对社会科学讨论勉强做出了结论，但结果并不完全正确。如新中国成立前，中国社会性质的大论战，后来做出结论，中国是个半封建半殖民地社会，这个结论我至今还认为不是错误的，但恐怕也不是唯一的。苏联在一年时间内就匆忙做出了"教育是上层建筑"的结论，而且做出结论后别人不能再有不同意见，影响到教育思想和教育科学的发展。20世纪70年代末80年代初，中国的那场争论，中央表示不急于做出结论，给了大家更多的思考空间，为后来教育的产业化留下了空间。这是很好的。教育不能产业化只能算作一派观点，并无充分的实践检验作为依据，同时也没有提出教育不能产业化和不许产业化令人信服的理由。相反，国内外都有由于产业化而推进教育发展的实证资料。因此，不许人们说"教育产业化"，是行政权力干预学术讨论。

这个课题，我们用比较长的时间回顾了历史上曾出现的教育社会属性之争，意在说明：一直到现在这个争论还没有结束，但已经从过去教育的社会属性引申到教育的公益性和产业性的争论，即教育应该是公益性的事业还是产业性的事业，抑或公益性和产业性并存。

教育是一种社会公益性事业，不论公办民办，都是为社会培养人才。尽管也有人认为民办教育是私人所有，为私人谋利益的；但绝大多数人都认为民办教育同样为社会培育人才，是公益性事业。关于教育是否具有产业性的问题，一直有不同观点。大体上，教育理论界同意教育既有公益性，也有产业性；而教育管理部门中许多人认为教育没有产业性（当然，教育理论界中也有人附和教育没有产业性）。如果是这样，那就产生了矛盾，既然教育没有产业性，那为什么还要面对市场经济？

做本专题论述时，建议对教育的公益性不必做太多的论证，主要研究如何办好教育这个公益性事业，以及在这一公益性事业中政府应该负起什么责任的问题。但是，对于教育的产业性，要论证其是非，即证明或证伪。这里要说明，教育是一种服务性产业，表面上看在中国没有太多人证伪，即没有太多的人说教育不是产业。原因很简单，国务院的产业分类已经将教育划分为第三产业。反对者就在"化"字上做文章。加入WTO后，政府更承诺教育是服务贸易，教育既然是服务贸易项目之一，服务贸易当然是产业，甚至是企业，所以已经将教育视为可以提供服务的贸易和产业。但实际上还是存在否定意见，反对教育产业化。反对者不光是教育主管部门，也有搞教育理论研究的，还有教育经济学家，我们应该听听他们的意见。他们担心，如果教育可以产业化，就应按企业操作，国家财政就不必再拨款了。我认为，这是另一个方面的问题，教育是否可以产业化与政府拨款不能混为一谈，彼此不应混淆。教育理论界部分人反对教育产业化的原因是把产业化与公益性作为矛盾的事物，既然承认教育的公益性，就不能提教育产业性或教育产业化。他们认为如果教育投资可以获得回报，势必会降低教育质量。也就是说，把教育当作产业，会和公益性对立起来，会降低教育质量，会把神圣的教育事业搞成纯粹的赚钱工具。这个说法究竟对不对，有没有道理，你们可以好好思考。

承担这个专题研究的同学，希望能够回答这些问题：（1）能否从教育具有生产力属性推导出教育具有产业性属性？（2）教育的产业性与教育的公益性是不是非此即彼、不能共存的对立矛盾，例如，民办营利性高校是否还是公益性事业单位？（3）教育作为服务性产业是否会导致教育质量下降，教育投资取得回报会不会降低教育质量？（4）知识具有知识产权，教育是否也有教育产权；科技有科技市场，教育是否也应有教育市场？

专题1.4 论高等教育的主体功能与社会功能
——人、教育和社会相互关系的视角

除了前面所述的教育的社会属性这场时间较长且规模较大的争论外，中国教育理论界还有一次时间相对较短且规模较小的争论，发生在1988年至1991年之间。这次教育争论的焦点是，教育的基本功能究竟是为了满足社会需要，还是为了满足个人自身发展需要，即所谓的社会本位论或个人本位论。这场论争也被视为主体论与工具论之争：前者称为教育工具论，即教育是促使社会发展的工具；后者称为教育主体论，即教育是以人为主体进行的社会现象。与教育的社会属性那场争论相比，这场争论的时间比较短，而且中间有一个戏剧性的变化，即开始的时候，个人本位论占主导地位，但后来社会本位论占主导地位。开始时，许多人认为，现有的教育不顾学生的个人发展，不考虑学生的需要，过分强调社会的需要，因而主张要解放个人，有关的报纸和刊物发表很多这方面的文章。

这场争论开始时分歧很大，各走极端。有的文章认为，社会是个人组成的，教育只要满足个人自身发展的需要，社会自然就能发展和进步；不必理会社会的问题，只要好好教育人，给人以充分的发展，社会就进步了。最有力的论证就是所谓的"蛇口风波"：当时的深圳蛇口是全国经济发展最快的地方，很多青年前往深圳寻找发展的机会，蛇口发展的机会最多。深圳市专为青年办学习班，曾邀请著名的思想道德教育家李燕杰到蛇口做报告，李燕杰就讲应当如何为国家做贡献。但是台下的蛇口青年辩论说：你说我们为国家、为社会、为集体做贡献，可是我们并不管这些，我们不管贡献不贡献，我们只是为了自己赚钱，动脑筋干活，提高效率，降低成本，发明创造，结果蛇口的发展比全国其他任何地方都快，是全国第一，你看这么高的楼盖起来了；别的地方讲爱国奉献，在蛇口不讲，可是蛇口发展快，而其他地方经济落后。也就是说，只要人人为自己，社会就能发展。虽然有些言辞偏激，本来也不成为风波，但经过媒体对这种新鲜理论的大肆报道后，包括主流媒体上都有

大量文章，后来遂被命名为"蛇口风波"，也叫"蛇口大辩论"。在这期间，很多人发表文章提出，过去我们的教育就是不考虑个人，现在应该考虑个人，多为孩子着想，不要进行那么多的集体主义教育，把大家管得死死的。我国最权威的教育刊物《教育研究》也刊发了相关的文章。我的一位老朋友胡克英也写文章论述教育必须促进个人发展。理论上没有什么问题，但文章的题目《救救孩子！》很辣眼。有人就说，难道现在的教育是在伤害孩子吗？因此他后来受到了批评。1989年，当时的主调是主张教育要为个人的发展，批判教育工具论。但后来发生了戏剧性变化，论调突然转变，认为教育就是为了社会发展，搞教育不能提倡个人主义，否则将无法预防自私自利思想泛滥，使教育把社会引往极端的方向。1989年8月以后，当时的报纸和教育刊物来一个180度的大转变，大量的文章批判个人至上，批判个人主义和人道主义，甚至批判"人文主义"。

这场批判、争论开始时带有强烈的情绪，当冷静下来时，很多人意识到，教育既是为社会发展也是为个人自身发展服务的，是两个方面的辩证统一，彼此并不矛盾。如果撇开政治背景，这本来在理论上是非常简单的一个问题。随后的文章渐渐排除了两种极端化的观点，多数人认为两者是可以兼容并存的，且彼此是相互促进的。如果个人教育没有搞好，社会就发展不起来；如果不考虑社会发展，个人的教育就缺乏标准。所以后来逐渐地抛开政治因素，提出两者都要兼顾，不过仍然存在一些差别。在大的方向上基本一致，没有人说教育不要考虑孩子的个性需要，也没有人说教育不要关注社会发展。但是，在教育的出发点和归宿上仍有争议。可以说，多数人的观点大同小异，所谓小异就是教育的出发点与归宿是"人"还是"社会"。大家都主张教育要兼顾个人和社会，但教育的出发点和归宿是为个人发展还是社会发展，存在分歧。争论开始时，文章主要集中在1988—1989年的《教育研究》上，1990—1991年全国其他很多杂志上也有这方面的文章。1992年以后，争论慢慢平息下来，因为再继续争论也没有太大的作用和意义，事实上理论方面已没有太多值得争议的地方。关于这个问题，在我主持的学术沙龙上也有较激烈的争论，有的倾向个人本位论，有的倾向社会本位论，有的则力求折中。彼此争执不下，只好各写各的文章。

这场争论对加深高等教育的功能的认识很有意义。那么，如何正确认识高等教育的功能呢？那还得从教育的定义说起。"教育是一种培养人的社会活动"，这是得到大家公认的关于教育这个概念最简明的界定。尽管有人说，"培养"和"教育"是同义反复，这只是文字上的问题。有的说："教育是对人施加影响的社会活动。""对人施加影响"这个定义，可能更广泛一些，包括报纸、杂志等很多东西都能对人施加影响，那是广义的教育。

"教育是一种培养人的社会活动"这个定义，不仅揭示了教育、人、社会三者之间的关系，而且也揭示了教育的两种基本功能。社会通过教育来培养社会的人，把社会的文化代代传承下去，使人认同这个社会；而个人通过教育来学习已有的社会文化，成为社会的人。这也就是平常我们所说的个体的社会化或社会的个体化，这两个概念其实是同义的。教育是个人社会化，人不能仅凭本能生活，人从出生以后就一直在不断社会化；教育是把社会的知识、技能、习惯、道德等传授给个人，也可以说社会的个体化。因此，教育的基本功能就是人的发展功能和社会的发展功能，前者称个体功能或主体功能，后者称社会功能。按照《教育大辞典》的分类，教育的功能可分为教育的社会功能和教育的个体功能。教育的社会功能包括政治功能、经济功能、文化功能等功能；教育的个体功能包括个体发展功能、就业功能和升迁功能等功能。

教育的主体功能和社会功能在本质上是一致的，互为目的和条件，不存在厚此薄彼的问题，两者在理论上是相互依存的。这场讨论使我们认识到两者的辩证关系。但是由于在教育实践中，不同主体的教育价值观有所不同，往往存在一种厚此薄彼、畸重畸轻的现象，的确也存在两者矛盾冲突的现象。比如，中国的教育在一个时期曾经忽视学生的主体作用，忽视人发展的主体价值，把教育作为阶级斗争和生产斗争的工具，压抑人的个性，使个人的聪明才智、兴趣爱好和创造精神、审美情趣不能得到充分发挥，造成很大危害。现在的教育也还存在对学生主体性认识不足的问题，所以应该提倡以人为本的精神，办学应该以生为本。不过，目前相当一部分人，包括一些教育理论家，尤其是受到了后现代主义影响，往往片面强调人的自我价值，强调个性的自由发展，忽视要为社会服务和做贡献。这种观点有相当的影响，譬如独生子女问题。独生子女的独立生活、社会道德等方面，都曾出现了不同程度的问题。现在年轻一代中，一定程度存在以自我为中心、以个人利益为一切行为的准则，存在某些不利于甚至危害社会发展的现象。自私自利、个人主义和自由主义使得现在的德育工作困难重重，影响了我们社会的发展，也影响了个人的健康成长。

因此，我们现在一方面应该强调以人为本、以生为本，另一方面也要加强社会公德的教育。片面地强调任何一个方面都是不好的。这些现象从不同角度反映了教育实践上的矛盾。就是说，在教育理论上虽已取得了一定程度的共识，但在教育实践中的矛盾和冲突依然存在，而且可能还要长期存在。

研究这个专题要求弄清楚：（1）为什么这场争论发生在 1988 年前后？1989 年八九月前，几乎所有文章都赞同教育要满足个人需要，批判当时的教育是抹杀个人，不顾个人的个性发展。但是，到了 1989 年的八九月后，论调几乎反了过来，批判教育不顾社会需要、只顾个人发展，从而开展对人性论、人道主义，甚至人文主义的批判。1991 年后，更多文章从学术角度研究教育的主体功能和社会功能，两者是并存且辩证统一的。从论争过程的变化，我们能得出什么启示？（2）厘清各种主要论点，包括达成共识和没有达成共识的各种论点，寻找共识和分歧的意见及其原因，看它与其思想流派有何根源。（3）那场关于教育功能的争论对今天的高等教育改革，特别是德育工作改革有何意义？最好是联系一些社会现象、社会问题进行讨论。

专题 1.5　高等学校的社会职能

前面我们谈到了高等教育的两大基本功能——主体功能和社会功能，它们都是通过培养人来实现的。作为教育载体，高等学校就负有实现这两大功能的任务，这就是高等学校的基本的职能。功能和职能是两个不同概念，功能是一事物与另一事物发生相互作用时表现出来的属性，而职能则是发挥功能的载体所承担的职责任务。

高等学校最基本的职责和任务就是培养人才。除了培养人才之外，后来高等学校还增加了科学研究和直接为社会服务的职能。在这里，我们为什么不简单地将高等学校的第三大职能叫作"社会服务"呢？因为培养人才、发展科学，归根到底都是为社会服务，所以一般将利用学校的优势资源来为社会服务视为"直接为社会服务"。第一个职能是基本职能，第二个职能是重要职能，第三个职能是拓展职能。

高等学校三大职能的出现有先有后，出现的先后顺序也是其重要程度的顺序。培养人才是最早出现的职能，也是最基本的职能。可以说，学校就是为培养人而设置的机构，不培养人就不是学校。小学是培养人的，中学是培养人的，大学也是培养人的。不培养人可以是科研机构，可以是社会福利机构，但不能称为学校。所以说，培养人才（第一职能）是三大职能中最基本、最重要的职能，也是最早出现的职能，是和学校共生的职能。大学一开始就有了培养人才的职能，没有这个职能，就不成为大学。

发展科学是第二早出现的高校职能。一般认为，发展科学是到了工业化时期才出现的高等学校职能。工业化的到来，提高生产力需要科学技术，而高等学校是掌握科学技术并能创新科学技术的机构，因此高等学校应该承担起发展科学的社会职能。通常人们认为，高等学校发展科学的职能始于19世纪初的德国洪堡大学（柏林大学）。当时，洪堡任德国教育部部长，他在柏林大学创办时提出大学应当搞科研，科研的作用在于发展科学，大学的发展科学职能就是从这个时候开始的。不过，洪堡提出教学与科研相结合，目的是为了更好地培养学术人才，是第一职能的方法或途径之一，严格来说还不是独立的第二社会职能。作为独立的社会职能的科学研究是其后高等学校承担与教学无直接关系的科研课题才明确的。在大学里，有学术水平高的教授、专家，有善于思考和好奇的青年教师和大学生；有精良、先进的仪器设备和学术气氛浓厚的学术环境，有利于开展科学研究，承担国家或企业所要研究的课题，因而派生出独立于教学之外的发展科学的社会职能，成为高等学校的另一个社会职能。从教学角度说，学校的科研工作有利于提高质量，更好地培养人才；但从社会角度和国家角度，抑或从企业的角度说，大学从事科学研究，不是为了对学生进行培训，而是为了高效率地获得或产出科研成果。因此，从严格意义上说，19世纪后期才陆续出现科研职能。不过，如果说从洪堡大学开始，大学就出现了科研职能，也是有一定道理的。

作为高等学校的第三大职能，直接为社会服务是从美国的赠地学院，特别是威斯康星大学开始的。在美国实行《莫雷尔法案》之前，威斯康星大学虽已经存在，但办得并不怎么出色。《莫雷尔法案》颁布之后，州可以办大学，并由联邦政府提供30 000英亩（1英亩约121平方千米）土地，威斯康星大学抓住这一契机，取得了很大发展。既然威斯康星大学办在威斯康星州内，获得威斯康星州的土地和其他资助，就要为威斯康星州服务，所开设的科目都是本州所需要的农业和工业方面的课程，完全不像过去身处"象牙塔"的高校，不管设立的系科与当地需要是否相关，只顾培养高水平人才，研究高深学问。现在看来，地方大学为地方建设服务是很正常的，但过去的大学高高在上，当时敢于提出主动为地方发展需要服务是很不简单的。威斯康星大学做到了地方需要什么专业就开设什么专业，地方需要什么人才就培养什么人才，地方需要什么研究就从事什么研究，并开展各种培训，如改良农作物品种，提高农业生产，搞农业机械化，还派出很多学者到地方政府帮助政府工作，因此得到了快速而全面的发展。威斯康星模式，或者说威斯康星精神、威斯康星理念，很快在赠地学院中推广开来，继而在美国和世界推广开来，直接为社会服务也就成为继培养人才和发展科学之后的高等学校的经常性工作，即高等学校的第三社会职能。

高等学校的三大社会职能就是这么来的，从出现的先后顺序看，最早出现的是培养人才，其次是发展科学，最后出现的是直接为社会服务。世界是如此，中国也是如此。中国在新中国成立前只有培养人才，虽然个别教授也写了文章，做了研究，但都是零碎的工作，研究工作主要是在研究机构进行的，个别大学虽然成立了一些研究机构，但是并没有将科研作为大学非完成不可的社会职能。新中国成立后学习苏联，我国才提出（大概是1955年开综合性大学会议时）综合性大学有两大任务，第一是培养人才，第二是科学研究工作，即综合大学应该成为教学机构和科学研究机构，但没有说其他大学是否也应有第二项任务。"文化大革命"之后，邓小平提出，大学有两个中心，一个是教学中心，一个是科学研究中心，也还没有说到社会服务。当然，虽然没有说社会服务，但工作中实际上有这方面的内容。比如，厦门大学的化学系虽利用其仪器设备资源为外单位承担分析化验工作，但没有将它作为一项必需的社会职能来看待。直接为社会服务真正作为高等学校的社会职能，是在20世纪80年代之后。80年代初，我在一次全国重点工科大学协作组的学术年会上做报告时，谈到高等学校的第三个职能。有些大学校长很不理解，不同意将社会服务职能与教学、科研职能并列。当时西安交通大学校长庄礼庭教授，替我回答这一质疑。他刚从德国回来，告诉大家德国大学都设有很重要的一个部门——推广部，其功能就是从事社会服务。也就是说，国外大学具有三个社会职能的提法没有问题。在中国，高校的第三个社会职能直到80年代中期才普遍推广，推广的动力是"创收"。为了创收，高校才大搞社会服务，不推广则已，一经推广形势非常火热，为了创收，大搞有偿服务，有的办学者甚至把高校职能的重要性给颠倒了。有的高校领导，最关心的是创收，创收多的"福利"高，创收少的"福利"低；甚至对教师的业绩考核也是以创收多寡作为主要指标。实际上把第三职能变成第一职能。

从重要性来看，培养人才是第一位，科学研究或发展科学是第二位，我们不能让排在第二位的社会职能妨碍了排在第一位的社会职能。但是，国内外都有不少研究型大学把科研看得比培养人才重要，把第二位社会职能摆在了第一位，这是不对的。第一位社会职能是最早出现的，也是最重要的。第二出现的社会职能是第二重要的，第三出现的社会职能的重要性应排在第三。现在出现一个问题，老二或老三变老大，老大反倒变成老三。有的学校为了创收，甚至可以放弃一切，不惜降低教学质量；有的教师乐于从事科研工作或有偿服务，不重视教学工作。我们认为，三大社会职能都很重要，但其重要性的顺序不能颠倒。近日，原中山大学校长黄达人教授退休后，访问了许多大学书记、校长，出版了一本访谈录《大学的根本》，指出大学的根本是培养人、培养专门人才。我为这本书写了一篇序，指明大学的社会职能应当是"回归大学的根本"。

除了这三大世界公认的职能外，现在有许多高教研究工作者，提出高等学校应有第四职能、第五职能。提得最多的是国际交流的职能、传承文化的职能。除此之外，还有社会批判的职能、社会改造的职能，以及创业职能、技术创新职能等。教育部前副部长赵沁平教授提出"大学应有引领社会文化创新的功能"（按其原意，是指社会职能），文章发表在《中国高等教育》。后来，赵沁平教授要求湖南大学岳麓书院组织一次讨论大学第四功能（职能）的研讨会，邀请我去参加，我同意并参加了研讨会。当时我表态说：我赞成大学有引领社会文化的职能，但是我们谈大学职能的时候，不能都只拿北京大学、哈佛大学等来举例，如果地方大学都没有这个职能的话，就缺乏普适性。同时，如果说的是教育功能而不是高校职能，则文化功能不是大学的第四功能，而是高等教育或大学教育的基本功能。大学教育的基本功能就是有文化的传递、保存、批判、选择、创新。文化功能不能跟培养人才、发展科学、为社会服务并列，它们不是同一个层面的范畴，前者是功能，指教育所起的作用；后三者是职能，是学校应承担的职责任务。

关于中国高等学校三个职能的改革与发展，在《国家中长期教育改革和发展规划纲要（2010—2020年）》中有详细的要求，分别条列于第七章的第十九条至第二十一条。

研究这个专题要求：（1）对世界认可的高等学校的三大社会职能的含义、重要性、历史发展和存在的问题进行梳理。（2）对高等教育理论工作者提出的种种第四职能进行分析和评论，指出哪些职能可以视为第四职能，哪些职能不具有普适性；也可以提出新的第四职能。

专题 1.6　制约近现代高等教育价值追求的基本思潮
——人文主义与科学主义、理性主义与功利主义

前面我们已经讲了教育的主体功能与社会功能，认为两者在本质上是同一的，但是在实践上由于价值观和价值追求不同，形成了两种不同的教育思想，即教育究竟应该以人的主体发展为主还是以社会发展为主。回顾历史，西方国家也出现过多种教育思想流派，从高等教育的角度来看，我们可以把它们概括为两大贯穿于世界高等教育发展的主要思潮：一种是人文主义或者说理性主义，一种是科学主义或者说功利主义（当然，这只是从价值追求的基本倾向说的。人文主义与科学主义、理性主义与功利主义，彼此之间不能画等号）。长期以来，两大思潮的矛盾斗争此起彼伏，贯穿于近现代高等教育的发展进程。同时，两大思想流派各有各的主张，各自又有各自的种种派别或说法，这些可以交由研究教育哲学或教育思想的学者去区分，但我们要掌握宏观的两大思潮或两大系统——科学主义的系统和人文主义的系统，或者说是理性主义和功利主义两大系统。因为这两大思潮的斗争是西方各种纷乱错杂的教育思潮相互斗争的主线，掌握了这条主线就较容易了解西方近现代教育思潮的基本线索及其斗争。

人文主义始于西方文艺复兴时期，甚至还可以追溯到更早的古希腊时期（但我们没有必要如此），可谓源远流长。文艺复兴是一种民主运动，或者说是民主运动的先声和前兆，它打着复兴古希腊的自由、民主来反对中世纪的神权和皇权，尤其是神权。文艺复兴重视人自身的价值，认为个人的价值高于社会的价值，要求个性解放；它推崇人的理性，反对宗教和封建政权对人的禁锢（即文艺复兴不是反对宗教皇权，而是对反对宗教对人的禁锢，对人的思想的禁锢，也反对封建皇权对人的束缚）。人文主义认为，人的价值高于一切，要求个性解放，推崇人的理性，所以也叫理性主义。理性主义与理性不是一回事，理性主义专指个性的解放，认为个人理性具有最高价值。推崇个人理性，就是反对封建皇权和宗教神权对人的禁锢、压制，提倡个性解放。

在资产阶级反对封建主义时期，理性主义起了积极的进步作用，尤其在当时反对压制，反对思想不自由、行为不自由、学术不自由等方面起了进步作用。

在教育领域，人文主义教育思想主张教育的功能是追求个性的充分自由发展，也就是前面所说的教育的主体功能。人文主义的教育目的是，培养新型的资产阶级自由民或有教养的绅士，就像是英国的绅士。因为当时新兴资产阶级是被压制的，他们虽然有钱，却没有社会地位。在教育内容上，传统人文主义所崇尚的学科就是我们所讲的文雅或博雅教育，即自由教育（如果把"liberal education"直译为"自由教育"，在中文上不能充分反映西方自由教育的内涵，因而翻译为"文雅教育"或"博雅教育"）。

在开始的时候，人文主义不但看不起功利，而且也看不起科学，鄙视科学和功利。人文主义认为，人文是高雅的，而科学和功利以及与生产活动相联系的事物是庸俗的。这与我们中国的传统思想有点相像，即中国原来的传统思想也是这种人文主义的思想，认为读书人不讲物质的利益，轻视生产技术。但是，科学的发展是不可抗拒的，后来的新人文主义就容纳科学。很显然，抗拒科学就是抗拒社会发展。新人文主义看到了科学发展的不可抗拒性，改变了思想，认为应该容纳科学，所以既提倡人文也提倡科学。新人文主义的重要代表人物洪堡，他开始把科学研究引入大学之中，允许科学在大学中存在，不再排斥科学课程。而在此之前，大学是不容纳科学的，科学也不能进入大学，许多早期的科学发明、发现，是在大学之外的个人或单位的活动中发展起来的。

科学或生产力的发展是一股不可抗拒的力量，科学进入大学是迟早的事情，所以大学最终总得向科学开门。科学的力量是如此强大，进入大学不久，不但和人文平起平坐，甚至占据了主要地位和上风，形成了今天大学里普遍存在的、在中国大学情况尤其严重的"重科学、轻人文"的现象。这里的科学主要是指自然科学。也就是说，随着新人文主义容纳科学，科学开始进入大学并很快成为主流；但人文主义也不愿就此而退出历史舞台，因此在整个19—20世纪大学贯穿着科学主义与人文主义之争。从历史来看，这个争论开始是不存在的，因为人文主义一统天下，但后来科学进入了大学，并很快发展成为主流，而人文主义不愿意退出去，所以就发生思想斗争了。可以说，近两百年来大学的学术思想斗争，是在人文主义思想与科学主义思想之间展开的斗争。总的来说，科学主义后来占据优势，人文主义就不断地反击，产生了要素主义、永恒主义等教育思潮。这些反击在思想领域虽声势不小，在实务上却似乎收效甚微，大学里重理工轻文史的倾向并未因人文主义的批判、反击而有所改善。在中国这一倾向尤为明显。

科学主义最初的代表人物是英国的斯宾塞，他在1861年写了一本《教育论》，一开头就提出"什么知识最有价值"这个命题。经过大量论证，斯宾塞认为科学知识最有实用价值，体现了一种实用主义思想，他也因此而被视为较早的实用主义思想代表人物。这种实用主义思想反映了工业革命后，人们对提高工业生产力的自然科学的向往和追求。事实上，不论从发展生产还是从提高人们生活水平来看，都需要发展工业，而发展工业就要发展科学。科学和实用主义相结合就形成了科学主义，就代替了原来的古典人文主义。从19世纪下半叶一直到20世纪上半叶，科学主义在各个领域占据主要地位。在教育领域，人文主义也受到冷落，科学主义的思想占据主流。

随着科学进入课堂，大学也逐渐从中世纪大学转变为近现代大学。众所周知，大学起源于中世纪大学，而中世纪大学是中古时代的大学，近现代大学是资本主义时代才出现的大学，那么中世纪大学是怎么演变为近现代大学的呢？厦门大学教育研究院的黄福涛博士在安徽师范大学读硕士时，学的是外国教育史，到厦门大学攻读博士学位，一开始我就交给他一个任务：弄清楚中世纪大学如何演变为近现代化大学。经过仔细查找西方各国大学演变的资料，他发现西方大学从中世纪大学嬗变为近现代大学的过程，发生在18—19世纪。但在当时，无论是学生数量的增加，还是规模扩大，抑或是教育管理，都不是起决定性作用的因素，都不能说明中世纪大学和近现代大学的区别。

我们从马克思主义理论出发，认为经济因素或生产力发展是决定社会发展变化的基本原因。这个判断适合于社会各个领域，同样也适合于教育领域。那么，中世纪大学发展到近现代大学的标志，就是科学知识进入大学殿堂。经过查阅资料，发现最早出现这一现象的不是那些古老的大学，比如巴黎大学，而是像法国专门学院那样贴近生产、贴近生活实际的院校，然后才进入大学。大约 18 世纪末 19 世纪初，科学进入大学课堂，中世纪大学转变为近现代大学。这比工业革命要落后一段时间。工业革命时期，科学是在大学之外进行的，大学没有接纳它，当时几个有名的发明家也都不是在大学里搞的发明。随着科学进入大学殿堂，大学也逐渐从"象牙塔"里走了出来。

科学主义虽进入大学并成为主流，但人文主义是不甘于退出历史舞台的。从 19 世纪中期到 20 世纪中期这 100 年间，科学主义与人文主义两种思潮不断斗争。一方面，作为科学主义的子系统，随后诞生的实用主义、工具主义、改造主义、进步主义等，在大学的发展中起着主导作用；另一方面，永恒主义、要素主义、纽曼的《大学的理念》和《耶鲁报告》等，在大学里力图保持人文主义的传统，反对科学主义。在理论辩论上，人文主义虽偶尔占据上风，但实际上从来没有占到上风。毕竟物质利益比精神追求更加现实。很多人可能都在说，办大学要高尚一点好，不要跟金钱沾边，不要追求功利，但是最后还得和金钱打交道，还得用钱办大学和发展大学，还得讲究功利，还得考虑学生就业。不是说大学不研究高深学问只追求功利，但是它确实与我们有切身的利害关系。精神的东西只有符合切身利害才能被接受，并获得升华，人们不能离开、违背了切身利害的东西，去提倡什么高尚的人文精神。所以 100 年来，两种思潮的斗争虽互有消长，并且在教育理论上，人文主义往往理直气壮，但在实务上，科学主义一直占据上风。

第二次世界大战以后，由于科学主义造成的危害越来越严重，尤其是生态环境的破坏，使人们开始反思科学主义的危害。到 20 世纪七八十年代，人们开始认识到如果不提倡人文主义，仅重视科学主义的话，将来会出现更严重的后果，因此在国外首先提出了科学教育人文化。科学发展是不可抗拒的，必须进行科学教育，但是希望科学教育人文化，也就是用人文精神来统帅科学教育、制约科学教育，也有人将其称为科学教育与人文教育的融合。为此，很多国家更加重视通识教育，1998 年的《世界高等教育大会宣言》明确提出，大学的使命是促进社会可持续发展。中国大学差不多也在 90 年代提出发展人文素质教育（最早是华中科技大学 90 年代初提出的）。现在，我们进一步提出以人为本，发展人文素质教育。当然，这不是要否定科学，而是要限制科学主义、功利主义横行。今天，无论我们是研究世界还是中国的高等教育问题，要学会将其摆在这两大思潮的斗争主线中去看，就较容易理出头绪来。

　　研究这个专题要求：（1）理清人文主义与科学主义两大思潮的来龙去脉，因为这对我们从宏观上把握高等教育改革与发展有重要的理论意义。（2）弄清楚人文主义与科学主义两大思潮的积极意义和局限性，并做出客观的评价。但要注意，不要陷进教育史所研究的各种教育思潮，只要理清两者的主要脉络即可，至于对这两大思潮之中的种种流派的论析则是另外一门课程"西方高等教育思想"的任务。

专题 1.7　大学的理念
——高等教育价值观

　　大学的理念是一个古老的问题，也是世纪之交中国高等教育思想讨论的重要内容。它的重新提出具有新的时代意义。在国外，20 世纪八九十年代就不断地讨论这方面的问题，中国在 90 年代末期才开始成为热点问题。站在这个古老问题的时代前沿的是厦门大学教育研究院里的博士生们。赵婷婷的博士论文《大学理想与大学现实需要的矛盾》、韩延明的博士论文《大学理念探析》、卢晓中的博士论文《当代世界高等教育理念及对中国的影响》，还有华中科技大学肖海涛的博士论文《大学的理念》等，都是 2000 年前后完成的。其后有关的研究越来越多了，大学理念、大学精神等方面的论著出版了不少，这里就不一一列举了。一句话，从 20 世纪 90 年代末到 21 世纪初，我国高等教育界掀起了一股研究大学理念的热潮。

　　为什么大学理念会成为大家关注的热点问题呢？从世界范围看，主要是因为 20 世纪七八十年代以来，世界高等教育发展变化很快，学生数量剧增，巨型大学大量出现。在这个发展过程中，功利主义、科学主义虽还在起主导作用，但它的弊病和存在的问题很严重。人们开始反思，过去大学教授们所推崇、所信仰的那些理念（主要是人文主义方面的理念），如学术自由、大学自治、教授治校、教学与研究相结合等，是不是应该得到重新评价和宣传，以便用来培养大学的崇高理想、学术精神和学术价值，从而抵制现代功利主义的冲击。因为这些冲击使人们感到很困惑，使人们感觉到大学精神在丧失，大学理念面临着危机，大学已不成其为大学。到世纪之交，很多人提出要反思大学的价值是什么，应该如何追求、实现大学自身的崇高价值。而当代大学理念研究的核心，就是重新树立大学的价值观，明确大学的价值是什么，大学的精神是什么。这种呼声集中体现在联合国教科文组织的历次有关高等教育会议上，形成了研究大学理念的热潮。

　　从中国来看，研究大学理念一方面是受了世界高等教育呼声的影响，但更重要的是中国在 20 世纪 90 年代处在转型期，市场经济对大学产生了很大的冲击。另外，还有一个因素就是高等教育大众化进程很快，冲击了传统的精英教育，使人感到迷惘、困惑。大家开始反思要不要面向市场经济，要不要回归传统，要不要保持大学的精神价值。因此，中国高等教育界也非常关注大学的理念问题，除了前面提到的厦门大学教育研究院的几本博士论文外，还有很多这方面的著作出版，如王冀生的《大学之道》、刘献君的《大学之思与大学之治》，杨东平于 2003 年就一口气编著出版了《大学精神》《大学之道》和《艰难的日出》三本书，香港学者金耀基的《大学之理念》也重新修订在内地出版成为畅销书。

　　研究这个专题需要考虑以下几个问题：（1）传统的大学理念哪些应该继续坚持？哪些应该扬弃？哪些应该改造？比如说，现在完全照搬历史上的教授治校是不太可能了，因为现代大学走出"象牙塔"，走向社会、走向市场，大学事务越来越多，大学跟社会的联系越来越复杂，让大学教授既搞教学、科研又搞管理不可能。于是大学出现了一批专门从事管理工作的行政人员，已不可能再按过去大学教授治校的理念来指导现代大学实践。现在有人提出"校长治校、教授治学"，并被教育主管部门所接受，成为《国家中长期教育改革和发展规划纲要（2010—2020 年）》的现代大学办学原则之一。教授不需要管理学校行政工作，但要掌握学术权力；行政工作应为学术工作服务而不是指挥学术工作。这些说明，在新时期既要继承传统的好的大学理念，但又必须对其进行一些改造。（2）应该重视哪些新提出的理念？现在新的大学理念很多，如创新创业、国际化、大众化、可持续发展等。

　　研究这个专题要求：（1）弄清"理念"（idea）这个概念的含义。"理念"这个概念，曾经因为有"客观唯心主义"之嫌而被长期尘封起来，只好用"理想"（ideal）来代替，例如把纽曼的《大学的理念》翻译成《大学的理想》。当然，"理念"（idea）并非同"理想"（ideal）无关，理念是以理想为核心的价值认识、价值追求——价值观。（2）对传统的大学理念，主要是洪堡所概括的理念，阐释它们的内涵和价值，研究如何对这些传统大学理念进行现代化的改造和发展。（3）阐明那些你认为值得重视的大学新理念。

　　如果你认为题目太大，可以只研究传统大学理念或大学新理念，还可以深入研究某一个理念。

专题1.8　学术性、应用性和职业性
——高等教育质量观

在精英化阶段，人们习惯于把高等学校称为大学，而大学是研究高深学问的"学府黉宫"或"象牙塔"。其实这种习惯性的思想在当时就已不全面，除了作为研究基础学科（文、理）的大学之外，还有培养各行各业高级应用型人才的单科性学院如商学院、法学院、医学院、农学院，以及师范学院和许多专科学校，如艺专、体专、音专等。不同类型的高等学校具有不同的培养目标，培养不同专业的人才应当有不同的质量标准。由于当年没有太多的评估，更没有所谓的"排行榜"。社会上虽存在"重学轻术"（重学术轻应用）的观念，但在精英化阶段，大学教师与大学生人数不多，处于社会上层，矛盾尚不突出。到了大众化阶段，即将进入普及化阶段，如果仍以学术性作为唯一的质量标准，那就脱离了社会发展对人才需求的实际。社会发展需要一定数量的学术人才，也需要大量的应用型、技术技能型的人才。在高等教育大众化、普及化阶段，应当树立多元化的高等教育质量观。

但是，人们思想观念的变化，总是落后于时代发展的实际，还是以学术性作为评定"211""985"的标准。现在国家提出"双一流"（一流大学和一流学科），由于思维定式，更由于以"排行榜"作为追求的目标，"双一流"只能在学术型大学中挑选，而与大量应用性、职业性的高等教育无缘。如此，"双一流"对于提高国家高等教育的质量作用有限。

因此，我更重视和提倡的是把"双一流"的理念和追求泛化至应用性、职业性的高等教育，并且重视一流的本科教育、一流的职业专科教育，而不仅仅限于学术型大学的一流的研究生教育和科学研究。提高质量应成为全国高等学校的共同任务。

学术性、应用性和职业性的高等教育指的是高等教育的分类而不是分级，由于把分类误认为分级，高职院校总想升本，本科院校总想升格为学术研究型的大学，因为如此就可以进一步成为硕士点单位、博士点单位。大家都向

清华、北大看齐，至少向我们厦门大学这样的大学看齐。有的高中毕业生如果考不上本科，宁可复习一年，明年再考，也不愿去念高职。有关的制度设置也是这样，如高考录取最优先的是综合性的研究型大学，基本顺序为：一本院校→二本院校→三本院校→高职院校。也就是说，招生录取助长了重理论、轻应用、轻职业技术的倾向。众所周知，一本是研究型的综合性大学，只有少量应用型大学；二本是应用型大学，即一般的大学，大多是地方大学；三本主要是地方新建大学、民办大学。现在虽然许多省市取消三本，并入二本，高职可以独立自主招生，但消极的影响仍然存在。另外，我们还用学术性标准来衡量职业技术院校的办学质量。人才市场上也存在类似的问题，前几年总体上本科生、研究生的就业率要高于高职生，这种格局正在逐渐发生变化，有些省份，高职生的就业率已略高于本科生。台湾地区变得更快。2012年专科毕业生的失业率最低，3.17%；而本科生失业率达到5.66%；研究生失业率也高于专科生为3.32%。（《参考消息》2012年7月31日）在大陆，现在硕士生多了，就业情况虽尚好，但往往工资不高，博士生原来是"天之骄子"，现在好日子也不会太久。中央已经有明确规定，研究型的博士生不能太扩大了，如果是这样的话，到你们就业的时候可能还好。

到目前为止，中国的就业市场，学术性标准仍占主导地位，尤其是国家机关和国营企事业单位。但情况也正在悄悄地发生着变化。有些地方，高职毕业生比有学士学位的本科毕业生就业率高些。当然，总体上仍然是本科生就业率略高于高职生。根据麦可思的"中国大学生就业报告"2007年毕业的大学生，半年后（当年12月底）的统计数字，本科生就业率为90%、高职生为84%，受金融危机的冲击，2008年本科生就业率下降至87.6%，下降了2.4个百分点；而高职生则与2007年基本持平，仍然有83.5%。如果说，2008年本科生就业率同高职生就业率之比为87.6%，比83.5%相差4.1个百分点；那么，2016年这一比例则是91.8%，比91.5%相差只有0.3个百分点。这究竟是好事还是坏事呢？某些地方传来消息，有些青年愿意进高职（当然是少数），尤其是高职工科，因为他们培养的是制造业的技能型人才，是大国工匠的摇篮。另外，有些中等职业技术学校的就业形势也不错。这些信息让我们不得不重新思考高等教育质量的判定标准问题。如果重学术轻职业,那就肯定会说:高职质量很低。现在我们一说质量,尤其是传统大学中的教授们,总是从学术的标准出发,看不起职业学校的学生。我认为,职业技术教育有自己的适应面,不能因为学术或文化水平较低,就判定职业学校的人才培养质量低,我们不能用传统大学的质量标准来衡量职业学校的办学质量。正因为如此,我经常在做报告时说:质量降低的说法既是一个真判断,也是一个假判断。一方面,因为扩招太快,教育资源跟不上扩招,导致质量下降,这个判断是真的;另一方面,用学术性标准来衡量职业教育以及应用型本科的办学质量,没有看到职业教育、应用型本科质量应有另外的判定标准,这样得出的结论是假判断。研究型大学应该追求高深学问,但大众化的质量标准是"适销对路"。高职教育以及应用型本科以就业为导向有其必然的功利价值。

研究这个专题要求弄清楚:(1)为什么会产生重学术性高等教育、轻应用性和职业性高等教育?(2)对于不同类型的人才培养,如何用不同的质量标准来评价?(3)为什么说中国当前的招生录取制度和在此之前的评估指标体系,是中国高等学校的"同质化"的驱动者?

专题1.9 可持续发展
——高等教育发展观

可持续发展最初主要是针对自然环境受破坏而提出的一种发展战略,是人与自然的关系的一种发展战略。开始的时候,可持续发展战略意在揭示如何在科学技术的基础上解决人口问题、资源问题、生态环境问题,后来感觉到在科学技术的层面上,有很多问题解决不了,必须将这些问题提到文化思想的层面上才能加以解决。

要解决人和自然的关系,必须改变人们的自然观、价值观、伦理观和思维方式。比如伦理观,过去我们所说的伦理主要是人与人之间的伦理,是人与人之间的关系,现在则推广到人与动物的伦理,要求人类保护动物。过去,武松打虎是英雄,现在伦理观改变了,打虎要进监牢。我们原来的自然观,主要是人与自然做斗争,与天斗其乐无穷,与地斗其乐无穷。这种自然观给我们人类带来了种种问题和灾难,因而人类要改变原有的自然观,人要与天地、与自然和平共处。

要实现可持续发展,必须坚持以下原则:一是持续性发展原则;二是公平性原则;三是整体性原则;四是协调性原则。目前,有的国家就没有考虑整体性原则,把脏的东西(如垃圾)都往发展中国家扔,把污染的工业移到别的国家。比如说,日本人在自己国家不砍树,到别的国家大量进口木料,我到中国台湾地区发现很多宝贵的神木在日占时期被砍掉运到日本建神庙、皇宫。现在又到东北大量砍树做一次性筷子。殊不知,自然环境整体被破坏了,它不会因为你是发达国家,污染就不进入你的领地。中国西北的沙尘暴也吹到日本了,我在广岛时就遇到灰蒙蒙的天气。地球环境污染导致臭氧层破了一个大洞,受害的就不只是发展中国家。所以,我们搞发展要整体考虑,把全世界当成一盘棋处理。

后来大家发现,这些发展观和原则不但可以解决人与自然的关系,而且可以用来解决人与人的关系,即不只是用在自然环境方面,而且可以用在解决社会问题上。可持续发展观既是一种物质文明的发展观，也是精神文明的发展观。目前，可持续发展观已被人们广泛接受，人文社科方面也在运用。将可持续发展观引入高等教育领域，是厦门大学和深圳大学最先提出来的（除我们厦门大学教育研究院首先提出以外，再就是深圳大学高等教育研究所杨移贻教授了）。当时，针对高等教育的发展问题，我和我们院里的一群博士生提出疑问：可持续发展是不是高等教育将来发展的重大问题？后来，在广东举办的高等教育学会年会上，我们与深圳大学高教所的杨移贻教授，同时提交了关于高等教育可持续发展的文章。客观地说，在高等教育可持续发展这个论题上，我们不存在谁先谁后的问题，大家都注意到了。

时至今日，可持续发展已慢慢为大家所关注和接受，不过政府部门接受稍微慢一点。为什么这么说呢？某官方杂志的编辑曾向我约稿，我把教育可持续发展这篇文章给他们，后来总编没有通过。为什么呢？因为当时宣传部门还没有提出社会科学领域的可持续发展问题。当时可持续发展战略与科教兴国战略是两个并行的战略，人家认为我把可持续发展战略与科教兴国战略搅在一起了。1999年联合国教科文组织提出，大学的任务是促进社会可持续发展，现在很多人都理解了。因此说，我们搞理论的应该走在政策的前面，如果制定政策没有理论先行，那么，政策的制定就只能凭经验了。

高等教育的可持续发展包括两个方面：一方面，高等教育要为经济社会的可持续发展服务，也就是联合国教科文组织所提出的大学要促进社会的可持续发展；另一方面，高等教育自身也有一个可持续发展的战略问题。不论是高等教育的发展规模与速度，还是高等学校学科专业设置的改变，抑或是高等教育经费的投入等，都存在一个可持续发展的战略问题。现在我们很多方面都是就事论事，没有考虑可持续发展，急功近利，追求眼前业绩，缺乏长远目光，从而带来了很多问题。以研究生教育改革为例，我们知道研究生考试由各个学校自己掌握，能够发挥各个学校的作用，招到合适的学生，但后来教育学硕士专业考试要由教育部考试中心统一出考题。统考的理由是，现在很多学校研究生招生时弄虚作假，存在舞弊行为，所以要统一考试，把全国统考那一套也用到研究生招生了。连统一高考都在考虑如何发挥各个学校的自主优势，而现在对研究生招生考虑的不是"得天下英才而教育之"，反倒考虑的是作弊问题，即当前的具体问题，没有考虑未来的发展问题。高等教育学是教育学的二级学科，这样的改革不符合我们学科专业的特点，首当其害的是我们，高等教育学的招生。统考内容要根据普通教育学本科所学的东西来确定，我们当然愿意招教育系毕业的学生，但事实上，我们的学生并非都来自普通教育学专业，有大量的学生来自工科、理科、外语、计算机等专业，这是我们的优势，学科交叉好，有利于高等教育学学科专业的发展。但是，按照现行的"改革"，这些跨学科专业的人怎么能考得过教育系毕业的学生？你念了四年教育学专业的课程，而我念了四年理工科专业的课程，统一考教育学理论，行吗？这样的考试改革究竟是进步还是退步呢？因此，我们只好放弃教育专业硕士生招生了。

现在对待民办高等教育也是如此，没有考虑可持续发展问题。如果考虑可持续发展，就应该大力发展民办高等教育，因为高等教育已经大众化，以后还要达到普及化。都要由政府来办，行吗？社会蕴藏巨大的办学力量，而政府歧视民办高校，影响民办高等教育的发展，就是缺乏高等教育可持续发展观。

研究这个专题要求回答这些问题：（1）什么是高等教育可持续发展观？（2）影响高等教育可持续发展的障碍是什么？（3）当前中国高等教育领域哪些做法是违背可持续发展观的？

专题 1.10　根据教育基本规律，总结实践经验，探讨高等教育基本原则

教育基本规律有两条：一是教育的外部关系规律，一是教育的内部关系规律。根据教育基本规律，我们可以总结高等教育实践经验，进而探讨高等教育基本原则。教育原则是从教育规律，或者说是根据教育规律，通过总结实践经验（包括历史的教育经验、外国的教育经验、中国现实的教育经验以及个人自己的教育经验等）而提出来的。也就是说，原则是主观对客观的认识，所以我们这个题目定为"根据教育基本规律，总结实践经验，探讨高等教育基本原则"。

探讨高等教育基本原则是一个新的高等教育基本理论问题，以前的教育学也好，高等教育学也好，只有教学原则、德育原则、管理原则以及下一个层面更具体的原则，如学生管理原则、成绩考核原则等。不管是教育学，还是高等教育学，都还没有系统研究整个教育或高等教育的基本原则。也就是说，目前只有第二个层次的原则，整个教育存在什么样的原则，现在还没有系统地、很好地探讨。这不能不说是一个缺憾。正因为如此，高等教育原则是一个值得研究的课题，也是一个很有研究空间的课题。不过，高等教育原则是一个前沿性的教育理论问题，研究它需要较高的理论水平，但我希望有人能够知难而进。你们可以先碰一碰，先在这里打一个底子，如果有兴趣了，感觉找到门路了，深究下去将来可以写成博士论文；如果觉得不行，也没有关系，因为这是一个富有挑战性的新问题，我也拿不准。但我鼓励有人来研究它，如果可能的话，可以根据自己的认识，提出一个合理的高等教育基本原则体系。

目前，只有薛天祥主编的《高等教育学》一书里，提出过六条高等教育原则，即方向性原则、适应性原则、协调性原则、民主性原则、国际性与民族性原则和动态性原则。我所主编的《新编高等教育学》（第2版）由李均教授增写了六条原则：（1）一致性与多样性相结合；（2）学术性与职业性相结

合；（3）历史继承性与创新性相结合；（4）国际性与民族性相结合；（5）适应当前需要与可持续发展相结合；（6）民主性与自由性相统一。两本"高等教育学"所总结的高等教育基本原则，有同有异，都不够成熟。同时，高等教育是不是只有六条原则，即除了这六条原则之外，是否还有其他高等教育原则？或者说，这六条高等教育原则是不是真正的高等教育原则？哪些是教育原则而不是高等教育层面的原则，或哪些甚至连教育原则都不是？

研究高等教育原则，我们必须弄清楚原则与规律是什么关系，原则与实践是什么关系；要认识到原则既不是规律，也不是实践的具体措施，而是介于规律与具体的实践之间的中介。另外，规律是客观存在的，原则是主观对客观的认识，原则可能多，也可能少。例如，我在研究教学原则时，发现有的教育家提出33条教学原则，但也有的只提了2条、3条、5条或8条不等，还有的提出这样或那样的原则，这些都是允许的。因为主观对客观的认识，从不同的角度、不同的水平来认识客观事物是允许有差别的，都不是错误的。正因为如此，我们要搞清规律与原则是什么关系，彼此有什么差别，原则与实践又是什么关系。同时，我们可以也有必要将教育原则与教学原则进行专门的比较。

本专题研究可以参考薛天祥主编的《高等教育学》的第五章，或我主编的《新编高等教育学》（第2版）第二章第四节，也可以参考我的《高等教育学讲座》（1993年版）里的"高等学校教学原则"。当然，教学原则是次一级的原则，但是我在这一章论述了什么是教育原则、什么是教学原则。另外，我的这本书的附录四——"高等学校教学原则体系初探"也可以作为参考。

研究这个专题要求：（1）在上面所提出的两套高等教育原则的基础上，讨论哪些可以作为高等教育原则，哪些不具备作为高等教育原则的条件。（2）阐明你认为适合补充为高等教育原则的原则。（3）如果可能的话，构建一个你认为合理的高等教育原则体系。

专题1.11　根据系统论的原理探讨高等教育结构的动态优化

高等教育是社会系统的一个子系统。从系统论的观点看，任何系统，都有一定的结构，才能发挥一定的功能。系统的结构与功能连在一起，结构合理，功能就能充分地发挥，也就能获得最佳的效益。例如，我们常常说的大学毕业生毕业即失业，大多数是结构性失业，主要是因为高等教育结构与社会和人才市场的需求不相适应，即高等教育结构不够合理。毕业生结构不合理，就不能很好地发挥教育的功能，获得最大效益。因此，高等教育的改革，尤其是对高等教育的改革进行研究，只有深入到它的结构中去，才能更好地理解它的功能；只有掌握它的合理结构，才能够追求最大的效益。因此，根据系统论的原理，高等教育结构与功能是高等教育研究最重要的内容之一，几乎每一本高等教育学著作都设有专门的章节讨论。

中国高等教育改革与发展的方针为：规模、结构、质量和效益协调发展，按照《中国中长期教育改革和发展规划纲要（2010—2020年）》的规定就是"规模有较大发展，结构更加合理，质量和效益明显提高"。

其中，"结构更加合理"，就是连接规模（数量）和质量以达到效益提高的中间环节。也就是说，事物的发展，不仅看数量与质量两个维度，还要重视连接数量与质量的结构。数量、结构、质量三维建构协调，才能达到最佳效益。如果数量增加太快，教育资源配置不足或不合理，必将导致质量下降，效益降低。这种例子比比皆是。例如，1999年以来，扩招太多太快，教育资源严重不足，导致质量下降；又如，财经、管理、法律的某些专业增速太快，而工科尤其是地矿、制造等应用型人才培养不足，降低了高等教育的总体社会效益。

什么是高等教育的结构？从总体上看，高等教育结构可以分为宏观结构和微观结构。宏观结构主要包括四个方面：一是层次结构（我国的高等教育分为专科、本科和研究生教育三个学历层次，学位分为学士、硕士、博士三级）；二是科类结构；三是形式结构（有普通高等教育和成人高等教育，或者公办高校与民办高校）；四是布局结构，又称地区结构。有的还加上一个宏观管理结构，即教育行政管理结构；从微观结构来看，包括专业结构、课程结构、队伍结构、教育资源配置结构。其中，队伍结构包括教师和干部的年龄、职称、学历学位和学缘结构；教育资源配置结构包括人、财、物的配置。还可以从学习主体来说，有知识结构、能力结构、素质结构等。

研究这个专题可以参考的资料有：一是齐亮祖、刘敬发的《高等教育结构学》。这本书是1986年出版的，主要运用系统论的原理探讨高等教育结构，对结构理论说得比较透彻。二是郝克明、汪永铨的《中国高等教育结构研究》。这本书是1987年出版的，当中由汪永铨执笔的《外国高等教育结构的比较》写得很好。书中提到，世界上本科、专科怎样的比例才算是最优化的结构？他的研究结论是没有固定模式的。因为世界各国生产力水平、经济结构、产业结构不同，决定了高等教育结构的不同；例如，职业教育中，中等职业教育、高等职业教育要多少比例才算合理？高等职业教育中，专科和本科的比例又是多少？各不相同，能不能按照美国的比例来规范？三是郝克明的《当代中国教育结构体系研究》。四是我主编的《高等教育学讲座》《新编高等教育学》以及我为《高等工程教育结构改革研究》所作的序，都论述到高等教育结构问题。

研究这个专题要求：（1）弄清楚高等教育宏观结构的内容。一般不要求对微观结构进行讨论，因为微观结构将分别在有关专题讨论。（2）理解本专题为什么标明"动态优化"，中央文件所提的是"结构更加合理"而不是"结构合理"。因为结构合理化是相对的、变化的、发展的。没有一种固定不变，永远合理的结构。只有在一定时间、环境、条件中，寻求最优化的结构，而不能用一种固定的结构模式来规范当前、未来的高等教育结构；也不能用一种固定的结构模式来规划不同国家、不同地区的高等教育结构。（3）探讨中国（或某个地区）当前宏观高等教育结构存在什么问题，如何调整，使之"更加合理"。

专题 2

高等教育研究的
多学科视角

厦大校长萨本栋旧居
——仓颉庙

长汀县人民政府 立
一九九七年十二月

重访萨本栋故居（2005年）

专题2.1 作为高等教育研究方法论的多学科观点的研究

联合国教科文组织曾经规定：一门学科之所以成为一门学科，要有特殊的、不可代替的研究对象，要有自己的概念范畴，要有自己的科学体系，还要有独特的研究方法以及标志性的、里程碑式的著作与人物。

按要求来说，每一个学科都要有自己独特的研究方法。对自然科学的一级学科来说，比较好理解，如生物学有生物学的研究方法，医学有医学的研究方法，物理、化学等都有它自己的研究方法。但是对于人文社会科学来说，许多学科很难有自己独特的研究方法，社会科学很多方法是共同的，如调查法、统计法、观察法、问卷法、文献法、比较法、访谈法以及许多质的研究方法等，我们很难找出每一门社会科学自己独特的研究方法。如果高等教育学要成为一门学科也必须有自己独特的研究方法，那么我们高等教育学的独特方法是什么呢？这是一个长期困扰我们的问题。

有人反对将高等教育学看成一门独立的学科，其理由之一就是：高等教育学没有自己独特的研究方法。如果这样说的话，那作为一级学科的教育学也不是一个独立的学科，因为教育学也没有自己独特的研究方法。相应的很多其他社会科学学科也不能成为独立的学科，因为它们也没有独特的研究方法，只有社会科学共同的方法。社会科学的研究方法跟自然科学的研究方法不同。不过，对于这种批评，我们还是要认真对待的。尽管社会科学很多方法都是相同的，但不同的学科却可能着重于用某些方法，如历史学科着重用文献法，心理学科还要用内省法。根据伯顿·克拉克的观点，多学科研究可能是高等教育学研究的独特方法。因为高等教育作为一个社会系统，它与社会其他各个系统都有密切的关系。作为一个系统，高等教育从外部关系看，与政治系统、经济系统、文化系统、人口系统、地理系统、生态系统等不同系统都有密切的联系，这些系统都有不同的学科，如经济学、政治学、文化学、人口学、地理学、生态学等。从不同学科的角度来研究高等教育是有必要的。

再从高等教育的内部关系来说，高等教育是专业教育，它的学科专业结构有生物学科、化学学科、物理学科、工程学科、经济学科等，也就是说，它本身内部也是多学科的，因此从多学科观点来理解高等教育的许多问题，也是有独特的意义的。总之，无论是从宏观的外部关系来看也好，还是从微观的内部结构研究来看也好，都需要多学科的支持。如果只从经济的角度来研究高等教育，没有从政治的角度来看高等教育，没有文化研究的支持，那么高等教育研究就是片面的。尽管经济是最重要的因素，但只考虑经济的因素，那是不行的。从内部来说，不仅仅有经济学科，还有医科、农科、工科等其他学科，这些也需要多学科来支持。从多学科、多角度来审视高等教育问题，可能比较全面一些，深入一些。如果没有各学科的支持，高等教育研究就很难全面和深入，可能就会以偏概全。有人批评我们高等教育队伍庞杂，三教九流都有，因此，我们招收研究生，也就不限于教育专业本科毕业生，而是来自于13个大科类，包括军事学院的本科生，其实这恰恰是高等教育研究的优点。因为你从这个方面来研究，他从那个方面来研究，可能要比仅仅从教育学的角度来研究高等教育问题要全面得多。传统教育学的角度就是两个支持学科，即哲学和心理学。用多学科的观点与方法来研究高等教育问题，可能支持的学科不是2个，而是10个、20个。这就是高等教育学独特之处。如果说其他学科也可用多学科的研究方法，那么至少这个方法是我们高等教育学的主要研究方法，而其他学科没有像我们这门学科一样跟多种学科联系都很紧密。多学科观点的研究对高等教育有很重要的方法论意义。

第一，研究领域宽阔。按照伯顿·克拉克在《高等教育新论》中所提出的，没有一种研究方法可以揭示一切，宽阔的论述必须是多学科的。也就是说，多学科研究可拓宽我们的研究领域，所以他说要利用不同的观点来解决不同的问题。我们曾开了个民办教育会议，考察了资本市场与民办高等教育的关系。我们仅仅是从经济学与民办高等教育的关系，从现代经济学资本市场这个角度来看民办高等教育的问题。这当然还不全面。从多方面看高等教育往往比较完整一些，甚至一个问题的解决常常需要多学科分析。比如，2000级胡赤弟的博士论文研究教育产权，如果仅仅从教育学的角度则不可能弄清教育产权问题，后来他就钻研经济学，接着他发现仅仅加一个经济学的角度，也解决不了教育产权问题，他又去钻研法学，最后是综合法学的观点、经济学的观点和教育学的观点来研究教育产权问题的。这是不是已经全面了，还不敢说，但总是比较全面并能提出独到的见解，获得了百篇优秀博士论文奖。又如，2003级刘志文的博士论文研究的是高等教育的网络教学问题。刘志文是我的博士生，但是我不懂信息网络的理论与技术，我就特地请华南师范大学的丁新教授指导，刘志文才能写出一篇较为优秀的论文。

第二，可以拓宽研究者的视野和思路，减少孤陋寡闻和自以为是，可以加强不同学科之间的理解与合作，而且避免以偏概全。因为如果我只懂经济，我就会把高等教育当作经济问题；如果我是研究政治学的，我就会把高等教育的问题当作是政治思想、政治观点问题。这样的话，就会以偏概全。比如说，如果研究者只有一个观点，如教育学的观点、心理学的观点、经济学的观点，或只有一种方法，如只用文献法、统计法或只靠思辨，都容易导致自以为是，自以为得出来的东西都是真理，但事实上是孤陋寡闻。

第三，可以提供一个新的思维方式。这个新的思维方式可以从很多方面进行表述：一是从单义到多义，从线性研究到非线性研究，从绝对性到相对性。只从一个学科去研究，往往得出来的结论是绝对的；而参考其他学科的观点，还有可能得出不同的观点，获得不同的结果。二是从精确走向模糊。社会科学很多东西是相对的，用某个学科得出的结论可能很精确，比如用统计方法能够统计出小数点后面几位数字，但如果用其他方法一弄结果就会模糊了。事实上，社会科学本来就是模糊的，社会科学越精确，恐怕离实际越远、离真理越远。实际上，自然科学很多研究都在提倡模糊，因此出现了模糊数学、模糊物理，还有混沌理论等。这些概念的出现，就是因为很多东西本身就是模糊的。模糊才对，要求精确是不可能的。恩格斯也说过，生命界限到了一定地方也是模糊的。三是从单面的视角到多维的视角，从单一的方法到系统的方法。总之，多学科研究使我们的思维灵活多样，而不是满足于简单的思维方式。

运用多学科研究的方法，可以从两个方面同时切入：一是对同一个事物，用不同学科的方法来研究，可以得出不同的结论。而不同的结论往往可以互相促进，相得益彰。比如说，我们过去是从哲学的认识论来研究教学过程，而西方则从心理学的认知论来研究教学过程，两者都有优点，但是两者都不全面。如果同时从这两个方面来看教学过程，那么认识可能是比较全面的。从经济学的角度和从文化学的角度来看待高等教育大众化，可能看法就会不同。从经济学的角度看，可能比较容易赞成高等教育大众化。如果从文化学的角度看，可能对高等教育大众化就不那么拥护，即使不是说反对，但也不会完全拥护，会感觉到这里面还是有许多问题。因为大众化一来，对传统的大学文化是一种冲击。理诚如是，像阳春白雪的艺术价值很高，现在把相当一部分艺术搞成下里巴人，这样固然大家都能享受艺术，但艺术的境界是不是降低了呢？从文化学的角度来看大众化，就生怕大众化之后研究高深学问的大学的学术水平下降了；而从经济学来看，肯定要大众化，才能不断地提高社会生产力和生活水平。所以同一个问题，需用不同的学科来研究，就会有不同结论。二是对待不同的事物，往往需要用不同的方法来研究，如学术腐败肯定要用政治制度与社会心理来研究，网络教学肯定要用计算技术与学习心理来研究。也就是说，多学科的观点可以对不同事物用不同的学科来研究。

自从我根据伯顿·克拉克的观点，结合中国高等教育的现实问题，组织一批青年学者，各就自己所长学科，进行应用性研究，编辑《多学科观点的高等教育研究》一书于2001年出版以来，讨论多学科高等教育研究的文章很多，大多数文章是在肯定这一方法论的基础上有新的论证或补充，但也有不少怀疑或非议的。比较集中的问题是多学科方法是不是高等教育研究"独特"的研究方法。

的确，十余年前我之所以主编这本书的动机就是为了探索所谓"独特的研究方法"。但在本书"总论"中，我未能确定多学科观点就是高等教育学"独特的研究方法"。只是审慎地提出"高等教育学的独特的研究方法可能就是多学科研究方法"[①]。其所根据的就是高等教育不同于其他社会活动。作为一个系统，如上所说，从外部关系看，同社会多个系统都有密切的关系。从内部关系看，它所传授的是多种学科的知识。其所以说"可能"而不作"肯定"，因为其他社会科学的学科往往也不只是一种独特的研究方法，对此论证

---

① 潘懋元. 多学科观点的高等教育研究［M］. 上海：上海教育出版社，2001：4.

尚不成熟，不宜做出肯定的结论。

更为重要的是，伯顿·克拉克所研究的是高等教育的方法论而不是具体的方法，我们谈的也是方法论，正如书名是"多学科观点的高等教育研究"而不是"高等教育多学科的研究方法"。

研究这个专题要求：（1）从高等教育的特点论证多学科观点的研究方法的必要性和可行性。（2）希望结合实际从不同观点来研究一个事物或不同的事物。

下面的各个专题，将从不同的学科观点来研究高等教育的问题。

专题2.2 社会分层、社会流动与高等教育的关系（社会学视角之一）

从本专题开始，这门课程进入"高等教育研究的多学科视角"，着重研究高等教育与外部社会环境之间的关系问题。正如前文所论述，高等教育是社会的一个子系统，与社会其他各子系统如政治、经济、文化等之间存在密切的关系。同时，高等教育与社会整体系统之间也存在密切联系。也就是说，高等教育与社会的关系有两种：一种是高等教育与社会整体之间的关系，一种是高等教育跟社会其他子系统之间的关系。这些关系反映在社会科学分类上，就是高等教育跟政治学的关系，高等教育跟经济学的关系，高等教育跟文化学的关系，还有高等教育跟社会学的关系，等等。

本专题研究的是社会学视角之一。我们知道，社会学是一门历史比较长的社会科学。原来社会学的研究领域是很宽的，但是后来社会学研究的领域有许多部分从社会学分离出去而成为另外独立的学科。比如说，社会学研究的一个重要部分是婚姻与家庭，但现在有专门研究婚姻与家庭的学科。原来包含在社会学研究领域的人口分出去了，宗教也分出去了，民族也分出去了，连犯罪问题也成为独立的犯罪学分出去了。这些东西原来都属于社会学的研究范围。正因为如此，今天从事社会学研究的人感叹，社会学研究领域越来越小。但也有一些最基本的内容是分不出去的，比如社会结构、社会变迁、社会功能等。

研究高等教育与社会的关系，重点就是研究高等教育与社会结构之间的关系。高等教育与社会结构的关系，也叫作高等教育与社会分层的关系，或叫作高等教育与社会分层及其社会变迁的关系。社会结构包括两个方面：一是社会分层问题；一是社会变迁问题，即社会变化和社会流动问题。高等教育与社会分层、社会流动的关系，可以从两个方面来看：一是社会分层对高等教育的影响，主要体现在不同的社会阶层有不同的高等教育机会；二是高等教育对社会分层的影响，对社会变迁、社会流动的作用。

我们平常所说的高等教育的机会，一般指的是入学机会，考上大学的机会，不同阶层进大学的入学机会。其实，受教育机会不仅仅是入学机会，它至少包括三个方面的内容：一是上大学的机会。教育公平、教育机会均等，首先体现在入学机会上。二是享受教育资源的机会。实际上，这是更重要的机会。大家知道，同样是上大学，但上不同的大学彼此所享受的资源往往不同。比如说，考上清华、北大，所享受的教育资源，很显然与考上一所高职，尤其是一所民办高职所享受的教育资源大不相同。现在能够考上清华、北大的学生，有很多是家庭比较富裕的，而许多考上高职和民办高校的学生，家庭往往相对比较困难。当然，这不是绝对的，但总体来说，考上不同高等学校，享受教育资源的机会是不均等的。三是毕业生的就业机会。这与社会分层也很有关系，与社会阶层的社会地位以及所在阶层的社会关系等都有关系。

关于高等教育与社会结构的关系，或者说高等教育与社会分层之间的关系，西方的调查研究比较多、比较早，也比较深入。从西方的调查结果看，家庭的阶层越高，上大学的机会就相对越多，上大学期间所享受的教育资源就越丰富，大学阶段的总体成绩也比较好，毕业后就业的成功率也比较高，能找到比较优越的职业。这就是社会分层对高等教育的影响。

那么，高等教育对社会分层有什么样的影响呢？这种影响主要体现在社会流动上。社会流动包括纵向流动和横向流动，纵向流动又有向上、向下流动之分。高等教育是促进社会阶层流动的重要途径，人们通过教育尤其是通过高等教育，取得大学毕业的资格或大学毕业文凭，提高了文化知识水平，就比较容易进入更高的社会阶层。比如说，从蓝领进入白领就是这样。现在白领工资水平不一定都比蓝领高，但是从总体的社会阶层来看，白领还是比蓝领高。从过去的情况来看，受过高等教育的人比较容易进入白领阶层，而且进入之后，他向更高层次流动的可能性比较大。也就是说，如果有了大学文凭，有了硕士文凭，有了博士文凭，他向更高层次流动的可能性就比较大。反之，缺乏教育文凭，尤其缺乏高等教育学历，他就很难向更高的阶层流动，而往往向较低的阶层流动。当然，高等教育还能促进人才横向流动，即从这个职业范围往另一个职业范围流动，从这个职业岗位向另一个职业岗位流动。这常常是通过培训途径、转岗训练途径、继续教育途径，推动人们横向流动。

高等教育与社会分层是双向互动的，过去中国研究比较少。为什么过去中国这方面的研究比较少呢？首先，因为中国过去社会流动率低，有流动的话，也主要不是依靠教育来推动。社会分层主要靠出身，看家庭成分，看社会关系。其次，过去学生上学是免费的，小学、中学和大学都是免费的，大学还有助学金，加上当时大学向工农开门，所以工人、农民的子女，尤其是城市工人的子女，上大学的机会并不会比其他阶层子女的机会少。也就是说，过去社会分层、社会流动主要不是靠教育，而是靠当兵转干、靠家庭关系去推动。所以大家很少关注和研究教育与社会分层、社会流动之间的关系。

当然，这不是说社会流动与高等教育没有关系。当时大学生很少，大学毕业由国家分配，工资比工人高得多。高考显得很重要，它与社会流动之间的关系很大，尤其是过去高考的录取率很低，考进大学和考不进大学是两种完全不同的命运，决定着你是"穿皮鞋"还是"穿草鞋"。高考考上了，你这辈子就是"穿皮鞋"的，考不上，你这辈子就是"穿草鞋"的。

现在的情况发生了很大变化，过去社会分层对高等教育的影响不大，但现在这种影响越来越大。据统计，现在清华、北大这些重点大学，农村生源越来越少了。在过去，重点大学中来自城市的学生和来自农村的学生的比例差不了多少。大约是一半对一半；现在的重点大学，大约3/4以上来自城市，农村学生只占1/4以下，虽然农村人口比例在下降，许多农村青年进城市，但户口仍在农村，农村生源比例下降，这是一个不争的事实。一方面，为了体现教育公平，有关部门不得不规定城乡生源的比例。另一方面，处于高等教育大众化低端的高职，生源大多来自农村和城市的低层家庭。

另外，我所指导的一位博士生彭拥军，他在进行博士论文《高等教育与农村社会流动》的研究过程中，经过调查发现：在农村，上大学与不上大学，固然与社会阶层的关系很大，但跟家族的关系也很大。一个家族如果有多名大学生，后面就有更多学生跟着进大学；另一个家族虽然经济也很富裕，但由于原来没有人进大学，后面进大学的人也会很少。这个发现，是我们没有很好研究的，值得进一步研究。

近几年来，研究高等教育与社会分层、社会流动的论著比较多，我主编的《多学科观点的高等教育研究》里面，有一个视角就是高等教育与社会分层、社会流动的关系。当时，研究这个主题的就是另一位博士生张德祥教授，他是从社会分层与社会流动的视角研究高等教育的。后来，他和周润智合作写了一本《高等教育社会学》，社会分层与社会流动都是其中的重要内容。

研究这个专题要求：（1）弄清高等教育与社会分层、社会流动关系的历史与现状。如果有确凿的材料，把历史和现状进行对比，是能够发现很多问题的。这些问题关系到高等教育的公平问题。（2）分析高等教育在社会分层、社会流动作用上，要受哪些因素的影响。譬如说，大学生收费与不收费，高收费与低收费对社会分层、社会流动是有影响的。还有，高等教育大众化跟精英高等教育时代对社会分层的作用有何不同？再者，在知识经济时代，高等教育对社会分层、社会流动的影响是加强了还是削弱了？（3）承担该研究专题，最好自己能做一些简单的调查，比如对一个班级的调查，并分析相关的调查数据。

专题 2.3　高等教育的公平与效率（社会学视角之二）

公平与效率是一切社会改革的价值追求，也是教育改革的价值追求。一切社会改革要么追求公平，要么追求效率。比如说，社会制度的改革是为了使社会更公平，机关行政的改革是为了使行政效率更高，高等教育体制改革是为了使高等教育更公平一些，质量更高一些，也就是说高等教育改革追求公平与效率。所以，公平与效率是一切社会改革的价值追求，也可以说是一个永恒的追求，任何时候都在追求公平、追求效率，不管改革是否完善。

关于这个问题，我们在 2002 年召开了一次高等教育公平与效率的国际研讨会，出了一本论文集，大家可以参考。总体来说，公平与效率并不是一对矛盾的概念，而是一对互动、相得益彰的概念。只有提高了效率，才能在更高的水平上追求公平；效率不提高，所得的公平只能是低层次的公平。中国历代的农民起义就是为了公平，农民革命之后就是把田地分了，大家平均了，并没有提高生产力的措施，因此总是在低水平上追求公平。要高水平的公平，必须讲究效率，生产力提高了，才能在高水平上获得公平，但是提高生产力的同时，不可能均衡地公平，它必然有不公平之处。但总的来说，效率提高了，这个公平是高层次的。在这个意义上可以说，公平是目的，效率是手段；当然，也可以是互为目的和手段，协调和谐，促进社会的健康发展、人民幸福。

由此可见，公平与效率并非一对矛盾概念。但是，在一定时期，效率与公平两者不可兼得的时候，究竟是优先考虑公平，还是优先考虑效率呢？我们拿中国的例子讲，"文化大革命"之后，可以说是百废待兴，邓小平的策略是"效率优先，兼顾公平"。因为那个时候如果是公平优先，无异于"一碗饭，两人吃"。"不患贫，唯患不均"，那是在革命时期。到了新中国成立时期，大家还很穷的情况下，如果你还是一味地只强调公平，强调均衡发展，那就不对了。所以，邓小平提出，要让一部分人先富起来，一部分人先富起来可以促进生产力的发展。在教育上，邓小平提出要搞重点大学，或者集中教育投资把大学先搞起来。现在有人还有意见，认为应该先发展义务教育，义务教育搞好了再搞高等教育。如果在正常状况下，先搞义务教育没错，然后中等教育，接着高等教育。但是，在40年前，当时打开国门的时候，我们落后了人家20年，你慢腾腾地想打好义务教育的基础，然后再一步一步来，那要到什么时候？恢复高考的时候，报考的学生很多，因为"文化大革命"期间办了大量的中学，闹革命、不读书，实际水平都很低。大学招生量很少，录取率只有4%~5%，只能先按分数高低录取。如果照顾那些低水平的所谓中学毕业生，势必降低高等教育的水平。必须先把最优秀的学生录进来上大学。当时相对来说，下乡的知青在"文化大革命"前或"文化大革命"初，多少念了些书，基础较好，有的还在上山下乡期间复习中学所学知识，水平比较高，不管20多岁也好，30多岁也好，都让他们来考，要效率。其后，重点大学、重点科研机构以及"211工程"和"985工程"的确定，这些都是效率优先。但有的人有意见，说是不公平。但我们不要忘记后面还有一句"兼顾公平"，"让一部分人先富起来"，"其目的是走共同富裕之路"。在一定时期要重点讲效率，当效率提高以后，就要讲公平。当年把一些重点项目搞到"第三线"去，可是作为"第三线"的西部缺乏人才，缺乏基础设施，钱投入很多，效率却很低。因此，要先发展东部，因为上海等东部沿海地区基础好，资金投下去，见效快，但东部发展到一定的时候，就要考虑如何让东部帮助西部。如果在那个时候，大家非要均衡地搞发展，西部不可能发展很快，东部也会被拖在那里，这样到什么时候才有效率？如果当时没有先把东部搞起来，大家平均用力，投资平均使用，也就没有今天的发展了。但到了现在，我们生产力已经有相当水平，要更多地考虑公平，走共同富裕道路，建设和谐社会，全面推进建设小康社会。而教育公平是社会公平的基础，因此，国家把促进公平作为教育基本政策，并指出当前的重点在于促进义务教育均衡发展和扶持困难群体，形成惠及全民的公平教育。至于对大学的战略问题应该什么时候效率优先，什么时候公平优先，要有准确的判断，但是，不管是效率优先不顾公平，还是公平优先不顾效率，都是不足取的。这是一条必须恪守的基本原则。

　　研究这个专题要求：（1）理清公平与效率的关系。两者在什么情况下会产生矛盾？产生矛盾时，应如何正确处理？（2）结合高等教育现象，以若干实际问题为例，讨论教育公平与效率问题。如设置重点大学（"985工程""211工程"）、重点学科、重点实验室等，是否正确？（3）阐释为什么说"教育公平是社会公平的基础"的理由。

专题 2.4　学术权力与行政权力的关系（政治学视角之一）

政治的概念可以有多种界定，既可以将政治理解为阶级斗争的工具，也可以将政治解释为孙中山先生所说的是"管理众人之事"，还可以说政治就是维护社会秩序或为人民服务，如此等等。但不管作何解释，都无法否认权力问题是政治的核心问题，因为政治的运作都离不开一定的权力，政治与权力是密切关联在一起的，所以我们常将政治和权力合称为"政权"。同时，权力是构成一个机构或团体的基本要素，是一个机构能够存在、运作和发展的必要条件，任何一个政府机构、社会组织，包括群众性的团体（如学会等），它的秩序和运作都需依靠一定的权力，只不过非政府机构的权力我们不叫政权，而称其为行政权力。

中国的公立大学隶属于政府，实际上是政府的一级组织。与政府机构一样，大学也有诸如组织部、统战部和各种行政处、科等一套自己的组织机构，因此中国的公立大学也有自己的政权，但更多的是行政权力，因为大学是一个社会组织或机构，它与政府机构还不完全一样。但只要是一个机构或组织，它就具有一定的行政事务，它的运作就需要行使一定的行政权力。因此，有人认为，党委在一定程度上代表政权，校长主要代表的是行政权力，校长及各部、处长处理行政事务，都要赋予他们一定的行政权力。可以说，行政权力在高等学校是不可或缺的，校长也好，处长也好，没有一定的权力，就无法履行自己的职责。但高校作为一种学术性的机构，虽然隶属于政府，但其主要职能是教学、科研和社会服务。为了通过这些活动达到学术目的，完成学术任务，就必须赋予高等学校作为学术活动主体应有的权力，而且赋予其权力越充分，任务就完成得越好。这种相对于行政权力的大学权力，我们称其为学术权力。

高等学校不仅有学术权力，还有行政权力，这两种权力不仅是必然的，也是必要的。正因如此，我认为高等学校的二元权力结构是合理的。但是，任何二元权力之间，都会产生矛盾。因此，任何权力的行使都有一定的限度、一定的范围，否则就会相互干扰。如学术权力只能用来处理与教学和科研相关的校内外的学术事务，有相应的限定范围。对学校的非学术事务，教学和科研人员可以作为学校的一员，提出自己的建议，但不应直接行使非学术的权力。行政权力要限定在处理行政事务范围之内，不能过分地行使行政权力来干预学术活动或直接插手学术事务。如果行政人员过分干预学术事务，插手学术事务，势必导致高等学校的学术活动丧失学术活力，不利于学术，不利于科研，不利于教学，不利于学术水平的提高，也不利于大学的发展。这就是大学"行政化"的弊害。

现在高校的问题是，二元权力之间存在行政人员过分干预学术事务的情况。这样的例子，恐怕在座的各位不但都有耳闻目睹，还有切身体会。譬如说，专业的设置、教师的聘任与晋升，不是由学术人员决定，而是由行政人员决定。例如，聘任一位教授，不是由院、系、所的学术委员会根据教学、科研的需要，对聘任对象的学术水平与教学能力等进行考核，做出决定，而是由人事处、科，根据一些条条框框，如是否"985工程"或"211工程"大学的博士、硕士以至学士出身来圈定。又如说，对重点高校的文科重点研究基地的研究人员或教师来说，本来他们对研究基地的学术活动应具有充分的学术权力，但现在很多的规章制度、考核制度就明显地干预学术权力，研究基地的学术活动都要按照这些规章制度、考核制度定下的条条框框来开展，规定这个该如何做、那个该如何做，这个不能研究、那个也不能研究，等等。毫无疑问，这些条条框框是与学术自由与学术权力的合理运作背道而驰的，容易导致学术生命力或学术活力的丧失。可以说，这是中国高校的主要问题之一。当然，学术权力干预行政事务的例子，恐怕不能说没有，但在中国这类情况很少，而行政权力干预学术事务的例子却比比皆是，而且越来越严重。在讨论《国家中长期教育改革和发展规划纲要（2010—2020年）》时，对高等教育体制意见最多最大的就是行政权力干预学术事务过多，凌驾于学术权力之上。例如，为了便于行政管理，制定教师的业绩考核，每年必须发表多少篇论文刊登在哪一级的刊物上；要申请到多少课题拨款，以此作为提升职称或奖惩的依据。因而在第十三条"建设现代学校制度"中，特别提出要"克服行政化，取消实际存在的行政级别和行政化管理模式"。即所谓"去行政化"。几年来，个别大学有所触动，而绝大多数高校和教育管理部门尚未见动作。这是教育管理改革的难点所在。

当然，有些学术事务关系到行政的问题，如购买仪器设备需要行政人员参与，这不算干预学术事物，而进行学术活动需要行政人员批准就是行政权力干预了学术事务。总的来说，高等学校二元权力结构的合理性和局限性是并存的，产生二者的矛盾和冲突也是不可避免的，问题是能不能协调。随着高等学校规模的日益扩大和学术活动、学术事务的日益复杂，高校的内部组织机构和社会关系也会越来越复杂，这种矛盾和冲突也会更加频繁，学术权力和行政权力就会不断产生摩擦。因为学术权力强调处理大学事务要依照学术的标准，而行政权力则强调法规制度，按照法规、制度和操作程序等按部就班地去做；学术权力要求从事学术活动能够更加地灵活机动，有更大的创造性，要求学术自由和学术民主，而行政权力强调约束和效率。产生矛盾并不可怕，因为矛盾并不都是消极的，如果协调得当，矛盾双方不但能够相互支持、相互促进，而且能够形成一个宽松的、高效的环境。行政人员应该意识到这种宽松环境的形成能提高行政效率，既可以做到高效和自由，又可以自我约束，即既有利于学校教学和科研的提高，也有利于学校办学水平的提高，所以二元权力结构是合理的。

如何协调、处理好二元权力之间的关系是一个大课题。哲学博士的同学有好多既有处理行政事务的经验，教育专业博士的同学都有相当的行政经验，现在又正在研究学术；希望你们根据自己的经验，从理论上认识二者的关系并提出合理的解决办法。你们的师兄张德祥的博士论文研究的就是关于高等学校学术权力与行政权力的问题。他既当教授，研究学术问题；又当校长，行使行政权力。在处理这两方面的事务过程中，矛盾冲突不时出现，这令他感到困惑不解，因此下决心做这方面的理论研究，用以指导办学实践。在博士论文答辩时，有的答辩委员就问："你既是校长，又是教授，那你代表的是学术权力还是行政权力？"他明确表示，作为校长，只能代表行政权力；作为教授，遇到不懂的问题也要认真听取和尊重其他教授的意见。因为坐在校长的位置上，就不得不遵守上级的法规与指示，因此整天所考虑的就是如何按规章制度办事，提高效率，处理好行政事务。同时，如果不尊重学术权力的话，就容易把另一只手伸向学术活动。可见，如何协调学术权力与行政权力之间的关系，是高校领导的一门艺术。

研究这个专题要求：（1）弄清学术权力和行政权力的合理性和局限性。（2）如何协调学术权力和行政权力之间的关系。如果你来自行政单位，或担任大学的行政领导职务，可以结合自身的体会更好地来探讨这个问题。（3）阐明你对"去行政化"的看法。

专题 2.5　大学的学术自治与科层制（政治学视角之二）

与学术权力、行政权力有关的另外一个问题，就是学术自治问题。学术自治是传统的大学理念之一，中世纪大学就不断强调大学要自治，从神权与皇权下争取一定的独立地位。但是，目前学术自治受到了挑战，受到的不仅有政府的干预，而且有高等学校自身发展带来的挑战，尤其是巨型大学的出现，学校规模变大，学校跟社会的关系就变得比以往更为复杂，即学校跟政府、市场、企业等的关系，以及与社会方方面面的关系就变得更加复杂。如此一来，大学的事务就很多，如何科学而高效地经营、管理一所大学，已经不是传统大学所提倡的"教授治校""学术自治"那个时候用那种方式所能管好的。

过去一所大学，往往只有几十个人，几百人的大学已经不算太小了。厦门大学由私立改为公立的时候，学生只有几百名。当年萨本栋校长曾说：我办大学不能超过 1 000 人，因为超过 1 000 人的大学是办不好的。后来，继任的汪德耀校长增设了科系，尤其是扩大了工科，除了机械、电机、土木外，还增设了航空工程。招生就多些，全校学生达到 1 000 多人。这时有人就批评他，说他好大喜功。大家想想，过去 1 000 多学生就是好大喜功，现在 1 000 多人根本就无法生存，也是要挨批评的。学校规模小，不管怎么样都是比较单纯的。历史上，外国的学校也大多是几百个学生，是精英教育。当大学人数很少的时候，"教授治校"是可行的，因为没有那么多行政事务，也没有那么多社会关系。所以，过去大学的行政组织结构相对简单，大学就一个校长，很少有副校长的；教务处就一个教务长，外加一个注册组组长兼教务长秘书，几乎连一个专职秘书都没有，教务处就三五个人，既管注册、选课、排课，又管考试和公布分数，还管讲义、教材等，行政事务并没有显得像今天这样繁忙。但是，现在大学相当复杂，没有专门从事大学管理的人才来管理，由教授来管，管得了吗？当然管不了。教授自己有教学、科研任务，教授也不见得专门受过科学的管理训练。现在一所大学相当于一个政府，有部、处、科，是一个包括多个管理层次的科层组织。这种情况在中国如此，在世界许多国家也是如此，只不过中国的大学比国外大学更庞杂些，多了庞大的后勤管理部门和一些与政府部门对口的办事机构，如计生办、节能办等。大学的科层人员也就比国外的大学更多。

我们常常批评说，过去的行政人员才几个人，现在大学教学人员的比例太低，行政人员的比例太高。事实上，国外的行政人员也不少，只不过没有中国大学比例这么高而已。学校规模大，行政事务多，也就需要更多的行政人员，科层制也就自然而然地形成了。在日本，教学人员和行政人员分得很清楚，所有教师都称"教官"，所有行政人员都叫作"事务官"。教官管什么事情，事务官管什么事情，职权分明，谁也不能干涉谁。相比较而言，教官的待遇非常好，事务官的待遇差得多。不像中国的教授们要竞争去当行政干部。

我曾经在广岛大学的大学研究中心做访问学者。以前中心长是校长兼的，他同时也是本门学科的教官。后来任命了一位工学院的院长兼中心长，他没有取得本门学科的教官资格，只是行政长官。我们开学术会议的时候，他没有来，也不能来，因为我们是开学术会议，而他是行政官员，没有资格参加。我们的学术事情，最终还是由首席学术带头人（相当于讲座教授）说了算。但如果牵涉经费和其他事情，例如我的兼职酬金、旅差费报销，就由这位中心长负责，彼此分得很清楚。不管怎么说，现在各个国家大学的科层制都存在，无论是"学术自治"也好，还是"教授治校"也好，情况跟过去大为不同，因此也就产生了许多新问题。

建设现代大学制度，必须尊重学术自由，改革当前高等学校中行政权力凌驾于学术权力之上的局面，提高教授们的学术权力，但又不可能回到从前的"教授治校"。因此，《国家中长期教育改革和发展规划纲要（2010—2020年）》提出了一个新的理念——"教授治学"。人们把它延伸为"校长治校，教授治学"。有的大学校长，为了表示对教授治学的尊重，申明不参加学术委员会，以免行政干预学术；有的大学校长，更表示不再申请科研课题，不再教学，以便全心全意做好治校的工作。对此，有的表示赞赏，有的不以为然。

在"教授治校"还是"教授治学"上，高等教育理论界有不同的争论：

主张"教授治校"的，大多从大学制度的演变出发，认为应当尊重历史形成的理念，并认为没有治校的权力，治学也很难保证；同意"教授治学"的，大多从现实出发，教授不应当也无力承担繁重复杂的高校经营管理工作，"治学"不只是专心做学问，而且对于学术事务有决策权。当然，不论"教授治校"还是"教授治学"，都应当有制度保证。

研究这个专题要求：（1）弄清楚学术自治和科层制，存在哪些矛盾？是否可以兼容？如果可以兼容，应当如何协调？（2）你赞同"教授治校"还是"教授治学"？请陈述争论双方不同的意见和你的见解。

专题2.6 放管服结合与管办评分离（政治学视角三）

在改革发展中，提出"放、管、服"原则，是规范政府职责的重要原则；政府要权力下放，简政放权，让市场起调节作用；但政府不是放而不管，放任自流，仍应负有管的职责。而管是为了更好地为人民服务。总之，放是前提，管是职责，服是目的。"放、管、服"是一个整体，应当有机地结合起来。

对一所高校来说，高校不是政府。但高校作为一个行政机构，也具有一定的行政权力，高校的行政领导，也应当简政放权，尤其要避免干预学术权力。行政领导与行政部门，仍有应该管的行政事务，管理这些行政事务，是为了更好地为教学、科研服务，为师生服务。因此，一所高校的行政部门，也应遵循"放、管、服"原则，把"放、管、服"结合起来。

"管、办、评"原则，也是针对政府而言，同样适用于一所高校的行政机构。政府也好，高校的行政机构也好，都不应将"管、办、评"揽在一起，自管、自办、自评。对政府而言，应当管高教，但不应当代替高校办教育，更不能代替社会评教育；作为一所高校的行政部门，应当管学校的行政工作，但不可能代替学院、学系和教师办理学术事务，更不可以代替利益相关者（主要是师生）评教学、评科研的成果。因此，"管、办、评"应当分离，当前存在的问题就在于"管、办、评"独揽。

举例说，一所高校，每年要做一次"总结"，总结总是由行政部门按照领导的意见做的。因此，着重谈一年来的成绩，根据成绩总结取得成绩的经验；而对于存在的缺点、问题，则轻描淡写，一笔带过。这样的自管、自办、自评，既不能反映真实情况，也不能反映利益相关者的意见。因此，"管、办、评"必须分离，行政部门管，学院与学系办，利益相关者评。只有"管、办、评"分离，才能使学校由过去的行政"管理"进入共同"治理"。

研究这个专题要求：（1）理解"放、管、服"与"管、办、评"的确切含义及其针对性。（2）举例说明为什么"放、管、服"应结合，而"管、办、评"应分离。

专题 2.7　高等教育与市场经济的关系（经济学视角之一）

经济是社会的基础，也是现代化建设的中心。因此，人们往往把经济与社会联系在一起，形成"经济社会"的概念，如"经济社会发展""经济社会问题""经济社会转型"等。

近 40 年来，中国的改革与发展，中国现代化建设，是"一个中心，两个基本点"。一个中心，就是"以经济建设为中心"。这个中心包括两个主要组成部分：一是生产力的提高，要使生产方式从粗放型经济发展到集约型经济；二是经济体制的转变，要从计划经济转变为市场经济。经济体制的转变过程就是我们所说的经济社会转型期。现在我们正处于转型期中。

根据教育外部关系规律的作用，教育的发展必然要与经济的发展相适应。经济因素对教育，尤其是对高等教育发展的制约作用是最基本的，是起决定性作用的因素。高等教育能不能很好发展，如何发展，最基本的外部决定性的因素是经济因素。高等教育要适应经济的发展，并对促进经济的发展起作用。如上所说，中国当前的经济发展主要体现在两个方面：一是提高生产力，高等教育要为提高生产力培养专门人才，这是很容易理解并容易成为人们的共识（除持极端的个人本位和空想的认知理性价值观者之外）。但高等教育也要适应经济发展的另一方面，即适应市场经济的转变并为推动市场经济发展服务，关于这个问题争论较多。这是因为市场经济对高等教育的发展所起的作用是一把双刃剑，既有积极的作用，如提供教育资源、引进竞争机制等；也有一定的副作用，如"唯利是图"、道德水平降低等。金融危机也就是新自由主义——新自由市场机制所引发的。

有人主张高等教育应当远离市场经济，摆脱市场经济的制约，回到"象牙塔"中，以"闲逸好奇"的精神研究高深学问。追求崇高的大学精神是值得嘉许的，批判市场经济负面影响也是应该的，但摆脱市场经济的制约则是不可能的。高等教育只能研究如何更好地适应市场经济。要主动适应——发挥市场经济的积极作用，尽可能避免或减少其消极影响；不要被动适应——

不问是非、不加选择地跟着市场经济走。同时，高等教育不仅要适应市场经济的转变，而且要推动计划经济向市场经济转变。原来中国高等教育是在计划经济体制下形成的，包括人才培养目标、高等教育制度、管理制度，如专业设置、学籍管理、行政管理、大规模统一高考等制度，都带有明显的计划经济痕迹。应该逐步地进行改革，使之能更好地与市场经济相适应。

　　研究这个专题要求：（1）以实证材料阐明高等教育与市场经济的关系。（2）举例说明办学者如何主动适应市场经济而力求不被动适应市场经济。

专题 2.8　知识经济时代的高等教育（经济学视角之二）

知识经济是指在信息社会中，以知识为基础，以高新科技为核心，以信息技术为主要指标的经济。经济社会的发展历程，形成了农业经济—工业经济—知识经济的链条。正如工业经济社会是以工业经济为主导而不排斥农业经济一样，知识经济社会也是以知识经济为主导而不排斥工业经济。在知识经济社会时代，知识成为生产力，成为最重要的财富。20世纪90年代发表《第三次浪潮》影响全世界的未来学者托夫勒，2006年，又出版了一本叫作《财富的革命》的书，其中心问题就是：不能用过去的眼睛来看财富，要懂得在时间上怎么看财富，在空间上怎么看财富。我在深圳开会时做过一次报告，讲过大学今后应该是最富有的单位。有人说，大学是拿着"金饭碗"去讨饭！的确是这样，大学真的是拿着"金饭碗"讨饭。为什么这么说？因为大学有人才，人才拥有知识，拥有高科技，今后的财富不是物的财富，不是物化的资本，而是知识。谁最有知识，谁就富有。比如，世界首富比尔·盖茨，拥有别人没有而他所有的知识，所拥有的就是知识的财富。关于这个问题，前几年讲了一阵子，现在好像谈得比较少一点了，我认为现在研究这个专题还大有作为，很值得研究。如果要继续研究这个问题，可以围绕"财富的革命"这个新思想，来探讨在知识经济时代，高等教育应该怎么办，高等学校如何从经济社会的边缘走向经济社会的中心。

研究这个专题要求：（1）阐明知识经济的本质与特点，以及高等教育与知识经济的关系。（2）重点阐明知识经济时代高等教育将要发生哪些变化，高等学校的办学如何适应并推动这些变化。

专题2.9　教育产业与教育产权（经济学视角之三）

"教育产业与教育产权"与前面所讲的"高等教育的社会属性"有一定的衔接，不同的是前面所讨论的是作为教育属性的产业性，这个专题是从教育经济学的视角来讨论教育这种服务性的产业的性质与运作问题的。

在计划经济时代，学校是政府所属的机构，教育被看作是政府所属的事业，高等教育是政府所办的事业之一。进入市场经济以后，教育概念具有产业属性，从而高校成为独立法人。理论上不再是政府所属机构，很多人接受不了。原因何在？根源在于，教育从原先一般事业的概念转变为同时具有产业性的概念，而教育产业概念又与其他产业概念不同。教育产业与文化产业、医疗产业、城市卫生产业、城市交通产业等公益性产业属于同一类型。公益性的产业是一种特殊的产业，它不同于一般以营利为目的的企业。产业不是企业，企业是以营利为目的的，公益性的产业不以营利为目的。所以，教育不得以营利为目的是正确的。但教育不得以营利为目的并不等于教育不得以营利为手段。企业是以营利为目的，教育、医疗、文化、卫生等产业是以公益为目的而不以营利为目的，虽然经营过程中也可能营利，但营利是为了更好地完成公益性的任务。

正因为如此，教育产业在运作上有很多地方与企业的运作不同，跟政府的运作也不同，属于"第三部门"。教育产业的运作有它自己的特点和问题，教育产权就是其中的一个关键问题。目前，在教育产业运作中，存在产权不明的问题。这已成为教育产业发展的一个"瓶颈"，阻碍教育事业的发展。对公办学校来说，虽存在教育产权不明问题，但它的产权是虚位的，虽不利于教育事业的发展，但问题不彰显，因为，公办教育由于主要是依靠政府投资，产权是国家所有的，所以产权问题不太突出。而民办教育的发展要依靠社会力量投资，产权不明晰则会严重影响社会力量投资的积极性，不利于民办高等教育的发展。按照《中华人民共和国民办教育促进法》（以下简称《民办教育促进法》）的规定，投资教育之后可以得到合理的回报。但谈到合理回报时，很多人反对。《民办教育促进法》之所以两次都通不过，第三次也差一点通不过，就是因为投资可以得到合理回报那句话，后来虽勉强通过，但到《民办教育促进法》的实施条例出台时，又把合理回报这条路堵死了。现在民办学校都要填一个表，表明要不要回报。好不容易争取到"合理回报"这一法律规定，许多民办学校却宁愿放弃"合理回报"，就是由于学校产权不明晰。大家知道，投资不是捐资，投资要有回报，当然只能是合理的回报。可以获得合理回报才能吸引到投资。在中国，民办教育绝大多数是私人或私有制法人投资的，不像国外许多私立学校是由社会和校友捐资积累的基金会或教会举办的。投资办学是现阶段中国民办教育发展的特点。不能无视这一特点，照搬一般理论和外国经验。当前许多民办高校就遇到这一难题。《国家中长期教育改革和发展规划纲要（2010—2020年）》提出要"积极探索营利性和非营利性民办学校分类管理"。有些地方教育管理部门就出台了这样的政策：投资办学者应将投资改为捐资，否则就按营利性的"民办非企业单位"，比照企业标准收税。要求合理回报的，也归之于营利性学校。为此，我和邬大光、别敦荣老师，博士生石猛等，先后发表了《我国民办高等教育发展的第三条道路》（《高等教育研究》2012年第4期）与《论民办高校的公益性与营利性》（《教育研究》2013年第3期），说明公益性与营利性并非不可调和的矛盾。给予民办学校以一定的营利空间，提高民间投资办学的积极性，有利于民办高校持续发展；合理回报，能起鼓励作用，不应作为营利性非企业单位征收高额税收，更不应以此为由，逼使民办高校投资者将投资办学改为捐资办学。现在，浙江、福建等省，已经出台了一些有利于民办教育发展的政策。当然，办学不能以营利为目的，更不允许搞暴利。但如果投资不让取得合理回报，那么投资就成了捐资。现在中国，捐资是件好事，应该鼓励，但数量有限。

在20世纪80年代初，中国教育经费中捐资曾经达到4%～5%，后来降低到2%～3%，现在只剩1%多点。靠捐资不可能大量兴办民办教育。由于教育产权不明晰，合理回报问题没有解决，投资等于捐资，投资不能回收，否则就叫作"抽逃"，教育的财产也不能抵押，因为学校不能关门，否则会引发社会问题。资金不能回收，校产又不能抵押，还不能转让，不能退出，那么投资者的产权体现在哪里呢？

产权问题已成为我国民办教育发展的一个"瓶颈"。在《民办教育促进法》颁布之后，大家以为法律上允许可以收取合理回报，企业家就会愿意来投资，但实际上并不是这样。企业家不愿投资，要投资也只投在公办大学的二级学院，即"独立学院"。因为独立学院可以高收费，有特殊优惠条件。真正的民办学校很少获得投资。中外合资办学本来是可以很好地吸引外国投资，但他们了解到没有产权保障，也不敢投资了。可见，教育产权明晰与否，是民办教育发展的一个"瓶颈"。改革开放刚开始的时候，企业的产权也不够明晰，后来发现这个问题以后，花了几年工夫，大力明晰企业产权，才使民办企业发展得很快。我们现在教育产权不明晰，在教育产业运作中处处都会碰到这个问题，因此，民办教育发展很慢。譬如说，股份制办学就存在产权问题，产权不明晰就很难进行股份制办学，因为股份制办学要建立在产权明晰的基础上，吸收社会资金，包括引进国外资金来办学，都要明确产权。

学校现在叫作教育法人，公办学校校长是法人代表，民办学校董事长或校长是法人代表，法人最基本、最重要的要素就是产权，如果没有产权或产权不明，那么这个法人就是虚的。在中国，学校法人只是法律上的法人，而不是实质上的法人。学校校长在负具体事务的责任时是法人代表，但却缺乏产权。因此说，公办学校不是真正的法人，民办学校也不是真正的法人。不过，这个问题在公办学校还不太明显，而民办学校就成为学校发展的"瓶颈"。

全国性的教育，如何解决教育产权问题，尚不成熟。对此，我们寄希望于政府先通过地方立法来解决，不敢希望中央政府立即通过立法来解决。为什么呢？因为中央立法很慎重，必须有成功的经验，比较成熟才会立法。也就是说，如果是地方立法成功，行之有效，能促使中央考虑立法。我刚刚说过，按照法律，股份制不能成立，因为没有产权，就不能搞股份制，但是地方立法有很多省居然用股份制来办学。地方立法相对比较自由，即使不成功影响面也较小。现在要寄期望于地方政府的立法。哪个省敢于带头立个法，只要不跟中央法律、法规直接冲突，如果又具有可行性，那么其他省份就会跟上来。改革开放时，广东省的发展冲在前面就是个例子。所以说，现在要冲破教育产权这个关口，恐怕先要靠地方政府立法。近来浙江省一些对民办高校的规定就值得重视。

研究这个专题要求：(1) 了解教育产业具有哪些特殊性。(2) 从理论上弄清楚教育产权是怎么一回事。为什么投资办学必须有明晰的产权？(3) 弄明白为什么说教育产权是当前民办教育发展的"瓶颈"。应当如何根据我国民办高校投资办学的特点，解决教育产权问题？(4) 调查、介绍一些省市有关"教育产权"的立法。

专题2.10 制约与中介、传承与创新的关系（文化学视角之一）

文化与高等教育的关系比政治、经济与高等教育的关系要复杂得多。我把这种复杂的关系概括为：双重关系、两种作用、两大功能。

双重关系指文化对高等教育既有外部的关系，也有内部的关系。像经济、政治制约高等教育一样，文化也制约着高等教育。教育的外部关系规律就是经济、政治、文化从不同的角度制约高等教育，而制约作用就是一种关系。同时，文化以知识的形态、课程的形式，以教材为载体进入到高等教育内部，成为教育的内部因素。也就是说，文化的作用不仅是在教育外面也在教育里面，高等教育与文化的关系既是外部关系又是内部关系。

两种作用是制约作用和中介作用。制约作用就是外部关系，跟经济、政治一样，文化对高等教育具有制约作用。除了自身制约作用外，其他外部因素对高等教育的制约往往也要通过文化作为中介，所以文化又是经济、政治对高等教育起制约作用的中介，也就是说，不是有什么样的政治，就一定有什么样的高等教育；也不是有什么样的经济，就一定有什么样的高等教育；还要看有什么样的文化，才能有什么样的高等教育。比如，美国、英国、法国、德国都是经济比较发达的国家，政治上都属于西方民主国家，也都属于资本主义国家，但在文化教育上，彼此就各不相同，法、德属于大陆派，而英、美则是英美派的。法、德是大陆派的主将，英美派原来以英国为主，现在以美国为主。崇尚学术的英国摇摆于大陆派与实用主义的美国派之间。大陆派的高等教育与英美派是不同的，培养人的模式不同。英国由于它的传统文化关系，它的职业技术教育跟中国一样的，不受重视；德国的职业技术教育却很受重视，办得很好。因而德国产品质量很好，远胜于英国产品。从总体来看，英国出科学，德国出技术。为什么会这样呢？因为两个国家的文化不同，英国讲究大学要培养绅士，德国大学既要培养学者，也要培养技术人才。这就是两种作用，即制约作用和中介作用。

两大功能是传承与创新。一般来说,普通教育的任务只是文化的传承,即把已有的文化传递给年轻的一代,传授原来社会已有的知识,承接文化传统。而高等教育不光有文化传承的功能,而且具有文化创新的功能、创造新文化的功能。中小学只有教学,没有科研的任务。现在虽然也提倡要搞点研究活动,但主要是教育、教学工作的研究。从本质上看,中小学就是学习人类已经有的知识,传递人类已有的文化知识。对高等学校来说,除了培养人才之外,还要科学研究,推动科学发展,创新科学文化。因此,高等学校除了传承文化之外,还要通过科学研究发挥自己的文化创新功能。从这个意义上说,文化与高等教育的关系,要远比它与政治、经济的关系复杂。

正因为如此,有的学者就说"高等教育与文化的关系是最基本的关系"。20世纪90年代,国内兴起"文化热",有人认为文化与高等教育的关系是"最基本的关系",是错综复杂的关系。客观地说,这个说法没有完全错,也没有什么不可以,但是容易产生歧义、误解。为什么?因为,什么是"最基本"?如果搞得不好,容易说成"文化决定论"。"最基本"容易被理解为"决定性的",高等教育的发展、变化会相应地被误解为由文化决定的。有人认为高等教育的本质是所谓"认知理性",可以不管社会的经济、政治的适应,只要"为学术而学术",也就是"文化决定论"的一种说法。我们知道,"文化决定论",是马克思主义所批判的。马克思主义认为,社会的存在与发展的基础是经济,而政治是经济的集中表现,文化是经济基础的上层建筑,文化不是起决定作用的,最终的决定性因素是经济,或者说是生产方式。

文化之于高等教育的作用很重要也很复杂,但无论是内部作用或外部作用,制约作用或中介作用,抑或是传承与创新,都不是最终的决定因素,最终的决定因素是经济。20世纪90年代末,我跟朱国仁博士共同撰写过"文化与高等教育关系"的文章,曾提到文化的传承与创新是高等教育的基本功能,但不说文化是决定性因素,也不说它与高等教育的关系是最基本的关系,原因之一就是为了避免发生歧义。有些人为了强调它的重要性,说文化与高等教育的关系是最根本的关系,是决定性的关系。我们认为,这不是科学的态度,决定性关系是不能随便说的。

高等教育与文化的复杂关系,重点在于把握高等教育的文化功能,即文化传承和文化创新两大功能。事实上，高等教育的文化功能不止这两大功能，还有文化保存、文化批判、文化选择等功能。比如，我们的教学内容不是随意的，并非什么都传授，而是经过精心挑选的，而这个知识的挑选过程就是文化的选择过程。我们也可以说中小学也有选择，但中小学是在大学选择的基础上再选择，选择那些适合中小学生学习的知识。总之，大学除了传承与创新之外，还有保存、批判、选择等功能。我们说两大功能只是它最重要的功能，事实上其他功能也很重要，如果没有其他功能，恐怕传承与创新也不存在。这些功能，按逻辑顺序说，应是批判—选择—保存—传承—创新。也就是说，对浩如烟海的知识（信息），要进行鉴别（批判）。选择有价值或价值高的保存下来，未被选择的知识（信息）就会很快消亡，当今世界，人类每年所写的文章数以亿计，有多少能流传下来？保存下来的，才能分别通过各级各类教育机构进行传承，在传承的基础上才能不断有所创新。也就是说，大学这些文化功能都很重要。也可以这样来理解：要传承就得选择，没有选择，我们不可能什么东西都传承；要传承就得保存，没有保存，那些消亡了的知识，也无法传承。但是，现在人们讨论高等教育与文化的关系或高等教育的文化功能时，往往只强调其中的某一种。并且把它夸大到不恰当的地步。比如说，传统的教育只强调文化的传承而不要求创新；后现代主义的某些派别只强调文化的批判，而摒弃文化的保存与传承。我们认为，应该要用全面的观点来看待高等教育的诸多文化功能。

  与此同时，我们还必须学会用文化的观点来研究高等教育的现象与问题。高等教育存在很多现象与问题，我们不能只用一种观点来看。许多高等教育现象或问题，只从政治价值看不一定合适，只从经济看也不一定合适，一定要考虑文化。同样是发展高等教育，为什么有的措施在美国可以行得通，而在中国行不通？为什么有的改革措施在西方国家行得通，在东方国家行不通？这里就有文化的关系。比如说，在加拿大，华人很多，华人曾经控告学校，说学校搞的小学教育"误人子弟"，因为教师经常带学生出去活动，不读书。加拿大政府没有办法，只好允许华人办自己的学校，按照中国的学校模式来办学，这就是文化的原因。又如，前几年的北京大学人事改革，即教师评聘制度改革，搞得满城风雨、沸沸扬扬，碰到很多阻力。事实上，类似的改革早在中山大学以及沿海许多大学就开始了,而且比北京大学改革的幅度更大,没有多少阻力。为什么北京大学的一点点改革,吵得如此之凶?又如,前些年,北京大学破南墙开店(现在又恢复了)也搞得沸沸扬扬,而在此之前,上海等地,就已破墙开店了。北京大学所在的北京,是一个具有浓厚的传统文化的城市;中山大学所在的广州,则是一个开放的前沿城市;上海则是一个具有很强的文化包容性的城市。可见,高等教育改革并非易事,我们既要考虑符合教育原理,也要考虑效率和公平,还要研究社会心理。如果我们的高等教育改革不考虑到参与者的心理,往往会吃力不讨好、劳而无功,最终难以改革下去。回顾20世纪80年代,厦门大学第一次尝试三学期制,进行了5年,最后只好收场。为什么?因为当时对人们的生活习惯考虑不周。尤其是没有考虑老教授们的心理,他们一直反对,只好又回到两学期制来,直到十余年后才重新搞起来。总之,任何一项高等教育改革,都不能只根据经济的需要、政治的需要,而不考虑文化条件、文化背景及其与传统文化的关系。希望大家记住这句经验之谈:制度改革,最大阻力来自有经验的干部;教学改革,最大阻力来自有学问的教授。当然,如果改革是正确的,有阻力不等于不可为。

研究这个专题要求:(1)理清高等教育与文化的复杂关系。(2)弄清楚高等教育有哪些文化功能。(3)分析如何用文化的观点来研究高等教育的现象和高等教育的改革。

专题2.11 传统文化与高等教育现代化（文化学视角之二）

我国现在正在进行现代化建设，现代化建设过程中如何对待传统文化，是一个很重要的问题。我们既不应全盘西化，也不应提倡复古，这里就存在一个如何正确处理传统文化和现代化之间关系的问题。传统文化与现代化的矛盾与冲突，不但存在于社会上，而且不自觉地存在于我们自己的头脑中。比如说，现在许多私营企业管理，或者民办学校，实行家族式的管理。如果与现代科学化管理相比较，中国传统的家族式管理确实不科学，但现在很多民办学校就是家族式管理。在亚洲，有好多企业实行家族式管理，而且发展得很好。日本不是典型的家族式管理，但他们的企业却力图模仿家族式管理。因此，在当前对家族式管理应当力求科学化而不应简单批判、取消。

在我们日常生活中，也经常碰到类似的问题。我们传统的消费观念是勤俭节约，量入为出，切戒"寅吃卯粮"，这是古人教导我们的。但是，现代的消费观念恰恰就是鼓励人们高消费、超前消费、"寅吃卯粮"，为拉动经济刺激增加消费。那么，鼓励消费是不是铺张浪费了，是不是与传统勤俭持家的观念矛盾？又如，很多城市现正在进行现代化建设，而建设就涉及要拆掉一些旧房子，盖起新的高楼大厦，修建立体交通。但是，这难免与文物保护发生矛盾，这该怎么处理？人们经常批评北京的城市建设犯了一个大错误，把世界最有名的雄伟的古老北京城拆得七零八落。在城市化建设的进程中，搞一条马路，建一座高楼，难免会碰到一些有历史纪念意义的老建筑，我们是保留它们还是拆除它们呢？这些归根结底都是传统文化与现代化的矛盾。

在教育中，这种传统文化与现代化发生矛盾的情况就更多了，也更加尖锐和突出。比如，在现代道德教育中，如何对待传统的忠孝、仁爱、信义的道德观念？"三从四德"的旧观念的确不好，但忠孝、仁爱、信义这些传统思想观念还应不应该提倡，这都是传统与现代化矛盾的体现。又如，如何对待孔子，现在我们大搞"尊孔"的活动，还在海外办了几百所孔子学院。虽然创办孔子学院的主要目的是推广汉语言文化，但不管怎样，它毕竟是拿孔子做招牌的。再如，上海搞得红红火火、炒得沸沸扬扬的孟母堂，借"孟母三迁"中的孟母做招牌，小孩子在里面背《三字经》《百家姓》《弟子规》等古籍。据说，孟母堂现在已有很多家，生意做得也不错。全国各地，包括我们这座沿海的厦门市，也大肆宣扬这类机构及其活动。这些都是教育现代化过程中出现的另类现象，体现了传统文化与现代化的矛盾。

要处理好传统文化与现代化的关系，有几点原则性的意见：

第一，现代化是社会进步的必然趋势，社会发展必然要现代化。大学要适应时代，就必须站在现代化的前沿，引领社会文化，这是基本点。传统文化中肯定有一些优秀的、精华的东西，我们显然不能像"文化大革命"时"破四旧"那样把所有的传统文化都砸烂。但我们也不能死守传统，不留给现代化发展的空间；不能因为要保护一些有历史意义的建筑物，就说这里不能盖高楼，那里不能修马路。现在就存在这样的现象，城市里一个小四合院被邻里的高楼包围着，因为它是某某人住过的，有纪念意义，有文物价值，不能拆除。

第二，现代化不等于西方化。虽不能说凡是西方的都是好的，但现代化许多先进的东西的确是西方先提出来的，我们不能闭关自守，要学会借鉴西方先进的东西。中国近代以来，西学东渐的历史说明了这一点。同时也要看到，西方也有很多不好的或不适合中国国情的东西，所以不能照搬西方。

第三，对待传统文化和西方文化，都要坚持取其精华，弃其糟粕。事实上，即使是精华的东西，也要有所选择、有所改造。比如，忠孝是中国传统文化中值得珍惜的东西，但要改造。在现代社会，我们不能把古代忠孝的内容，把《二十四孝》的故事拿来要求我们现在的年轻人。前些时间，大家对重新刊印《二十四孝》有些批评，因为《二十四孝》中的一些故事与现代社会道德不相符合，如杀掉自己的孩子来赡养父母。忠和孝在现代社会都要进行改造。与国外的情况不同，孝在中国法律上有明确规定，如儿女必须赡养父母。由于时代不同，忠之所指，已改变为每一个公民对国家必须恪守的。抛开忠君之类的成分，忠里也有一些很好的因素。但不管怎么说，在现代社会，我们应该对忠孝的内容进行改造，才能适应现代社会的要求。

第四，任何现代化的改革，都要在传统文化的基础上进行改革，文化改革，包括教育改革，都应当是渐进式的改革，而不是突变性的革命。不能采取"破四旧"那种粗暴的方式，造成民族优秀传统的灾难，也不能只模仿西方一些皮毛的东西。例如，大打出手的所谓议会"民主"，是对民主的抹黑。

对于中国的传统文化，还有一个特殊的意义：中国传统文化的主流是儒家文化，儒家的文化理念是"修身、齐家、治国、平天下"，也就是反对战乱，主张社会安定。儒家的圣人是孔夫子，孔夫子的儒家思想是随着时代的发展而发展的，所以称为"时中之圣"。也就是说，它是能够适应不同时代潮流而起安定社会秩序的作用。因此，历来要治理国家社会需"尊孔崇孔"；而要革命就要"打倒孔家店"，要批判儒家学说。

研究这个专题要求：（1）说清楚传统文化与现代化的辩证关系。（2）举一个高等教育改革的例子，说明如何处理传统文化与现代化的关系。

专题 2.12　人口、资源、环境对高等教育的制约与适应的关系（生态学视角）

教育外部关系规律表明，高等教育要受到政治、经济、文化等的制约，这个"等"是什么东西呢？主要有地理、交通、人口、资源、环境、民族、宗教等。除了民族、宗教外，我们通常将人口、资源、交通、环境等统称为生态环境。过去，我们的教育研究很少涉及生态环境，如教育与地理、教育与自然环境的关系。为什么呢？因为过去经常批判"地理决定论"、批判"环境决定论"。客观地说，地理、环境对教育的发展很重要。但"地理决定论"或"环境决定论"，存在消极的因素。"人定胜天"，指的是在一定环境的制约下，人，发挥主观能动作用可以有所作为。但不应作主观唯心主义的解释，可以无视环境对教育的制约作用。

高等教育与地理条件、人口密度、人口质量，尤其跟自然资源、自然环境等，的确存在密切的关系。如果高等教育与地理环境之间没有密切的关系，那我们就很难解释为什么中世纪大学都是出现在交通方便的意大利、法国、英国等国家，尤其最早是在意大利。回顾历史，中世纪的意大利，商业发达，交通方便，地理位置好，跟阿拉伯世界距离也比较靠近，有利于文化交流。如果不考虑到这些，就很难说清楚为什么在这些地方诞生了最早的大学教育。同时，也说不清为什么中国沿海地区的高等教育比内地的高等教育，尤其是比西部的高等教育发达。据历史考察，历来江苏、浙江这些地方多出人才，这两个省在科举时期出的进士占全国 1/3 左右。现在两院院士出得最多的也在江浙。今天中国高等学校最多的省就是江苏，比北京和辽宁还多，大学生数也是最多的。

为什么沿海地区的高等教育比内地发达？为什么广东的高等教育改革总是走在前头？这里有地理的因素。过去，我们很少研究地理因素对高等教育的影响，这是不对的。但是，如果把它说成"地理决定论"，而一概否定人的主观能动性，当然也是错误的。现在，大家都谈人口、地理了，尤其是自从可持续发展的理念提出以后，人们对生态环境因素更加重视，特别是对资源、人口、交通等与高等教育的关系更加重视了。在教育科学中，现在已形成新的交叉学科，即教育生态学和高等教育生态学。高等教育生态学认为，高等教育的发展要受生态环境的制约，即除了受经济、政治、文化等制约外，高等教育的发展还要受到人口、资源、交通等生态因素的制约。

在生态环境中，人口的数量与质量对高等教育的关系更为密切。我们现在所说的大众化、普及化，就是以高等教育与人口的比例关系而提出的。这种数量上的比例关系，却引发高等教育政策、制度以及专门人才培养目标、课程设置等质量的变化。尤其是在高校的招生问题上。例如，我国台湾地区面临"少子化"的问题，有的高校因招生困难面临停办。大陆有些高校，尤其是高职院校、民办院校也面临招生不足问题。有人就认为也是由于"少子化"以致生源不足，这就错了。大陆即使开始进入普及化阶段，也只有50%左右的适龄青年进高校，不存在台湾地区的"少子化"问题。这种观点掩盖了一个真实的原因，相悖于"人力资本理论"。

"人力资本理论"所揭示的规律是教育投资是回报最高的投资。这一理论推动了20世纪高等教育的发展（参见专题4.1 20世纪高等教育的回顾）。而大陆当前出现的问题是多支付几年学杂费、少了几年工资收入的大学生，毕业后的工资水平反而不如少支付几年学杂费、多了几年工资收入的外来务工人员。相当一部分低收入家庭，主要是外来务工人员工人家庭，为子女选择了打工而不是上学。由此产生新的"读书无用论"。据此，应该采取提高大学毕业生工资水平的政策，大力帮助家庭困难的适龄青年上大学。

但是，我们不能把地理条件、交通条件、环境条件等看成是最后不可抗拒的决定性因素，否则就会否定人的主观能动性。事实证明，在恶劣而困难的环境下，人们也能办好教育。比如，国立西南联合大学当时的环境、厦门大学在长汀、同济大学在四川李庄办学的条件都非常差，但教育质量都不错，国立西南联合大学培养出大批人才，而厦门大学在当年被誉为"南方之强"。因此，我们不能把地理环境看成是最后的和不可抗拒的决定性因素。对于生态环境的影响和作用，认识要客观，不应该夸大，也不要缩小。如果缩小了，就会把明明能起作用的东西给忽视了，对我们发展高等教育不利。总之，发展高等教育一定要考虑生态环境，尤其是我们现在办地方大学，一定要考虑、研究地方的生态环境；而在部分地区，还要重视民族、宗教等因素的作用。

研究这个专题要求：（1）举例说明高等教育发展是如何受人口、资源、交通、自然环境的制约的。（2）正确理解生态环境与高等教育发展之间的关系。

专题 2.13　青年心理现象与高等学校教育、教学的关系（心理学视角）

教育的对象是人，高等教育的对象是青年人，必须根据青年人的身心发展规律进行教育和教学工作。我在创建高等教育学科时就注意青年心理现象与高等学校教育、教学的关系，在《高等教育学（上册）》（1984 年版）中，把"大学生身心发展的一般特征"辟为专章（第三章）；在高等教育学硕士生培养方案中，青年心理学是必修的学位课程之一，并设置了青年心理学专业方向（现扩大为教育心理学专业），建立青年心理学研究室（现改为教育心理研究所）。这在全国的高等教育学研究机构是少有的。伯顿·克拉克的《高等教育新论——多学科的研究》综述了 8 个学科之后，不无遗憾地说："还有什么遗漏呢？我们没有考虑高等教育的社会心理学。"这个遗憾在我主编的《多学科观点的高等教育研究》给补充了，请林金辉教授增写了一篇《心理学的观点：高等教育改革过程中的心理因素——心理冲突与心理适应》。因为我是从研究普通教育学到研究高等教育学的，深知心理学是微观教育学的最重要的理论支柱。

无论是对大学生的教育、教学或管理工作，都要根据大学生的生理和心理发展特征，才能实现"以生为本"。在高等教育研究中，这一领域的研究，虽不是处于空白，也是最薄弱的部分，亟待开发、发展。

近来，教育部为了加强和改进大学生思想政治教育工作，提出加强大学生心理健康的意见，要求普通高校开设"普通高校学生心理健康教育"公共课程。说明国家开始重视心理知识与心理体验对大学生成长的重要性。虽然只是从思想政治教育的角度，还不是从全面教育与教学的角度；只是要求大学生学习心理知识，还未提到大学教师更应掌握大学生的生理、心理特点，实现教师的主导作用。最近，我在思考一个问题：大学应当把思想教育与心理教育统一起来，把辅导员与心理咨询教师合一。有的学校已有这样的经验：心理咨询教师对学生做思想教育工作，效果比辅导员好。

研究这个专题要求：（1）举例说明青年心理现象与高等学校教育、教学的关系。（2）阐明如何提高大学教师掌握和运用青年心理学的知识，提高教育、教学效率。（3）阐明是否可把大学的辅导员和心理咨询教师两支队伍合并。

专题 3　课程与教学

与朱九思在一起(2006年)

专题 3.1　自由教育→通识教育→人文素质教育的演变
——兼论大学生素质教育与中小学生素质教育的异同

素质教育的概念首先是在中国的中小学提出来的。20世纪90年代初，当时中小学针对"应试教育"的弊端，提出了"素质教育"的概念。中小学教育实践证明，素质教育的提出是正确的、有效的。从理论上看，素质教育也是正确的。为什么说它是正确的？因为它符合人的全面发展，符合我国的教育方针。当然，也有人说，素质教育并没有解决应试教育的问题。应试教育是一个社会问题，不是在教育领域所能杜绝的。但我们应当看到，素质教育的提倡，或多或少在某些方面起到了一定的作用，比如受应试教育的制约，中小学生的负担很重，但德育、体育、美育被忽视了。提倡素质教育，重视课外活动，或多或少使得学生各方面的发展比较均衡一些。

1999年，第三次全国教育会议召开，贯彻并落实《中共中央国务院关于深化教育改革，全面推进素质教育的决定》（以下简称《决定》），政府决定全面推进素质教育。"全面推进"是指要把素质教育推广到各级各类教育，包括学校教育、社会教育、家庭教育中去。素质教育就不仅仅是中小学的一个教育概念，而是一切教育的普遍概念。同时，《决定》指出，不同阶段不同方面的素质教育应该有不同的内容和重点。高等教育的素质教育有些什么内容，有哪些重点？高等教育的素质教育与基础教育的素质教育有什么相同、相异之处？是不是高等教育阶段的素质教育要求，应该比基础教育阶段要高一些，但究竟高在何处？事实上，素质很难说谁比谁高，有人就认为中学生的素质不如小学生，大学生的素质不如中学生。如果不是高一些的话，高等学校的素质教育有什么特点？它跟中小学的素质教育有何区别？对这些问题的解释，逐步形成了两种观点：一种是补充说，一种是特殊说。前者认为高等教育的素质教育只是基础教育的素质教育的补充；后者认为高等教育的素质教育跟基础教育的素质教育是不同的，有其特殊的地方。

我们先来看补充说。基础教育的素质教育与全面发展的教育是对应的，所以人们又往往把它叫作全面素质教育，也就是对中小学生进行全面教育，包括思想道德素质、科学文化素质、心理素质、身体素质等方面。也就是说，作为一个现代社会的合格公民应该具备的全面素质，这是中小学应该完成的素质教育任务。但由于应试教育的影响，中小学教育只偏重学习几门应试所需的学科知识，既未能学好非应试所必要的学科知识，如历史、地理、生物等，更未能很好地发展学生的能力，也忽略了提高学生的情商，所以大学阶段还应该对它进行补充，补充全面素质教育的不足之处，提高大学生的能力、思想道德素质等。同时，高等教育是培养专门人才的教育，专门人才的素质在能力上要求更高，尤其在思维能力、实践能力、创新能力等方面的要求更高，也应在大学教育阶段补充、提高。正是从这个意义上说，大学素质教育是在中小学素质教育的基础上进行的补充和提高。这种理解对不对呢？对。够不够呢？不够。的确，中小学素质教育有欠缺，大学素质教育应该进行适当补充。但是，如果仅仅停留在大学素质教育是中小学素质教育的补充，显然没有充分认识到培养专门人才的素质要求是什么。作为高等教育理论工作者，如此理解大学素质教育的意义是远远不够的。理解大学素质教育，必须从大学教育思想的演变探源，才能理解什么是大学素质教育的实质，才能理解应该对大学生进行什么素质教育，也才能够理解它跟中小学素质教育存在哪些实质性的区别。

虽然大学的素质教育与中小学的素质教育用的是同一个概念名称，但概念的内涵是不同的。两者有相通之处，但却存在实质性的差异。所以说，大学素质教育是一种特殊的素质教育，即刚才所说的特殊说。说大学素质教育特殊，那究竟特殊在什么地方呢？大学素质教育的核心是人文主义思想教育，这是它的特殊性所在。大学素质教育与中小学素质教育的针对性也是不同的。大学素质教育不是针对应试教育而提出的，而是针对功利主义、科学主义教育思想而提出的，也就是体现前面已经探讨过的人文主义与科学主义、理性主义与功利主义的矛盾，要解决这一矛盾就要使科学教育人文化，将科学教育与人文教育有机结合起来。可见，大学素质教育不是泛指全面素质教育的补充，而是特指人文素质教育，针对当前大学教育面临的唯科学主义、功利主义，提倡人文主义，呼唤人的理性。素质教育的概念虽出自中小学，而大学的人文主义、理性主义思想却源远流长，只是借用素质教育这个概念的外壳，提倡、实施人文教育的。

20世纪90年代，我国高等教育领域的改革发展，必须适应商品经济、市场经济；从而也受商品经济、市场经济的负面影响。为了应对负面影响，开始推行"人文教育"。最早倡导、实施的是华中理工大学（即现在的华中科技大学）。1994年开始设置"人文讲座"，将"人文讲座"的精华加以整理、结集出版《中国大学人文启思录》。《中国大学人文启思录（第一卷）》的"简介"，开宗明义的第一句话就是"重理工、轻人文，重专业技能、轻综合素质，是中国高等教育面临的严重弊端，而伴随市场经济而来的实用主义、急功近利的倾向，更是高规格人才成长的严重障碍"。当时称为"人文教育"，所强调的是"人文精神"。"人文教育"，其实质就在于"人文素质"。既与人文主义的教育理念一致，又是针对科学主义、功利主义教育思想，所以起到融合人文教育与科学教育、使科学教育人文化的作用。就这个意义上说，大学的素质教育，可谓源远流长，比中小学的素质教育，历史悠长得多。

第一，历史的视角。人文素质教育可以最早追溯到希腊自由人的教育，即所谓的"自由教育"，中国人把它翻译成"博雅教育""文雅教育"，其实都是一个词"liberal education"，但更能体现自由人教育的精神。近代西方提出了"通识教育"（general education），开始时有人把它翻译为"普通教育"，"普通教育"容易引起误解，所以大家还是用"通识教育"。在我国香港、台湾地区都称之为"通识教育"，而日本则称之为"教养教育"。我认为"人文素质教育"的提法可能比"通识教育"或"文化素质教育"更能体现大学素质教育的实质意义。为什么后来把"人文素质"改为内涵广泛而模糊的"文化素质"呢？根据当年主持中国高等教育学会高等教育学研究会的周远清会长所说："当年用的是文化素质，不敢用人文素质。因为1995年前后，这方面还有争论。"[①] 所谓"有争论""不敢用"是指中国有一个时期，批判"人本主义""人文主义"。华中科技大学现在也把"人文教育"改为所谓"文化

---

① 周远清. 大学素质教育：源头·基础·根本[J]. 中国大学教学，2014（5）：12–14.

素质教育"。但是，首倡"人文教育"的杨叔子院士在各地讲素质教育，所谈的内容实质是人文精神而不是文化科学知识。现在大力提倡"以人为本"，"人文主义"这个概念已经解禁了，应该改用比较贴切的"人文素质"概念了。

第二，要从20世纪以来功利主义、科学主义占统治地位所造成的社会危机、道德危机、人类的生存危机等方面的危害性来理解为什么要提倡人文素质教育。20世纪70年代末期，世界开始提倡把人文教育和科学教育结合起来，以消除科学主义对人类造成的危害；主张在大学实施人文教育，认为大学培养的不是只会技术而没有人文关怀和人文思想的专业技术人才。大学提倡"人文素质教育"是有强烈的针对性的，是含有可持续发展教育理念的核心内涵的。

第三，要从近年来中国高等教育进行的一些改革来理解人文素质教育。"文化大革命"后，中国高等教育的改革主要是针对过去学习苏联时专业教育过窄等弊端而展开的。20世纪80年代以来，教育部门提倡要拓宽专业口径，大学开始搞文理渗透，引文入理，引理入文，把文与理打通，包括把很多具有行业特点的专业性高校变成多科性高校或综合性大学。我们要从这个角度来理解为什么所提出的应当是人文素质教育，要提倡培养具有博雅教育基础的专门人才。过去，我们只注重专业知识，只注重科技方面的知识，这是不够的。我们应该给大学生以人文素质教育，这样符合"立德树人"的宗旨，有利于培养适应社会主义现代化建设需要的人才。

研究这个专题要求：（1）把素质教育尤其是大学素质教育这个概念弄清楚。（2）探讨大学如何实施人文素质教育，以达到"立德树人"的宗旨。

专题 3.2　一种新的课程模式：STEM

STEM 是一种新的课程组成模式，其实质是一种新的教育理念。这是 S（Science）科学、T（Technology）技术、E（Engineering）工程、M（Mathematics）数学四个学科融合的综合教育，也有称为"综合课程"的。它是一门现代化的通识课程。

对于 STEM 课程，王殿军教授《STEM：好理念怎样变成好课程》一文（刊于《中国教育报》2018 年 6 月 13 日第 9 版）做了简明的评价，该文指出：

STEM 教育主要通过项目驱动的教学方式，让学生在解决问题的过程中学习。通常的方式是，首先给学生创设一个现实情境下的主题，通过教师、学生交流讨论，明确问题，设定项目内容和项目具体的任务。学生根据项目的任务进行规划，调研相关领域的进展，分析项目的可行性，制订研究计划，建立理论模型并经过编程模拟、数值计算、原型机设计、测试反馈、分享交流讨论等流程后完成项目。项目最终的产出是多样化的，可以是一篇论文，也可以是一个作品，这主要依据项目的领域而定。

STEM 教育主要的教学目的不仅是为了更好地理解和应用学科知识，同时也是为了提高学生分析问题、解决问题的能力，为应对未来挑战做准备。学科教育一般是纵向的教育，如数学、物理、化学、地理、生物，都是纵向的，而培养人的同时还需要横向的教育，需要各个学科融会贯通，需要综合各方面的知识、能力。如果一个人拥有驾驭纵横交错的知识网络的能力，他未来便能应对更严峻的挑战，承担更大的责任。人们常认为中国人的创新能力较弱，我认为有一个原因可能是，中国的学生从小学到大学接受的都是孤立的单一学科的知识和技能，缺少跨学科的融会贯通的教育，缺少举一反三、创新使用的能力，所以导致路越走越窄。

STEM 这样一种教育方式和课程，毫无疑问，对于培养学生的科研创新能力、动手实践能力是非常有利的。从培养分析能力的角度看，STEM 是一种非常好的学习方式和教育方式。这也是世界各国都在开展 STEM 教育并一抓到底的原因。有些国家甚至把 STEM 教育上升到国家战略的层面，把这种能够培养具有未来竞争力人才的教育方式放在首位。

STEM 教育同样可以激发学生的学习动力。所有参与这个项目的学生，带着问题和任务调动各学科的知识，多感官参与，既动脑又动手，深入挖掘潜力，促进思维发展。STEM 学习，通过挑战性的激励，激发学生的学习动力，能提高学生的学习能力和综合素养。除此之外，它还能培养学生的团队合作意识。一个 STEM 专题或者项目，往往涉及多个环节，需要分析、设计、实验、完善，甚至是对结果（产品）进行包装。这不是一个或者两个人能完成的，需要多个人共同研究，密切配合，合作攻关。在这个过程中亟须合理分工、共同参与，这是对合作意识和团体协作能力的锻炼。

此外，还有人提出可以加上 A（Art）艺术，构成 STEAM，体现科学技术与人文精神的契合。培养学生不仅有科学技术能力，而且有丰富的艺术素养与想象能力，使得通识教育更能体现博雅教育的精神。

目前，在中国只见到清华大学附属中学在中学阶段试开这门课程。我认为，可以从国外引进，组成高等教育新的通识教育课程模式。

研究这个专题要求：(1) 搜集国内外更多的有关 STEM 课程的资料。(2) 探讨 STEM 课程在理论上的依据，在实践上是否可行。

专题 3.3 后现代主义、建构主义课程观与高等教育课程改革的趋向

后现代主义是 20 世纪 60 年代以来西方国家很流行的许多哲学流派和文化思潮的总称。它是以反传统为特征的哲学与文化思潮，对哲学、社会学、美学、文学、教育学等有广泛而强烈的影响。对应到教育理论界，形成了后现代主义的教育观。

后现代主义有各种各样的流派，其共同特征是对现代事物持批判态度，反现代主义，而不是批判封建主义、反封建主义。后现代主义认为，现代主义是在大工业生产基础上产生的，现代思想、现代文化、现代制度都是传统的理性主义思想、文化、制度的延伸，是后现代主义所批判的对象。简言之，后现代主义的批判对象是现代社会的事物。

后现代主义大体分为两大流派：一是解构主义，也叫解构派，将结构进行分解；二是建构主义，也叫建构派，构建新的结构。解构派的后现代主义产生比较早，它以怀疑、否定为主要特征，怀疑一切，否定一切，努力摧毁传统的、封闭的、简单僵化的思维方式。建构派的后现代主义出现得比较迟，在对现代思想文化批判的同时，还以建设性为主要特征，提倡开放、平等、多元化，鼓励多元化的发展，培养宽容他人、尊重他人、相互学习的美德。后现代主义对教育的方方面面影响很大，但主要集中在教育目的、课程设置和师生关系观等方面。据说，现在的中小学课改就是以后现代主义尤其是建构主义为理论基础的，当然有所改造，并不完全照搬。我没有参与中小学课改，不甚了解，因此只能说是"据说"。当然，这里的"据说"也是权威人士所说的，并非我个人的杜撰。目前，也有些年轻的高等教育理论工作者，主张引进后现代主义课程观，改革大学的课程和教学。

建构主义课程观主张建构一种新的课程观，以摆脱现代工业社会所带来的种种弊端。它的主要观点为：课程是一种发展的过程，而不是某一特定知识体系的载体，因此课程内容不应该是固定不变的，而应是师生共同参与、

共同探究知识的过程,即课程内容是学生在探求知识的过程中自我建构起来的。课程发展的过程有一定的开放性与灵活性,课程的目标不应该是预设的目标,也不是不可更改的目标。现代课程总是有预先设定的目标,建构主义课程观则认为课程可以根据实际需要进行变化;课程的组织不应该限制在一个学科之内,而应该跨学科,向综合化方面发展;课程教学不应该仅仅是为了积累知识,而应该是引导学生发现知识、创造知识;应该承认和尊重课程多元化的价值,不应该以权威的观点来控制课程以及评价课程。

对后现代主义,国外有很多争论,尤其对解构主义的"只破不立"存在着不同看法。很多科学家对后现代主义颇为反感,说后现代主义不做建设性的事情,却对别人的工作评头论足。当然,我们应该看到后现代主义敢于打破传统的东西,敢于对现代的东西提出质疑,是有积极意义的。但也存在不少令人困惑的不成熟见解。就国内而言,由于近年来才被引入教育领域,争论更为激烈。如果在没有取得共识之前,就开始推行政策性的指令,会冒很大的风险,产生一些问题。不过,任何改革都是要冒风险的。改革总是要在不断地自我检讨、改进中进行。新课改的结果究竟会如何,有待实践的检验,也值得我们进一步关注。

以上的简介,只是我个人的理解与概括,理解可能有错误,概括可能简单化。

研究这个专题要求弄清楚:(1)后现代主义、建构主义的课程论有哪些基本内容?(2)后现代主义、建构主义课程论有哪些是合理的,哪些是应当存疑的?至于全面深入的研究,希望有人能以后现代主义的大学课程论为课题,撰写学位论文。

专题3.4　现代信息技术对高等学校教学过程和模式的挑战

教学实质上是信息传递，传统的教学过程就是教师与学生以教材为载体传递、接受信息的双边互动过程。互动有种种不同的方式，有讲授、讨论、答疑、实验、实习等，但最常见的是信息由教师传递学生接受。学生接受信息后，把它转化为自身的知识和技能，也就是平时所说的消化、吸收，但总体来说是教师把信息传递给学生，学生接受信息。一个是传递信息，一个是接受信息，表现为一种单向的信息传递过程。

20世纪中叶以来，电化教育手段进入学校，学校的教学内容、教材组织、教学方式方法发生了相应的变革。比如，教材的某些部分改用电影展示，部分内容用幻灯、录像等代替教师的讲课，代替实物的观察，甚至代替学生的参观。另外，还有用计算机来辅助教学，代替部分实习、操作，如现代的模拟教学等，这主要在医学教学和军事教学上用得比较多。但总体来说，变革是局部的、小范围的，不是总体的、大范围的。不可否认，它对提高教学效率是有好处的。不过，它并没有改变教学过程的基本结构，教学依然还是教师和学生的双边活动过程，只不过是用幻灯、录像等部分地代替了教材，用计算机来辅助教学。

然而，当网络课程进入高等学校教学过程、信息技术引入教学时，信息技术不再只是课堂教学的辅助了。比如说，传统教材变成网络课程的课件（课件与教材不是一码事），把传统的师生双边互动变成学生自学的活动。那么，是不是原来的传统教学过程被否定了呢？传统的教学过程是师生双边互动的过程，信息技术的引进，以教材为中介传递知识的模式发生改变，教学过程已不是师生借助教材来传递信息的双边互动，而是学生借助课件的自学活动。这种新的教学过程的模式应该是什么样呢？在迎接21世纪的年代，1996年，我在一篇文章中就提到，21世纪的高等教育可能会发生几个大的变化，其中之一就是信息高速公路开进大学课堂。不过，当时我也说不清大学课堂会发生怎样的变化，但预测如果会引发重大变化的话，那么我们整个教育学的教学论可能要重新改写。

教学手段变化，必然会导致教学过程、教学模式发生变化。在没有纸笔的时候，教学过程是什么样的？大家到曲阜的"六艺城"去看看就知道了，孔子当时是怎么上课的？孔子上课时坐在石头上，学生有的坐、有的站、有的静听、有的提问题。没有笔记本，只是耳听心记。有了笔和纸以后，教学过程就发展变化了；尤其有了印刷术以后，就有了更大的变化，可以班级授课了。随着信息技术的引进，教学过程、教学模式也会发生大的变化，有的课程，可以远距离学习。有的教学，可以在网络上进行。"互联网＋教育"将是一场 21 世纪疾风暴雨的教育与教学的变革，现在只是开端，究竟将有哪些变化还未可知。正如《国家中长期教育改革和发展规划纲要（2010—2020年）》所指出："信息技术对教育发展具有革命性的影响，必须予以高度重视。"

信息技术的使用不仅可以冲破传统的教学过程、教学模式，甚至在教学管理上也会发生相应的变化。在信息技术没有引进以前，有许多教育家就提出了许多新的教学理念，如教学应该个性化、个别化，学生应该自主学习等。然而，在班级授课的前提下，教学要做到这些是很难的。单一而统一的班级授课，虽可照顾大多数学生，但要照顾到每一个人是非常难的。所以，我在提教学原则时，最后一条就是班级授课下的因材施教，即在班级授课下，尽可能地照顾不同的对象，而不可能对每一个学生因材施教。比如，在课程编制上，实行多样化、综合化、模块化等，这些做起来都相当难。信息技术进入大学之后，这些就变得轻而易举了。这是因为：

第一，学生自己不但可以自主选择网络课程，而且可以自主选编自己要学习的课件。这在以前是不可能的。学生对某门课程，有些内容已经掌握了，不必学了，有些内容比较生疏，需要着重学习。每个学生学习情况不同，自由选择在以前不容易实现，但是用信息技术，用网络课程可以做到。

第二，一门课程可以有多种组织方式。比如，有的课程是从抽象到具体，有的课程是从具体到抽象，同一门课程可以做一个课件从抽象到具体，也可以另做一个课件从具体到抽象。中国的课程大多是从抽象到具体的，即先下一个定义，再来解说这个定义，然后再举例子论证，有的还指导如何应用。

外国有很多课程是从具体到抽象的，即先举例子或案例，再归纳出抽象的结论。那么，学生究竟愿意从抽象到具体来掌握知识，还是愿意从具体到抽象来掌握知识，学生可以根据自身的特点自主选择。为此，我们可以制作两种课件，甚至三种、四种、多种课件，提供给学生自主选择。

　　第三，信息传递在网络课程上具有瞬时性，能够把最新的科技进展、科研成果和最新信息马上展示出来。而且这种展示不光在一个地方，可以同时在各个不同的地方展示，让许多学生共享。这与传统不同，传统的教科书从编写到出版往往要花好几年，如果只用两年还不错，再快也得一年以上。教科书要经过编写、审查、印刷、发行，要花很长时间，所以教科书里的内容许多是过时的东西。在瞬息万变的情况下，通过传统教材是难以掌握最新东西的。而现在网络课程的瞬时性可以解决这个问题，可以让许多学生在最短的时间内享受最新的科学知识。

　　第四，信息技术引进高等教育可以促进高等教育国际化。大学生可跨地区去读书，跨国家去选课。中国加入WTO之后，虽未承诺跨地区、跨国家选修课程，但跨地区、跨国家选课迟早总要开放的，事实上也已经存在了。

　　过去，教育家对教学过程的许多理想，因为当时的条件限制，没能够实现，如"程序教学法"对适应个性的自学设计很好，但在信息科技时代之前不可能实现。现在，随着信息技术的发展可以很容易地获得实现。但是，也会有许多新问题和疑惑出现，如教师是否还能起主导作用？甚或教师这个职业是否还存在？有人提出，那时不需要教师了，用网络学习，只要编课件的IT人员就可以了。如果教师真的不再起主导作用，让学生在知识和信息的海洋中游泳，那么谁来引导学生学习，谁来让学生不至于迷失方向，不至于沉溺于信息的汪洋大海之中，不至于把好坏信息混淆在一起而晕头转向？当然，学生的自主性很重要，但学生自己毕竟还没有掌握知识，还缺乏各方面经验，如果没有教师的引导，还是不行的。就现在来说，我们打开电视机，可以出现许多画面。看看这个，看看那个，一个晚上都浪费在选择频道上，结果一无所得。什么东西都想沾一点，学生一会儿玩游戏，一会儿又要去读书，没有规范，没有约束，完全自由，绝对自由，这恐怕是不行的。即使能获得知识，往往也是碎片化的知识。缺乏系统化的学科知识，对于专门人才的成长是不利的。

另外,在网络上德育如何进行?当然,德育观念可以通过课程教学来灌输,但德育中有许多不可编码的默会知识和影响如何传达?现在学生大多都有自己的电脑,可以不来学校,在家里学习,一天到晚在电脑上学习,甚至在手机上阅读,离开了集体,对于学生的成长是好还是不好?还有许多新问题,包括如何考核学生的学习成绩,如何承认学生所学课程的学分,等等。

研究这个专题,希望能够解答:现代信息科技会给高等教育教学过程、教学模式带来何种挑战?现在,有很多东西还只能依靠想象力做推测,但必须有根有据,符合推理逻辑。如果能拿出一些试验的结果更好。

专题 3.5 慕课（MOOCs）的意义与问题

现代信息科技网络进入大学之后，预期有很大的变化。但十余年来，除黑板变成 PPT，在成人教育中增加了相当于广播电视大学的网络学院之外，在教学改革上变化不大。

直到 2011 年之后，出现了慕课（大规模网络公开在线课程），一门课程可以有几千人、几万人、十多万人、几十万人同时或异时修读；还可以及时在师生之间、同学之间交流。由于慕课是由世界著名大学推出，中国的著名大学也于 2012—2013 年间开始参与，并推出自己的平台，现在许多高校也纷纷组织专门队伍编织自己的慕课。似乎形成一场教学改革的风暴。

有人认为慕课将代替传统的课堂教学，有人更惊呼慕课将取代大学教育，将只存几所一流大学或几个制造慕课的学术集团代替越来越多的高等学校——新的学校消亡论。但更多的学者、教育家保持审慎的态度。有人认为慕课不过是 20 世纪已经出现的程序教学法——小步子教学法，以及各式各样"微课"——碎片化课程的延续。

慕课已经出现了一些不同的组织模式。据说主要有三种大平台推广的模式，其中一种是 edx，主要采用"翻转课堂"，为人们所津津乐道。

我没有参加慕课的实践经验，只从间接的介绍中获知，它的主要意义在于：

（1）可以共享优化教育资源。不必经过统一高考，就能选读清华大学、北京大学等学术研究型一流大学名师课程。当然，在大众化、普及化高等教育阶段，大多数大学生应当修应用性、职业性的课程，现在已有可汗学院式的草根高等教育以及许多技术、技能教育也通过"互联网+"进入慕课。

（2）充分体现学生学习的自主性。学什么内容，在什么时间学习，同教师或其他学习者交流，向教师或教师团队提出问题，发表自己的见解，等等。

但是，似乎有一些问题有待解决：

（1）现时选修者多，修毕者少，如何提高修毕率？

（2）欠缺校园文化、思想道德的熏陶，能否培养全面发展的人才？

（3）经营管理上的问题，如巨额的投资、经费、知识产权等种种问题。

多数人认为应当重视，作为教学改革的一个突破口；可以同课堂教学并行而不是代替，更不可能代替高等学校。

研究这个专题要求：（1）具体地了解慕课的教学过程、教学模式与教学方法，最好是参加一个慕课的学习或制作。（2）密切关心慕课的发展（近来这股风暴已有所减弱），发表你的预测意见。

专题3.6　"智慧教室"的功能

《中国教育报》2019年7月29日专版报道厦门大学"智慧教室"。"智慧教室"由厦门大学教育研究院一位青年教授在教务处挂职时所设计，如今已在全校推行，包括本院几个小型教室近期也改造成为"智慧教室"。如何理解"智慧教室"的意义和作用，而不至于陷入报道所指出的：容不得"花里胡哨"？如为了强调在"智慧教室"中，更方便学生的活动，说成是"学生是绝对的主角"？否定教师的主导作用，混淆"主动"与"主导"的关系。

如何理解"智慧教室"在教学过程中的作用？

教学过程的影响要素，有三要素论、四要素轮以及五要素论。三要素论是最基本的要素，即教师、学生、教材（广义的教材，不仅是教科书，还包括一切在教师与学生中间的"中介体"）；四要素论的第四要素为"制度"，即教学过程中的制度规范；五要素论的第五要素为"环境"。"智慧教室"创新教学过程的环境，这就是"智慧教室"在教学过程中的作用。

研究这个专题要求：（1）通读《中国教育报》2019年7月29日对厦门大学"智慧教室"的报道——《智慧教室里容不得"花里胡哨"》。（2）结合自己在"智慧教室"的感受，对从教学过程的理论进行分析，发表你自己的见解。

专题3.7 "互联网+课堂教学"是教学改革的走向

慕课,实质上是一种应时的互联网上的教学模式。在信息科技时代,如何利用信息技术来改革教学方式,提高教学效率,扩大教学规模,实现学生自主学习,是高等教育改革发展的必由之路。

从慕课以及其他网络教学的实践经验看,网络上的教学、学习,必须同学校里的教学,特别是课堂教学结合,才能有较好的收效。广播电视大学的经验就是如此。如果学生只收看电视、收听广播来学习,很难达到预期的学习效果。因此,各地的广播电视站,都要求学生在一定时间内到站上课,有的干脆像全日制高校一样,为学生提供宿舍、图书馆、实验室等。慕课要能坚持学习,收到实效,也要同课堂教学相结合。让学生走进校园,需要有一定的制度保障,需要遵守一定的课堂秩序,才能切实有收效而不至于"虎头蛇尾"。

翻转课堂之所以从慕课中脱颖而出,并形成一种可持续发展的教学方式,也就是因其能把课堂外的学习和课堂上的师生互动、同学互动结合起来。

因此,教学方式的改革,应当提倡"互联网+课堂教学"。

研究这个专题要求:(1)跟踪慕课及其他网络教学的进展情况。(2)记录或自行设计一堂翻转课堂教学的进展情况。

专题3.8 教育现代化对传统师生关系的挑战
——学生主体性与教师主导作用的关系

这个专题与"现代信息科技对高等学校教学过程的挑战"有一定关系，和后现代主义思想也有一定关系。事实上，不单是后现代主义承认学生的主体性和主体地位，就是一般的现代主义也承认学生的主体性和主体地位，师生关系是平等关系。也就是说，批判教师中心论，还不算是后现代主义的思想，只不过后现代主义对其批判得更激烈而已。后现代主义从知识的信息化、文化多元化角度出发，有的认为应该彻底打垮教师权威，建立平等对话的师生关系。不存在教师的"教"和学生的"学"，教学过程是教师和学生共同的求知过程，教师只是根据学生需要帮助学生学习，彼此共同研究问题。

现代主义与后现代主义都承认学生是主体，那教师究竟是不是主体？如果是的话，它就意味着教学过程中存在两个主体，即教师是主体，学生也是主体。承认"双主体"也还好办，本来教学过程就是师生双边共同活动的过程。问题是教师还应不应该起主导作用，教师还要不要起引导、教导学生的作用？按有些后现代主义者的观点，当然是不要，即师生间应该平等对话，不存在引导和主导的问题，教师只起帮助学生的作用。

究竟如何来看待这些问题？师生关系应该是平等的，这个没错。不光是平等关系，而且教师是为学生服务的。没有学生，也就不存在教师；没有教师，学生虽仍然可以自学，但学生也不成其为"学生"了。只要存在教与学的双边活动，教师与学生的双边地位和关系就只能是教师"教"，学生"学"。也就是说，只要存在教与学的双边活动，教师与学生的地位、任务就不同。当然，我们承认教学相长，但教师主要是教，学生主要是学。教什么和如何教，是教师应该负起的责任而不应推诿给学生。在学生尚未知晓需要学习什么知识的情况下，如果完全由学生自己决定该学习什么，教师只是配合学生学习的话，显然学生缺乏这个能力。因此，不能说教师只能听学生意见，不能起引导和教导的作用。

有的后现代主义者以为知识信息化了，教学网络化了，就不存在教师和学生，不存在"教师的学生和学生的教师"。当然，这个观点是不准确、不确切的，只是停留在似是而非的表面现象上。它的根据是什么？是网络。是的，网络上没有教师，只有课件，难道就此而能断言"教师的主导作用不存在了"？当然不能，教师还是存在的，存在于网络的后面。课件需要人来编制的，编制课件的就是教师或教师群体。即教师或教师群体以教师的身份隐蔽在网络后面起主导作用，如确定学哪些、不学哪些、选用何种教材等。在理论上，学生是自由的，但在实践上，我们不能完全听任没有掌握知识、缺乏经验的学生自己盲目摸索，这会造成很大的浪费，甚至走偏方向，因此还得需要掌握知识和经验的教师来指导，教师仍然应该要起主导作用。"主导"只是一种职责，一种任务，也可以说是一种服务，并不是一种地位关系，在地位上师生是平等的。

与此有关的另一个问题是教师要不要有"权威"？既有主张教师应当树立权威的，也有批判教师权威的，要看对权威如何理解。人们常常把权威理解为专制、专横，这样的"权威"当然应当批判。正确的理解，权威就是威信，教师的威信，并非只是为提高教师的地位，从心理学上分析，教师的威信有利于提高教学、教育的效果。你愿意师从一位有学术威信的导师，还是愿意师从一位缺乏学术威信的导师？

研究这个专题要求：（1）如果你赞成学生是主体，教师也是主体，同时也认同教师应负主导责任，起主导作用，请你做周全论证。（2）若你反对教师的主体地位与主导作用以及教师威信，请陈述你的见解。

专题 3.9　高等学校教学原则体系的评价与重构

前面讲了高等教育的基本原则，现在我们再谈谈高等学校的教学原则。20 世纪 80 年代，我首先提出高等学校教学的 10 条原则（以前只有普通学校的教学原则），其中有的提法与普通学校的教学原则相同，譬如科学性与思想性相结合原则、系统性与循序渐进原则、因材施教原则等，但还有几条原则是普通学校教学原则中所没有的。如专业性与综合性相结合的原则、教学与科学研究相结合的原则等。高等教育是专业教育，但专业教育不能只专不综合，要专业与综合相结合；另外，大学教学要带有科研的性质，要坚持教学与科学研究相结合。当然，还有一条是理论与实际相结合，这一条原则对普通学校不一定很重要，但是高等学校必须加强。

有些教学原则的名称与普通学校教学原则虽然相同，但在高等学校的运用上，它的内涵不完全相同。譬如，中小学教学中的"科学性与思想性相结合的原则"，要求的是科学上不成熟的或者是有错误的，就不要选到教材中去，也不要传授给学生，因为中小学生还不够成熟，他们的判断力还不够，所以要把科学的东西与思想性的东西结合起来，一般不选择错误的或科学上尚无定论的内容。但在高等学校教学中，"科学性与思想性相结合"的教学原则的运用恰恰不同，即高校里不能只讲正确的东西，还要讲错误的东西；不能只讲科学上成熟的东西，还要讲科学上不够成熟的东西。对于研究生，那就更不用说了。我讲的很多东西是不成熟的，甚至连我自己也存疑的。在大学里，必须讲一些你认为错误的东西，或者大家已经认为它是错误的东西。譬如说，不能只讲唯物主义，还要讲唯心主义，这样学生才能有比较，才能有更深的了解。培养大学生不能只让他们懂得正确的结论、成熟的理论，也应该让他们了解不成熟的理论，甚至错误的理论，引导他们分析、批判、提高他们的辨别、判断能力。这样，他们将来面对复杂的社会、复杂的理论，才不会因为缺乏辨别能力和判断能力而迷惘、失落。研究性的教学就是要把不成熟的东西告诉大学生。可见，同样的一条原则，对象不同，其运用要求也不同。

我在《高等教育学讲座》（1993年版）中，第七讲、第八讲都是讲教学原则。还有一个附录"高等学校教学原则体系初探"，一共提出了10条教学原则，构成了高等学校教学原则体系。这10条原则及其体系，都是20多年前提出并阐述过的。20多年来，信息科技有了新进展，高校的教学改革有了新发展，高等教育理论也在不断地提高与加深中。例如网络教学的出现，人文素质教育的提出，建构主义教学论的盛行，这些变化都会反映到教学原则体系中。某些教学原则可能要修改，或者原则不修改但内涵有变化。例如，人们质疑教师主导作用是否仍是原则；应用性课程教材碎片化是否仍要遵循系统性原则，是否还要"循序渐进"；对大学生的教学是否还要考虑量力性原则；直观性原则是否要在网络教学中重新回归，如此等等。总之，20多年前提出的教学原则体系需要重新构建。

研究这个专题要求：（1）对10条教学原则逐条审视，提出保留、删去或修改意见。（2）如有应增加的教学原则，请提出并说明。（3）如有可能，设想一个新的教学原则体系，并对其进行论证和说明。当然，这是一篇博士学位论文的选题了。

专题3.10　产学研结合的理论与实践

产学研结合可以说是高等学校教学过程的一个原则,但是没有列入教学原则的范畴。因为它具有方针性和本质性的深刻意蕴,所以它不仅仅是教学原则,应该是教学方针的表述之一。我国的教育方针是教育与生产劳动相结合,产学研结合原则就不只是教学原则,应该是教育的基本原则,是教育与生产劳动相结合方针的深化。

产学研结合的重要性早就受到重视,随着市场经济的到来,高等教育大众化进程的推进,这条原则的重要性越发显示出来,特别是在应用型大学或高职院校,这条原则更加显示出它的重要性。在我国,要贯彻党的教育方针,就应该很好地应用产学研这条原则,它是高等教育改革和发展的一条方向性道路。我们历来提倡产学研结合,特别是高等教育面向市场经济更需要搞产学研结合。进入高等教育大众化阶段后,我们已经不是单纯地搞精英教育了,大众化高等教育培养的人才是要到生产实际岗位上去的,更需要产学研的结合。在这个意义上说,产学研结合是当前一条重要的教学改革道路。

"产学研结合"是中国20世纪90年代以后的提法,以前不是这样提的,但是这条原则的基本意义在中外早就有了。在中国,教育方针早就提出教育与生产劳动相结合,而且在20世纪50年代到60年代初,就提出教学、生产劳动和科学研究相结合。1959年,我就在《厦门大学学报(哲学社会科学版)》上发表过论文《教学、生产劳动、科学研究的矛盾与统一》。事实上,1959年之前,中央就提出过这条原则,所以我才有这篇解读性的论文。在国外,这条原则也早就有。比如说,加拿大、美国所提倡的"合作教育",就是大学和企业合作培养人才;英国的工学交替制,即做工和学习交替,也叫"三明治"教学,实际就是产学结合。"三明治"教学有厚与薄之分:厚的"三明治"教学指的是第一年学习,第二年做工,第三年学习;薄的"三明治"教学指的是一个月教学,接着下一个月工作,接着学习,像一层一层的三明治。世界和中国对产学研结合的内涵和机制的研究都在不断加深中,尤其在中国,现在高职院校搞实训基地值得称赞。这实际上是产学研结合的具体做法,就是教学和生产劳动相结合的方式之一。还有很多大学在搞大学园区。大学园区不是城市工业区,而是大学的"三结合"基地,科研成果的孵化基地。它一般不是大批量生产的工厂,而是孵化的生产,即大学把科研成果放到大学园区去作为产品的孵化,主要是进行中间生产。让学生、教师到大学园区去参加实训。现在许多大学园区为了创收,把大学园区办成工业园区,把孵化生产变成批量大生产。在三结合的方向上是错误的。

到20世纪90年代,我国明确提出了产学研相结合或"三结合",它的提出有着全新的理论依据和意义。过去只是从学校教学的角度提出,把"教"摆在第一位,如"教育与生产劳动""教学、科研与生产劳动"……现在提的是产学研相结合,把"产"摆在第一位。它已经不单是高等学校体现教学方针的一条基本原则,这条原则已经提高到生产过程、科学研究过程都应该遵守的共同原则。可以说,产学研结合是知识经济时代社会发展的规律性原则。在知识经济时代,社会的发展要遵守这条原则,即这条原则不仅仅是教学原则或大学办学的原则,而是企业生产,科研机构进行科学研究和高等学校办学都应共同遵守的原则。为什么说它是知识经济时代社会发展应当共同遵守的原则呢?因为在知识经济时代,知识是知识经济社会的基础,科技已成为第一生产力。产、学、研都是围绕知识运转,围绕知识组织。"产"是知识的应用;"学"是知识的传承,培养能运用知识的人才;"研"是知识的创新,包括理论的创新,新产品的开发、研究。在知识经济时代,社会的发展围绕知识运转。形成创新知识、传承知识、应用知识的链条。在这个意义上说,产学研的结合是经济社会发展的规律,也是人类文明进步的规律。

产、学、研是互相依存的。首先,产要靠学、靠研,即产要依赖于人才培养,依存于科学研究开发新技术新产品,提高生产水平。其次,研要依靠学、依靠产。没有人才,研无法进行;没有产,研缺乏对象,即大量的课题需要从生产需要中提出:开发新产品要提出新课题,技术改进也会提出新课题,而这些课题便构成研的对象。最后,学也依靠科研,没有新的科研成果,学的只能是旧知识,而要站在知识的前沿必须掌握最新的知识。最新的知识从哪里来？从研得来。学还要依靠产，依靠生产需要。比如说，培养人才要适应生产的需求，就业要受产的制约。产、学、研三者是密切联系的，这种密切联系已不只是教育的基本原则，而是知识经济时代社会发展的一条基本规律。自然科学、工程技术如此，社会科学、财经管理也是如此。

　　当前，学校很热心于产学研结合，但许多企业并不热心，也不是很欢迎。那么，如何解决这些问题？国务院曾经在科学大会上提出，企业应该成为科学研究的主体，但现在科学研究好像只是科学研究机构或科技部门的事情。如果一个企业不热心于科学研究，那么这个企业肯定没有很好的发展前途，至少不是发展前途很好的企业。而科学研究如果没有企业的支持，就会碰到许许多多困难，尤其是缺乏资金投入，科研成果也难于转化为产品。目前，企业对办教育不太关心，因为现在大学生多的是，需要人才时，招聘就可以解决。当然，事情并非如此简单，企业真正要招到合适的人才，必须介入办学，介入学校发展。国外很多企业介入学校，培养合适的人才，或者自己办学或办培训班来培养人才。产学研结合把"产"摆在前头，"产"如不介入"学"和"研"，那么"学"和"研"就很难有所发展。知识经济时代，知识是基础，科学技术是第一生产力，有远见的企业家应该重视学和研。

　　但是，作为"产"的承担者的企业，大多数仍处于被动地位。其表现形式如上所述：企业要人才，只想从现成的大学毕业生选用或从国外高价引进；企业要新技术、新产品，也只想从国外购买或从大学、科研机构购买专利，缺乏自主培养人才，自主主持科研的认识。这是表面的现象，实质性的原因是中国的市场经济还不够发达、不够成熟。在与国际经济接轨，进入国际市场的过程中，国家已遇到这个问题，由此，国家提出企业应该成为科研的主体。还采取一些措施以促进企业的主体担当与主体地位。例如推动政府和社会资本合作（即PPP模式，Public-Private-Partnership）以提高企业的活力、动力。对于高等教育，国家在职业教育这一最接近市场经济的类型中也推行混合所有制，将被动地、被勉强地接进来或请进来的企业成为混合所有制的主办者之一，即企业、学校都是职业教育的主体，如德国的双元制，培养能够同企业相适切的技术技能型人才。

　　研究这个专题要求：（1）理清中外产学研结合的历史。（2）介绍产学研结合的各种模式，比如国外的合作教育、工学交替，以及美国的硅谷、中国实训基地和大学园区等。(3) 提出产学研结合的意见和建议，特别是如何解决产学研结合中存在的矛盾。

专题 3.11　创新精神、创新能力的培养与大学的创业教育

"创新",是知识经济时代的强音。知识经济时代的财富,主要来自知识的创新;国家核心竞争力的提高,主要来自科技创新。而知识、科技的创新,需要大批具有创新精神与创新能力的创新型人才,培养创新型人才的光荣而艰巨的任务,主要由高等教育来承担。因此,创新精神、创新能力的培养,成为当前高等教育的热门话题。

创新精神、创新能力的培养,对西方教育易行,在中国则形成学生的压力。因为西方教育,传统上就主张让学生自由发展,在自由、自主的学习中发展创新精神与创新能力。而在中国教育传统上尊重的是"遵古法制""按部就班""循规蹈矩",重视现成知识的积累,不重视知识的运用,更不提倡学习上"标新立异"。针对中国教育,尤其是培养专门人才的高等教育这一缺点、弱点,1999 年《中共中央国务院关于深化教育改革,全面推进素质教育的决定》,特别强调高等教育推进素质教育,"要重视培养大学生的创新能力、实践能力和创业精神"。《国家中长期教育改革和发展规划纲要(2010—2020年)》还将加强创新教育、培养创新人才作为教育战略主题。

当前中国对大学生创新精神、创新能力的培养,要着重解决两个问题。一是如何理解创新、创新精神、创新能力;二是如何对学生进行创业教育。

(一) 如何理解创新、创新精神、创新能力

对创新有两种误解。一是把创新看成就是创造、发明,认为创新是科学家的事,高不可攀。因而创新教育只是研究型大学、研究生教育的任务,同一般高等教育,尤其是高职教育无关。一般高等学校,只要学好现有知识就行;高职院校学生,只要按一定的程序和方法,规规矩矩地做事、干活就行。二是认为创新就是敢想敢干,敢于否定一切,敢于大胆设想。前一种误解使大量的一般院校和高职院校认为创新教育不是自己的事;后一种误解导致学生不刻苦学习,不脚踏实地做事做人。

教育,培养出诺贝尔奖的获得者,固然是创新教育的成功;培养出各条

战线、各种行业上能够出新点子、提出新方法、开发新产品的技术人才、管理人才、服务人才,同样是创新教育的成功,而且可能是更有效、更广泛的成功。我们重视科学家的发明创造,同样重视每位专家、每位工人在岗位上有所发现、有所创造。

创新,需要敢想敢干,敢于怀疑,敢于批判,敢于提出前人所未提出的设想。这是对的,也是可贵的。但只对了一半。如果缺乏科学知识,缺乏实事求是的思想,敢想敢干,就只能是胡思乱想;付诸行动,不但无效,而且可能起消极甚至破坏作用。

下面是一个可供参考的简单的创新公式:

创新＝科学规律＋想象力＋实践检验

或创新＝求同思维＋求异思维＋实践检验

懂得科学规律,缺乏想象力,不可能创新;有丰富的想象力而不认真刻苦地读书,只能胡思乱想;即使偶然想出了一个好点子,也往往难以自力完成。这正是许多教育水平不高的技术工人在技术改革上所常遇到的苦恼。也就是,要求异,先要求同。只有在求同的基础上才能求异,只有踩在前人的肩膀上才能攀登科学的高峰。即使是科幻小说、动漫创作,也不能没有一定的科学依据。

同时,任何事物的创新,都要通过实践的检验,才能成立,否则只是一种"假设"。

(二) 如何对学生进行创业教育

有人认为对学生进行创业教育就是开设几门有关创业的课程。现在许多学校开展创业教育也就是开几次创业讲座或请企业家做几场经验报告,开几门经营类课程。开几门课或几个讲座是不是进行创业教育呢?当然是。但以为这就完成创业教育的任务,则是把创业教育简单化了。通过课程或讲座,只是把别人的创业理念、经验告诉学生,学生如果学了经验,则只会按部就班,按规定和程序办事,不能提高他们的想象力,增强他们的求异思维。

创业教育最重要的是创业环境的形成和创业基地的建设,引导学生接触社会、接触生产实际问题,让学生思考和研究现实问题。如果没有这样的环境,学生很难有创业的动力。教育部曾指定清华大学、上海交通大学、南京财经学院、黑龙江大学、中国人民大学、北京航空航天大学、西安交通大学、武汉大学、西北工业大学等 9 所大学为创业教育基地，其实不止这几所。据我所知，创业教育平台做得比较好的也不一定是这些大学。我曾看过的桂林电子学院的创业教育平台就搞得很好，大连的东软学院把创业平台设在自己的软件园中，效果显著。现在，许多大学都设有创业教育平台或称基地，提供学生创业基金、解决学生创业条件，充分重视创业教育，让学生在毕业之前，有更多的创业技能与经验的准备。

但是创业教育很复杂，要达到成功有很多条件，一般不可能完全在学校里完成。首先，要有创业的精神。大学可以鼓励学生加强创新精神的培养，但在创业知识能力方面，学校只能做到一半。无论有创业教育平台也好，还是有创业教育基地也好，学校都只能做到一半，另一半还要靠学生到社会实践中去锻炼，到学校外面的创业实践中去摸爬滚打才能完成。创业经验也要在创业过程中自己体验，现在学校传授的创业经验非常受欢迎，觉得别人的经验很好，但就是学不来。其次，创业需要机遇。有创业精神、创业能力、创业经验，但是没有机遇也是白搭，而这种机遇往往不是学校能提供给学生的。20 世纪 90 年代，为鼓励大学生创业，让银行给学生创业贷款（当然是小额的贷款），后来银行不干了，原因在于学生创业的成功率很低。可见，学校应该看到自己能做些什么，不能什么都包下来，毕竟学校教育不是万能的。很多高校在开展"挑战杯"创业大赛，这对于学生创新精神与创业能力的培养有一定的作用，但也不能估计过高。据我所知，有些比赛成果的评价很好，但没有人要，转化不成生产力。倒是有些大家不是很重视的比赛成果，却有人要买专利。这说明创业要适应社会的需求。创业，不是以学术为标准，而是以社会实践为基地。

研究这个专题要求：（1）弄清楚创新精神、创新能力、创业精神、创新教育、创业教育几个概念的内涵与特征。为什么 1999 年的中央文件的提法，对创新教育提法是"培养大学生的创新能力"，而对创业教育只提培养大学生的创业精神？（2）总结某所大学比较成功或比较典型的创业教育经验。

专题 3.12　学分制教学计划的理论与问题

学分制是一种具有弹性的教学计划或教学方案。它是以选修制为前提，以学习量为计算单位的教学计划。它的本质意义是适应学生"个别差异"，促使学生"自由发展"，符合"以生为本"的理念。人们往往把它称为"教学管理制度"，不很恰切。因为作为管理制度，只是它的派生意义，而不是它的本质意义；只是从管理者的角度看它的作用，而不是从"以生为本"的角度下定义。这种弹性的教育计划，是为改善过于呆板的班级授课制度而产生的。它产生于欧洲的个别学校，盛行于美国，推广于向美国学习的许多国家，但不是所有国家都采用。中国在近百年前就引进这一教学制度。1922 年，当时的教育部颁布"新学制"，就正式对大学和中学颁行选修制和学分制。中学的选修制与学分制到 1932 年被取消，而高等学校除个别外，一直沿用到新中国成立初期。1952 年学习苏联教学计划，才改学分制为学年制并基本取消选修课程。"文化大革命"后，有些高校开始试行恢复学分制。近年来，教育政策规定采用学分制，大多高校实际上仍是名为学分制，实为"学年制 + 有限的选修制"。但对于学分制的争论仍很多。研究学分制的文章，包括理论研究、经验总结、改进措施，多得很！

我们高等教育科学研究所历届的硕士生、博士生，就有不下 10 篇有关学分制的研究论文。为了研究，就得查阅国外文献，发现国外文献关于学分制的理论研究文章很少很少。即使有所涉及，也都很简单。为什么？

一方面，因为学分制的意义、学分制的优点与缺点，都早有定论；学分制的要求与做法也很简单。而中国却把它弄得很复杂甚至很神秘。例如，认为"真正的学分制"，必须是规模很大的多科性大学才做得到，因为一所大学，必须能开出几千门选修课程；必须有大批学术造诣很高的教师，如此等等，才能推行"真正的学分制"。把许多并非学分制的东西都作为实行学分制的前提条件或构成要素，否则就不是"真正的学分制"。

另一方面，许多所谓学分制教学计划，实际上仍是苏联的学年制教学计划：不以学分为计量单位而以上课的时数为计量单位；不但统一规定必修课的修习年级，而且选修课也定位于某一年级。不能适应"个别差异"，不能让学生有自由发展的选择，就会失去"学分制"的本质要义。

1949年前，我念大学时，大学所采用的就是学分制教学计划。那时全校只有十几个系，讲师以上的教师不到百名。全校必修与选修课程，总共也就是400~500门。必修课可以在不同的年级学习，选修课可以选本系的，也可以选外系的，每位同学的课程表都有所不同。学分制似乎并没有今天人们所设想的那样复杂。

关于学分制的基本知识、优点缺点以及从学分制衍生的"绩点制"，我在《高等教育学讲座》（1993年版）的第五讲第一节已有论述，不再介绍。

研究这个专题要求：（1）说清楚学分制的本质意义、基本规定、主要优点与问题。（2）说明当前中国讨论学分制的文章，有哪些是值得重视的，有哪些是并非谈学分制的问题，并提出你的意见。

专题 3.13　传统教学方法与教学方法改革

传统的教学方法，是无数教师在长期的教学实践中所形成的。我在《高等教育学》中，把它归纳为：

（1）课堂教学，包括课堂讲授、课堂讨论（习明纳尔）、实验课、练习课（课堂作业、制图课）等。

（2）现场教学，包括参观、调查、实习、实训等。

（3）自学指导，包括布置与检查作业、读书指导（查阅文献、信息库的指导）、复习、练习等。

（4）科研训练，包括学年（学期）论文、毕业论文、课程设计、毕业设计、参与或自主承担科研课题等。

（5）学业成绩的检查与评定，包括平时测验、期中考查、期末考试或考查、学位论文评审与答辩、评分与评语、专项考核（外语、计算机等级考试、技术证书考试）等。

这些形式，形成了传统教学方法体系。

面临新的形势、新的教学理论、新的信息技术的出现，教学方法也要不断改革，有所创新。普通中小学出现了许许多多新的教学方法，令人目不暇接。高等学校新的教学方法虽然较中小学少，但也时有所提倡。比较成熟的有发现法、问题教学、案例教学法以及微课、慕课等，还有各种自学指（辅）导方法、教育技术应用方法。还有国内从事"大学学习学"研究的教授们，从"学"的角度提出新的学习策略与指导学生学习的方法；国外学者在后现代主义、建构主义的理论基础上，提出一些教学策略、教学方法等。但大多数只是设想或个人经验，未经充分试验，尚不成熟。所以这个专题，只要求从传统教学方法体系中抽出最常用、最具典型性、普遍性而又被质疑、批评最多的课堂讲授；从现代教学方法改革中抽出运用较广、比较成熟的案例教学法，作为本专题讨论的对象。

课堂讲授，是一种最古老的教学方法，也是现在仍然被广泛应用的教学方法。要弄清楚为什么它是传统教学方法中主要的教学方法；案例教学法是从国外引进的现代教学方法，广泛用于管理课程、法律课程和临床医疗教学中。但引进之后，由于理解不同、教学习惯不同，在实际运用上差异很大，甚至有的误用了。有必要对这种教学方法的实质意义及其适用范围，在运用中对学生尤其是对教师的要求弄清楚。

在新的教学理念影响下，尤其是"信息网络"进入教学领域之后，新的教学方式方法更是层出不穷，翻转课堂、微课等，都值得重视。但是每种方法都有其是否适用的问题。

研究这个专题要求：（1）对传统教学方法做出恰当的评价——可以以课堂讲授为主要评价对象。（2）对现代教学方法进行梳理，并对其中某一教学方法进行评价——可以以案例教学法作为评价对象。（3）如何理解每种教学方法，都有其一定的适用性和局限性。为什么没有一种普适性的"最佳教学方法"。深入理解在教学方法运用上，"法无定法""有法而无法"的含义。

专题 3.14　回归"大学的根本",重建基层教研组织

由经济合作与发展组织所发动组织的国际学生评估项目（Program for International Student Assessment，简称 PISA），测试 15 岁的中学生在阅读、数学与自然科学的素养。中国上海于 2010 年按规定抽取一批中学生参加。在此之前，韩国、新加坡、中国香港、芬兰曾分别排在首位。中国上海参加之后，每届三项均排在首位，总成绩远远超过其他国家和地区，国际为之震动。不少国家来上海调研，英国还派出大批中小学教师来上海学习，上海师范大学为英国教师办学习班；上海一批中小学教师应邀到英国传经送宝。国外调研除了提出中国基础教育学习时间长、课程内容深、重视应用知识解决问题等之外，特别发现中小学的教学基层组织——教研组在均衡教育发展、提高教学质量上所起的作用。

教研组这种基层教研组织，是中国于 20 世纪 50 年代初学习苏联时引进的。当时各级各类学校建立了教研组。中小学的教研组，主要有学科教研组和年段教研组，起组织集体力量，保证和提高教学质量的作用。至今仍然在起作用并不断改进加强。而高等学校的教研组（后改称教研室）却逐渐式微，有的高校仍存在，但却名存实亡，不起教学组织作用；更多的已经不存在，代之而起的是课题组、研究室、研究中心、研究所等。

20 世纪 50 年代初，高等学校引进教研组（教研室）时，不但学校重视，教师也很主动。当时我正从中国人民大学学习回校，将中国人民大学的做法搬到厦门大学来，并负责全校教研组的推动工作。当时教研组的主要活动内容是讨论教学内容、学习方法、实验实习方案、考试和辅导等问题；组织新课程和助教试讲、组织相互听课、观摩等。当时不但年轻教师（助教）很重视，教授们也很主动。助教通过教研组活动，可以得到资深教师的帮助。资深教师则通过教研组的集体讨论，避免在理论观点上出错误。但是到 50 年代后期，就逐渐行政化为基层管理组织，除了传达上面的指示和政治学习之外，还有发放工资、票证的庶务。"文化大革命"之后，有的不存在，有的改变为

科研组织。

为什么学校基层教学组织教研组（室）在中小学仍存在并起保证和提高教学质量的作用，而高等学校却消失或蜕变为科研组织？不只是"学苏学美"或"行政化"的原因，主要是"重科研、轻教学"所形成的。大学教师本来就有重科研、轻教学的自发倾向，教师业绩考核、职称提升，又以科研成果、科研经费、论文篇数与发表刊物为依据。教学只要满足工作量，不出大问题就行。为了提高教学质量，教育管理部门出台了许多政策措施，例如设置优秀教学成果奖、评精品课程、精品教材、评选名师、规定教授必须为本科生授课等，但都缺乏制度保障。2012年，教育部《关于全面提高高等教育质量的若干意见》，重新提出"完善教研室"。应该如何完善？在理念上，黄达人教授等提出"回归大学的根本"。但在具体政策和做法上，有待大家的探讨。

研究这个专题，可以参考本院洪志忠老师所写的论文《高校基层教研室的淡化与重建》。

研究这个专题要求：（1）探讨教研组（教研室）在提高教育质量上所起的制度保证作用。（2）调查研究某一所高校教研组（教研室）存废的经过。（3）提出如何重建基层教研组的建议。

专题 3.15 学业考试的功能与问题

学业考试及其评定,是教学过程的有机组成部分。它的作用,一般是指在教学过程终端的评估与反馈。生产过程、工作过程、教学过程的终端,都有评估与反馈的环节。评估与反馈,都要通过一定的检查手段:生产过程叫作检验与报告,工作过程叫作检查与总结,教学过程就叫作考试与评分(或评语),如果不是在终端而是在中间,则一般叫作测验、考查。

这一终端环节,由于它的重要性与特殊性,在教育学或教学论教科书中,一般另设专章研究,还有一门独立设置的学科称为"考试学"。

作为教学过程组成部分的学业考试的功能包括以下四方面:

(1)学业测量,包括学生掌握知识的数量、质量,技能的准确与熟练程度等。

(2)信息反馈,肯定学习成绩,发现学习上的优缺点及存在的问题。

(3)根据反馈信息,改进学习,改进教学,也改进教学管理工作。

(4)稳定教学秩序,保证教学工作有序地运转。

因此,不能把考试简单地理解为教师考核学生。考试的结果,既反映学生的学习效果,也反映教师的教学效果。直接考学生,间接考教师,也为教学管理部门提供改进管理工作的信息。例如,某门课程或某道考题,全班学生都考得高分甚至满分,或者都考得不及格,那就不是学生学习上的问题,而是教师教学上或命题上的问题。教师和教学管理部门,都要根据反馈的信息,找出问题所在,改进教学与考试。

一般人看到的考试问题,往往只是考试作弊问题,对策则是就事论事地采取防止考试作弊、惩罚作弊的办法。作为教育理论工作者,对作弊行为应当有较深层次的认识。与其被动地防止、消极地惩罚,不如主动积极地采取各种疏导的方法。对于大学生,能否较多地采取"不可能也不必要作弊"的考试方式方法,如开卷考试、面试、做学术报告或写小论文之类。也可以改变一次性的终结性考试为多次性、多样化的考查、测验。对于研究生的学业检查，更应当改变一次性闭卷考试为多次性、多样化的检查与评价。我们这门课程，就不搞一次性的终结性考试。

研究这个专题要求：(1)阐释学业考试的意义和功能，指出对考试有哪些错误的或不全面的认识。(2)说明你或你过去的老师是否曾经采用过哪些你认为较好的考试方式方法。(3)选择一门或两门课程，设计检查学业成绩的方案。

专题3.16　根据"以生为本"的理念，探讨高校学生管理制度的改革

　　社会"以人为本"，相应的，学校应当"以生为本"。"以人为本"，也就是"民主"的基本含义。人民是国家的主人，社会主义国家，干部是为人民服务的"公仆"。在这个意义上，学生是学校这个社会的主人，教师、职工是为学生服务的"教仆"。教师，主要在教育、教学上为学生服务；职工，主要在管理、生活上为学生服务，使学生能在安定的学校秩序中，和谐的校园环境中学习、成长。我们说，管理也是服务，说的就是"以人为本""以生为本"的管理工作。

　　但是，在我们国家的社会管理工作中，在我们学校的学生管理工作中，存在许多违反这一理念的规章、方法，事实上不是以人为本、以生为本，而是以管理者的权力为本；不是为人民、为学生服务，而是从维护权力或便于控制出发，使人民、学生服从。服务异化为使服从。

　　政府部门，如果失却了"以人为本"的服务观念，就往往从行使权力和维护秩序的需要出发，制定了一些非人性化的法规、条例，要人民服从；学校行政部门，如果失却"以生为本"的服务观念，也往往从加强管理和工作方便的角度出发，制定管理学生的规章、条例，限制学生的自由发展，而许多规定是违反教育规律的。有许多习以为常的规定，如不得转系转专业、不得补考、图书馆与实验室节假日不开放，北京有的高校还沿用机关旧习惯，星期天食堂只供两顿饭。这些规定，有的已稍有放松，更多的还是改变不了。改变不了的理由无非是影响学校的计划、增加管理难度或增加管理者的工作量等。拿补考来说，补考是有教育上的积极意义的：教育就是要令学生得到发展，补考有利于促使学生发展。当学生某门课程不及格时，为了补考，要经过一段时间的自学，提高了，达到了一定水平，这就是发展。北京工业大学，曾经有一个很好的规定，学生为了拿更高的成绩，可以经过多次重考。例如，第一次只考了个60分，不满意，可以申请重考。重考70分，还不满

意，可以申请再考。经过不断的努力，得到一个满意的成绩，就代表他已经发展到某一高度。这是符合"以生为本"和"教育就是发展"的理念的。当然，会有许多教师反对、教务干部反对。听说现在还不这样做。厦门大学高等教育科学研究所的博士生，完成博士论文的时间，或快或慢。6月的答辩时限，许多人来不及；12月的第二次答辩，等待时间又太长，有的要在9月开学前拿到毕业证书，才能就业。为此，我们规定了9月增加一次答辩，共3次答辩时间。大家知道，组织一次答辩，要将论文寄出请专家评审，要从外地请专家组织答辩委员会，工作量很大。但是，"以生为本"，为博士生服务，我们这样做了。

当然，学生管理工作要"以生为本"，并不是不要维护教育秩序、教学秩序；为学生服务，不是可以不要服从。服从是为了维护秩序，维护秩序是为了保证学生能在和谐的校园环境中更好地发展。也就是说，出发点和归宿都是"以生为本"而不是以管理者的权力与方便为本。

研究这个专题要求：（1）从理论上辨明"以生为本"这一理念的真实含义。（2）通过调查，发现学校的学生管理工作，有哪些是正确的、必要的，有哪些违反"以生为本"的规章制度。提出改进的建议。

专题 3.17　校园文化在高等专门人才培养中的作用

　　校园文化是素质教育的重要平台，它对专门人才的人文素质养成具有重要作用。然而，校园文化的作用经常被办学者所忽视。在我国，办学者往往对校园中的校舍很重视，很多大学的校舍搞得很华丽，不惜花钱建造堂皇的校门，却对整个校园文化并不很重视。外国的大学恰恰相反，比较重视校园文化建设，而不太在意校舍、校门的新旧与是否富丽堂皇。我去过英国的牛津大学、剑桥大学，它们都是与街道混杂在一起；东京大学的大门就开在一条狭窄的街上，低矮而不起眼；著名的巴黎高等师范学院只是街道旁边一座小庭院。但是，如果说起欧洲国家大学校园里的雕塑，那我们的大学就差得远，很少看到体现人文、科学的精品。厦门大学算是比较好的，除了创办人陈嘉庚、林文庆、萨本栋、王亚南，还有革命烈士罗扬才、文学家鲁迅、科学家卢嘉锡等的塑像。

　　校园文化有广义和狭义之分。广义的校园文化是指高等学校生活存在方式的总和，包括学术文化、制度文化、精神文化、物质文化（也包括校舍、校门）等，是有形的和无形的校园文化的总和。狭义的校园文化特指一所学校在历史发展中所形成的精神文化，简单地说就是校风。校园文化，尤其是狭义的校园文化或校风，对外是独特的，是与别的大学不同的，每所大学都应有自身独特的文化；对内是共同的，是一种维系大学独特精神的力量，是生活在其中的师生的一种认同感与凝聚力。校园文化对生活在里面的人，特别是学生的人生观和价值观的形成起着不自觉的熏陶作用，这也是我们常说的"润物细无声"的作用。这与显性的教育不同，显性的教育今天告诉你一些新的东西，明天增加一些新知识，而校园文化是无时无刻都在起作用的。专门人才的稳定的、内在的素质，应该是在大学校园生活里基本形成，不管是有意还是无意的。例如，有的人在厦门大学念本科后接着在厦门大学继续念硕士和博士，他就说自己是一个"厦大人"，厦门大学给他的熏陶和影响是终身的。当然，校园文化对人的影响因人而异，有些研究生到学校后，三天两头来回跑，甚或开学注册后就跑掉了，也就失去了校园文化对他们的熏陶的机会。这是难以弥补的遗憾。

关于校园文化的内容，在《新编高等教育学》里面已经有详细的说明，这里不再赘述。我只说，真正的教育家如果要办好一所学校，不仅要考虑这所大学要招多少学生，要聘多少老师，要开多少课程，要搞什么科学研究，还要重视校园文化的建设。蔡元培一到北京大学就开始着手改掉老北大的种种陋习。第一，他规定北京大学的学生不许带仆人上学。那个时候，上北京大学的学生都是达官贵人的子女，很多学生上学时要带仆人，犹如以前富家子弟参加科举考试时所带的"书童"一样，仆人要帮忙跑腿、烧饭等。第二，他组织"道德会"，要求大家讲道德。蔡元培觉得北京大学的校风很不好，学生中升官发财的思想很严重。当时，北京大学的许多教师同时也是政府官员，许多学生就跟在他们后面巴结，希望将来有升官的机会。蔡元培指出，学生到学校来是为求学而来的，而不是为了要当官而来的。第三，组织各种社团，支持学生创办各种刊物，在学校里提倡学术自由……蔡元培来到北京大学进行一系列的改革后，短短几年，北京大学的学术气氛很快就浓厚起来了，师生的思想活跃起来了。过去，北京大学那些死气沉沉、官僚、腐败的东西被一扫而空。正是因为蔡元培抓校风，抓校园文化建设，五四运动是北京大学学生带头发动的。

关于校园文化的作用，我再给大家举两个例子。一是中山大学在珠海办了一个自己的分校。珠海特区本来要办一所珠海大学，房子盖起来了，校舍很壮丽，在两座小山之间一字长楼。但有人认为，不管你怎么办，一时也很难办出一所高水平的大学来。因此，珠海就把已经盖起来的大学无偿地送给中山大学，请中山大学来办分校。中山大学欣欣然接受，安排院系去那里。因为广州是个人文荟萃的城市，而珠海则只是一个尚待开发的特区，大家不愿意到那里去做学问。最后中山大学只好让一年级、二年级的学生到珠海校区上学，本来中山大学的校园文化是很独特而深厚的，这种深厚的文化，主要是通过师生一届一届地传下去的。低年级的学生入学之后，受到高年级学生的影响而继承下来，绵延不绝。但是，新校区缺乏这样的文化环境，新生不能从老生那里接受熏陶，而且老师上完课就走了，怎么建立校风和校园文化？结果是一年级、二年级的学生一点都没有受到中山大学传统的校园文化的熏陶，等到三年级到广州校区时，这些学生已经变成老同学，有自己的行为习惯，不容易接受中山大学的特殊文化熏陶。对于存在新老校区的大学而言，现在这个问题很难解决。厦门大学原在漳州设新校区，一、二年级在新校区上学，也同样存在这个问题，使一些对母校怀有深情的校友感到痛心。把一、二年级新同学同三、四年级老同学隔离开来的做法不利于优良、独特的校风的形成。现在已经纠正，从2012年度开始，一、二年级学生同三、四年级学生已在一起学习、生活。这里，我们是从反面来说明校园文化的作用的。

环境对一个人的影响很重要，校园文化体现一种特殊的环境，它包括大环境、中环境、小环境。为什么我们厦门大学高等教育研究所坚持每周一次学术报告和学术沙龙呢？就是要保持浓厚的学术气氛。现在硕士生也好，博士生也好，大家都很刻苦地在学习，但我们也要彼此相互学习，学习别人的经验。看到别人做报告，自己却拿不出东西来会有压力，会要求进步，对营造学术氛围极为有利。王亚南校长对厦门大学的重要贡献之一，就是营造了厦门大学学术研究的气氛。他带头上课、做学术报告，在家里开学术讨论会、参加各系的学术活动，每年组织一次全校的学术年会。令人感到可惜的是，虽然他名义上做了17年的校长，但实际上他只主持了6年左右的领导工作。不过，就那几年，他营造了厦门大学学术的气氛和研究的气氛。我经常说，萨本栋校长营造了厦门大学勤学苦学的学习气氛，而王亚南校长则营造了厦门大学浓厚的学术研究的气氛。只可惜这些气氛因为后来一次又一次的运动而受到了严重破坏，我们现在要大力提倡和恢复。

刚才我们所举例子，像北京大学、中山大学、厦门大学，都是一些研究型的传统大学。如果不是传统大学而是新办大学、高职院校，这些学校要不要营造校园文化？要不要培养校风？或者说，高职院校的学生要不要进行人文素质教育？过去，我们有一个不全面的认识，即高职学生就是要学好一技之长。这一点没错，但是高职学生一样得接受人文素质教育。怎么对他们进行人文素质教育呢？是不是再增开一些素质教育课程？高职院校的学生只有两三年的学习时间，他们还要用40%以上的时间学习实际的操作技术，如果跟普通本科大学一样，再增开几门素质教育或通识教育课程是不可能的，也不是明智之举。因此，高职院校更要依靠校园文化来对学生进行素质教育，比一般大学还重要。几年前，有几个研究生到顺德职业技术学院去参加他们学校制订发展战略的研讨会。我就叮嘱他们，高职院校要加强学生的思想道德教育特别是职业道德教育，但不要增开素质教育课程，应注重隐性课程的建设。这所学校现在办得不错，整个学校以"智慧门"为中心，形成了良好的校园文化。还有许多高职院校，像浙江宁波职业技术学院、广州番禺职业技术学院等，这些高校只要进去，就会感觉跟我们厦门大学不同。校园文化只能由自己亲身去体会，是很难用语言来表达的。2006年，我们到四川影视学院考察了几天，就说他们学校是"最具魅力的学院"。例如，该校的学生每天早上很早就起床练声，而且都是自觉地练习；他们开服装模特展示会，自己设计、自己剪裁、自己当模特，衣服与人融为一体而不是把模特作为衣架。2014年，我们又带了一批博士生去感受这所学院的大学生对学院的认同感与自豪感。如果你问四川影视学院的学生是否愿意到所谓一流大学去念书，他们恐怕都不愿意的。这里面就有校园文化认同的原因。

  研究这个专题要求：（1）说清楚校园文化在素质教育中的重要作用。（2）最好做一次有关校园文化的调查分析。

专题 3.18　高等教育的质量保障与评估

一般认为，高等教育质量保障就是质量评估。这是倒果为因、本末倒置的认识误区。评估是办学者与管理者用以保障质量的手段之一，但不是全部。

保障教育质量，应贯穿于教育教学的全过程。主要应抓好教学的要素。

教学有哪些要素？历来教育学所提出的，有三要素论、四要素论、五要素论等。三要素论指的是学生、教师、教材，四要素论加上管理，五要素论加上环境……因此，提高与保障教育质量，应当着重抓的是：

学生——生源、学习精神与学习态度等；

教师——学术水平、教学能力、师德等；

教材——广义的教材，不仅是教科书，还包括教科书与学生中间的中介体；

管理——制度、组织与指导（包括评估）；

环境——校风、校园等。

每一要素，都对质量起作用。其中最重要的是教师这一要素。生源很重要，如果教师队伍强，生源较差的高校，也能培养出优秀的人才；抗战时期，云南的国立西南联合大学、长汀的厦门大学、四川的同济大学条件虽然很差，但在培养人才上，却都写下了光辉的历史。

至于评估，也是管理要素的一项。正如考试对教学过程的作用一样，评估对质量的检查与反馈，也起一定的质量保障作用。评估对高校的自我认识、社会的监督、教育管理部门的调控，都有积极的意义。这一积极的意义，正如中国高校本科教学工作评估所说的："以评促教、以评促建。"对教育质量的保障与提高，起着引导、激励的作用。关键在于如何评估？谁来评估？以及对待评估的态度、评估结果的处理等，是否得当。如不得当，可能不能起积极的质量保障的作用而产生负面的影响。

大家都知道，中国现行的教学工作评估，问题很多，意见不少；对高校其他工作的检查、评估，过于频繁与烦琐，影响高校的正常秩序和正常工作。

全国教学工作评估制度，已出台新的方案，正在试行中；其他烦琐的检查与评估，也有所改善。因为本门课程是高等教育学专题研究，这些实际中存在的现象、问题与改革，将留给另一门课程即"高等教育质量评估"去研究。

研究这个专题，可以从教学过程几个要素讨论质量的保障，也可以着重讨论某一要素对保障质量的作用。

专题 3.19　高等教育的质量建设

高等教育的质量保障有赖于高等教育的质量建设。高等教育的质量建设是一个国家，也是一所高校基本的庞大的系统工程。

联合国教科文组织在《21世纪高等教育：展望和行动世界宣言》中指出："高等教育质量是一个多层面的概念，应包括高等教育的所有功能和活动：各种教学和学术计划、研究与学术成就、教学人员、学生、楼房、设施、设备、社会服务和学术环境等。"所以，高等教育质量建设，是一个庞大的工程。根据中国高等教育多年来改革与发展的实践经验，可以提出这样的基本框架：转变思想是前提；体制改革是关键；课程与教学改革是核心；优化生源、教师队伍建设、增加经费投入是保证；评估体系建构是准绳。

对于这一庞大的系统工程，需要集合科学研究、人才培养、社会服务、文化传承于一体的理论与实践的平台；需要科研人员、大学教师、技术人才以及设计、管理人员的合作。也就是，必须有计划地成立协作创新中心，多方协作，共同承担质量建设的理论研究和实践推行的任务。在中国，这一中心平台正在积极组建中。

研究这个专题要求：（1）对整个质量建设工程有一个概括的认识。（2）可以就框架中的某一项进行探讨。

专题 3.20 转变外延式发展为内涵式发展，提高教育教学质量

外延和内涵，本来是形式逻辑关于"概念"的规定。外延指概念的范围，内涵指概念的本质。由于有"外""内"之别，时常被借用泛化为事物的"外"与"内"。在我国高等教育发展史上，有两次提出要转变外延式发展为内涵式发展。第一次在20世纪90年代，当时沿海各省的高校纷纷要求增加招生名额，以满足培养专门人才的需要。政府主管部门也同意适量增加一些大学生，但增加大学生应当兴办新校还是扩充老校？新办高校（外延式发展）投资量大，而扩充老校（内涵式发展）投资较省。为节省投资，政府部门提倡内涵发展。全国一直保持1 000所高校左右，由于高校合并，全国高校数量不增反降，如1989年为1 075所高校，1998年减少至1 022所。即使是1999年开始大扩招，政府仍然不允许新办高校，只是通过"三改一补"，改设若干专科层次的高职院校。一直到2002年，高等教育已经进入大众化阶段，才有限度地陆续增设一些本科高校。

近年来，第二次提出要转变外延式发展为内涵式发展。外延式发展是指许多办学者致力于提高学校的社会地位：高职院校追求升本，学院要求改称"大学"，大学致力于列名"211""985"以及"双一流"等，而对于教育、教学质量的提高不够重视。相对于外延式发展，提高教育、教学质量被称为"内涵式"发展。重视"内涵式"发展是正确的，也是急需的，尤其是作为高等教育基本的本科生教育，应是当前内涵式发展的重点。但是这种转变，难！社会（包括学生和家长）一般是根据外延的提高来评价一所高校的。外延的提高有利于高校招生：从三本进入二本、二本进入一本、一本成为精英大学。只有提高外延，才能招到高水平大学生，才能发展内涵。因此，内涵式发展不能只靠社会的评价，应当从改变评价制度着手，尤其是对于大学本科——高等教育基本部分的评估。即从"重科研轻教学"改变为首先以评估教育、教学为主。有远见的大学，应当以大学毕业生（校友）在毕业五年后

的社会地位与社会贡献作为内涵式发展的依据，从而逐渐改变社会的观念。

"内涵式"发展的内涵，包括课程、教学、教师三个组成部分，也还应加上行政管理工作者。

课程建设，很容易被理解为开设"精英课程"、编写"精英教材"。精英课程、精英教材当然是必要的，但更重要的是开设各层次、各类型的应用型、技能型课程，编写适应各类型院校和适应地方需要的教材。安徽许多地方院校就曾因为找不到符合地方院校需要的教材而不得不自己组织起来，合作编写地方教材。

由齐齐哈尔工程学院曹勇安校长等发起组织的"应用型课程建设联盟"的活动，就在"内涵式"课程发展上做了许多工作，收到很好的成绩。该联盟由31所地方职业院校组成，针对"重教轻学、重理念轻实践、重培训干部轻培训教师、重硬件建设轻软件建设"的现状协商发起，由中、高、本、研四个层次培养应用型人才的院校组成。其宗旨是：在专家团队指导下，以市场需求为导向，将符合本校本地区实际的应用型教育理念转化为具体实践，引领更多的校长了解课程建设的规律，带动更多的教师掌握课程建设的方法，使得更多的学生享受课程建设的快乐。[①] 自应用型课程建设联盟成立以来，先后在齐齐哈尔市、安阳市、昆明市、北京市、成都市、厦门市，举办了多期应用型课程建设大课堂活动，交流了许多应用型课程建设的经验和实践案例，对内涵式的课程建设做了切实有效的工作。

如果内涵式发展的课程建设所指的是用什么内容来培养专门人才，那么教学建设所指的就是用什么方法来培养具有创新能力的专门人才。教学建设是一个比课程建设更为复杂、多样的问题。传统以课堂讲授为主的教学活动仍然是基本的，因而讲好一堂课仍是大学教师基本的能力；在教学过程中，教师仍应起主导作用，但必须充分发挥学生的主体性、自主性。近年来流行的案例教学法、翻转课堂，都是为了更好地发挥学生在学习过程中的自主性。将网络引入教学过程，更有广阔的空间，"慕课"就是最受热议的一种，除此

---

① 应用型课程建设联盟简介［EB/OL］.［2019-08-28］. http://www.csdp.edu.cn/onepage40.html.

之外，还有许多虚实结合的"微课"。总之，教学方法的改革或建设，没有一种最佳的模式或最优的方法以适应一切的教学。重要的是，教师掌握教学原则，灵活机动地应用适当的方法。因为教学是一种艺术，艺术没有固定范式。正所谓"法无定法，有法而无法"。

课程、教学都是由教师来掌握、运用的。对于大学教师的发展，许多高校已经有所认识并建立了新的大学教师发展中心，如何促进大学教师的自我发展、自主发展，是高等教育内涵式发展的根本问题、关键问题。

"内涵式"发展的第四个"组成部分"——行政管理工作者可能起着决定性的作用，决定"内涵式"发展能否实现。

研究这个专题要求：（1）逐一审视"内涵式"发展四个组成部分的作用。（2）如果你是行政管理工作者，将如何对待"内涵式"发展——如何解决从外延式发展转变为内涵式发展的问题？

专题 3.21　高等学校章程的制定与执行

高等学校章程，通俗称为"大学章程"，是建设现代大学制度的基础。《国家中长期教育改革和发展规划纲要（2010—2020 年）》指出：要"适应中国国情和时代要求，建设依法办学、自主管理、民主监督、社会参与的现代学校制度"，要"加强章程建设。各类高校应依法制定章程，依照章程规定管理学校"。其实，不论是《中华人民共和国教育法》还是《中华人民共和国高等教育法》，都规定在申请设立学校时，就必须有学校章程，并规定学校应"按照章程自主管理"（《中华人民共和国教育法》第二十八条第一项）。《中华人民共和国高等教育法》还规定了章程应规定的 10 款事项。但历来人们都不把章程当一回事，致使章程似有如无。《国家中长期教育改革和发展规划纲要（2010—2020 年）》，并且指定几所老大学制定示范性章程。为什么学校章程似有如无呢？因为人们并不照章办事。

因此，今天建设大学章程，必须从两个方面建设：其一，是章程规定事项的建设。其二，是章程如何执行？执行力度的建设。

关于规定事项，《中华人民共和国高等教育法》第二十八条已有具体的规定，如办学宗旨、规模、学科门类、经费来源、举办者与学校之间的权利、义务等。这些事项的规定，必须体现：现代化合理定位、大学特色、国际化等，尤其应当体现大学的相对自主权。

这些内容的制定，经过借鉴、研究都可办到。如有不妥，还可修订。但如何执行？谁来执行？却是章程会不会形成空文的关键。

大体说，让师生和一般职工遵守不难。难在大学的领导能否遵守？实行校内民主管理，领导一般也能遵守。更难的是政府管理部门，要不要按自己所批准的，或立法部门所批准的大学章程来管理学校？如果管理部门新出台某些政策文件，其所规定同大学章程不符、矛盾，学校是遵守政策文件的新规定还是遵守大学章程？因此，如果行政化管理模式不取消，大学章程很难充分执行。

研究这个专题要求：（1）介绍国内外某些大学章程的内容及其执行情况。（2）总结某所大学（最好是所在的高校）执行过程中的经验与问题。

专题 4 潘懋元文集
PANMAOYUAN WENJI

高等教育宏观问题的国际比较

与顾明远夫妇在一起

专题4.1 20世纪世界高等教育的回顾

从本专题开始，是对高等教育进行国际比较。为什么要从国际比较的视角研究高等教育？因为我们现在虽然主要是研究中国高等教育，但研究中国高等教育必须在世界高等教育的大背景下进行。本专题为"20世纪世界高等教育的回顾"，20世纪是整整100年，的确有点长，而且世界范围又是如此之大。基于这样的考虑，我们着重考察第二次世界大战之后世界高等教育在三个方面的发展与变化：一是高等教育数量的增长，二是高等教育模式的变化，三是高等教育新理念的出现。

首先，高等教育数量的增多。第二次世界大战之后，世界大学生数量的增长速度很快。1950年，全世界大学生数大体上是650万，1960年则达到了1 210万，翻了一番；到1970年达到2 810万，翻了一番多；1980年和1990年分别达到了5 100万和6 860万。到20世纪末的1997年，更达到8 820万，大体上看，20世纪下半叶，高等教育的绝对数量每过10年几乎都要翻一番。现在，全世界大学生到底是多少呢？从1993年到2007年，又翻了一番，1.5亿多！同时，高等教育毛入学率增长也很快，1990年全世界高等教育毛入学率平均达到18.8%，2007年达到26%。这个数字是包括撒哈拉大沙漠以南的那些国家的。现在北美、欧洲、亚洲发达国家都处于后大众化阶段，有的已处于普及化阶段，许多发展中国家也进入了大众化阶段。相对而言，欧洲发达国家高等教育数量的增长比较平缓，但高等教育毛入学率基本上也已达到40%以上。中国从1999年扩招以后的10年间，增长速度是世所罕见的，目前，高等教育毛入学率已达到40%，即将进入普及化阶段。

第二，高等教育模式日益多样化，逐步从单一到多元。过去，大学主要是全日制本科，相对比较单一。现在，高等教育是多层次、多形式和多性质的。层次上有博士、硕士、本科、专科等多个层次。形式上包括全日制的、部分时间制的以及函授、电大、网络课程等多种形式。特别是高等学校性质的多元化。在蔡元培时代，大学就是研究高深学问的场所，现在只有研究型大学才以研究高深学问为宗旨，应用型本科、高职教育，都不是以研究高深学问为宗旨，而是以知识的应用为培养目标。可以说，多样化是世界高等教育变化的重要标志，也是世界高等教育发展的重要趋势。为什么会这样？因为经济社会发展需要的人才是多样的，高等教育的人才培养也应该多样化。

第三，提出了许多重要的高等教育理论和高等教育理念。这些理论或理念在高等教育实践中起着重要的作用，其中有两个理论与理念对20世纪后半叶高等教育发展的作用尤为突出：一是人力资本理论，认为教育不是消费性事业，而是生产性事业，国家对高等教育的投资，可以获得高额的回报。二是高等教育机会均等理论。过去，只有中小学或义务教育阶段存在教育平等之说，20世纪后半叶则提出了影响很大的高等教育机会均等说。这两个理论可以说是上述数量增长与模式多样化的助推力。当然，还有其他许多重要的理念，如高等教育大众化、高等教育国际化、合作教育等，影响也很大。

研究这个专题，不需要面面俱到，大家可以从上述三个方面着重回顾20世纪最重要的变化，也可以着重论证人力资本理论与高等教育机会均等理论的全球影响；以及大众化、国际化等高等教育理念的影响。还可以论述你认为重要的发展变化，例如巨型大学的出现与发展、宏观管理体制（集权与分权）的趋同等。

专题4.2 世界高等教育发展阶段论
——教育外部关系规律作用的必然性与问题

上一专题回顾20世纪尤其是第二次世界大战之后,世界高等教育数量猛增、模式多样化,这符合教育外部关系规律的必然性。为什么这么说?19世纪之前,虽然已发生初期的工业革命,但是生产力还很低,一般从事生产劳动的人员,只要有初等水平并掌握一些简单的生产知识技能就行。20世纪前半期,生产力有较大的提高,需要大批有较高水平的从业者,因而中等职业教育逐渐发达起来。第二次世界大战之后,有一个相对和平的时期,出现了新的工业革命(也称新技术革命)。生产技术水平更高,中等职业教育已经不够,应运而生的是专科层次的高等职业教育,其后更逐步提高到本科层次,要求培养应用型本科人才。

正是在这一背景下,美国教育家马丁·特罗提出了高等教育发展阶段论。按照教育外部关系规律,适应经济社会的发展,高等教育必须要从少数人享有的精英教育阶段,发展到多数人都能接受的大众化教育阶段,再发展至绝大多数人以至所有人都应接受的普及化教育阶段。不同的阶段,不仅是量的变化,而且是质的变化。精英教育阶段的高等教育,着重培养学术型人才,社会的精英分子;大众化教育阶段,精英教育仍然存在并有所发展,但大多数高等学校要培养适应生产技术和社会服务提高所需要的应用型多样化人才;至于普及化阶段,人人都应受高等教育,接受高等教育将从公民的权利变成公民的义务。现在中国高等教育,刚从精英阶段快速地步入大众化阶段,大多数高等学校教育的培养目标与规格、课程与教学、教师队伍的结构,应当往应用型、多样化方向变化。存在的问题是人的主观思想转变,落后于客观事物的变化。不仅是社会一般思想还停留在精英时期,认为大学毕业就应当成为高层精英人才;更重要的是从精英阶段过来,受过传统精英教育的专家、学者以及政策制定者,总是用传统的精英教育的视角、标准来评价大众化高等教育,制定大众化时期的教育政策。例如,用源于精英时期(甚至科举时期）的统一高考来为应用型、多样化的高等学校招生；用学术论著与论文的高低、多少来评价"双师型"教师；用学术水平来评价应用技术本科和高职院校的教学质量；如此等等，成为高等教育转型发展的阻力。

当前，中国的生产力正从粗放型向集约型转变，从劳动密集型向技术密集型转变；中国的经济结构，正从农业国转变为工业国并向社会服务型转变；中国的高等教育，必须适应经济社会转型发展。今天，高等教育有关转型发展的事件，都与经济社会的转型发展相关。例如，一般本科院校要向应用技术大学转型；职业院校要建立完整的职业教育体系，包括中职、职业专科、职业本科乃至应用专业研究生教育。这些都是符合教育外部关系规律的必然性的转变。当然也会遇到种种的难题，包括思想认识上的阻力和实务上的困难。

研究这个专题要求：通过一个或几个实例，分析高等教育发展阶段论的必然性及其面临的困难并提出你的意见。

专题4.3　21世纪世界高等教育改革发展的若干要点

上一专题根据教育外部关系规律，探讨高等教育发展阶段论的必然性与问题，这一专题要具体论述21世纪高等教育改革发展若干要点。关于这个问题，许多人写过文章，出版的专著也有几部，可以参考。我在这里所要介绍的是世纪之交，1998年，联合国教科文组织在巴黎召开的世界首届高等教育大会，通过的《21世纪高等教育：展望与行动世界宣言》（简称《世界高等教育宣言》）。《世界高等教育宣言》后来成为世界各国21世纪高等教育发展的行动框架，因此可作为我们展望21世纪世界高等教育发展趋势的参照系。

首届高等教育大会的召开，广泛征求各国意见，开了几次分地区的准备会，所以会议开得很成功，较好地反映了大部分国家的要求。《世界高等教育宣言》里提到的理念很多，下面挑选几个有关发展趋势的要点谈谈个人的见解。

（1）联合国教科文组织提交大会的政策性文件，提出"质量已成为高等教育中，人们所特别关注的问题"。并把"针对性、质量和国际化"三者作为21世纪初的政策重点。这是根据整个高等教育世界形势而提出的。正如上一课题所说，20世纪下半叶是一个高等教育数量猛增的时期，由于数量增长过快，优质教育资源的增长跟不上，导致质量下降，结构失调，这是普遍的现象。世界如此，中国更是如此。因此，中国21世纪初的教育发展战略，对义务教育是"均衡发展"，高中教育是"加快普及"，职业教育是"大力发展"；而对高等教育则是"提高质量"。《国家中长期教育改革和发展规划纲要（2010—2020年）》中有关高等教育的规划，可以说是围绕质量提高而展开的。因此，"质量建设"是当今高等教育发展的中心任务。

（2）"高等教育应根据受教育者能力，完全平等地对一切人平等开放。"高等教育对一切人平等开放，其条件是"能力"，即根据能力对一切人开放，而不是说"大学就是大家都来学"，还要凭能力。事实上，这是在重申并规范高等教育机会均等的理论。

(3)"高等教育的基本使命是促进整个社会的可持续发展和进步。"把可持续发展的理念,纳入了高等教育中。可持续发展作为高等教育的基本使命,高等教育成为世界可持续发展的组成部分。这就是前面专题1.9所讨论的"可持续发展——高等教育发展观"。

(4)"要使大学生具有各种选择入学和退学的灵活性。"人的一生中任何一个时候都可以多次进入大学,把高等教育与继续教育、终身教育结合起来。这条非常重要,我们的大学招生制度就根据这条原则而有所改变了。在入学年龄方面,现在已经不再在年龄上设限,超过25岁的人也可以进入大学了。其实,在西方高校,这条原则早已实施,只有在中国等少数国家原来还设限。现在放宽的也只有年龄限制,转学转专业等还基本上按计划经济时代所订的规章办事。学习年限,包括研究生的学习年限还有许多限制,说明计划经济时代的思维方式还顽强地起着作用。

(5)"要培养大学生创新精神和学会创业。"这个理念很重要,它告诉人们:"大学生不只是求职者,而且是职业的创业者。"计划经济时代,大学生就业是包分配的,现在要"双向选择"。大城市没有那么多现成岗位,怎么办?到农村去,到基层去,到西部去,自己去创造新的就业岗位。这不光可以解决就业问题,而且可以去创造更多的职业岗位。培养大学生的创新精神,将大学生培养成职业的创造者,是一种重要的高等教育理念。可参阅前面专题3.11"创新精神、创新能力的培养和大学的创业教育"。

(6)"高等教育质量是一个多层面的概念,应该避免用一个尺度来衡量。"精英教育有精英教育的尺度,大众化教育有大众化教育的尺度,我们要避免用同一尺度来衡量大众化阶段所有的高等教育质量,衡量标准应该多样化。但现在我们的高考制度,就是在用一把尺子衡量所有的考生;而我们原来的教学水平评估就是用一个评价指标体系衡量所有本科高校的办学水平,即无论是清华大学、北京大学,还是地方大学、新办院校、应用型高校,都是一个评价标准。这不符合现实,现在正在改变中。

(7)"应用新的信息技术来扩大接受高等教育的机会,包括建立虚拟的网络大学。"现在信息科技发展得非常快,对高等教育的发展影响非常大。网络课程、网络大学本来就是非常好的一种新的办学模式,而且很多试点学校发展得很好。"互联网+教育",如前面所言,前景广阔,方兴未艾。

(8)"要使发展中国家和转型国家从人才外流到人才回归。"应该说,这是替发展中国家和转型国家说话,因为这些国家培养的人才外流严重。联合国教科文组织100多个国家中,大部分国家是发展中国家;转型国家主要指苏联解体之后形成的各个国家以及东欧各国等。所以联合国教科文组织相对说,有发展中国家的声音。

(9)"所有学科的研究都应该受到鼓励,包括社会科学、人文学科、工程科学、自然科学、数学、信息科学、技术等全部学科。"这对中国具有很强的针对性,因为我国存在严重的重理轻文、重自然科学而轻社会科学的倾向。近几年,我国虽对社会科学、人文学科的研究较以往有所重视,但还远远不如对自然科学重视。就一个国家而言,各个学科研究都应该受到鼓励的提法,对发展社会科学和人文学科很有好处。

20世纪原来已经提出一些高等教育发展理念,如国际化、大众化等,加上上面所提的几条理念,可视为21世纪高等教育的发展趋势,毕竟理念意味着趋势所向。从总体来看,21世纪世界高等教育最为重要的发展趋势有两个:一是构建终身教育体系,形成学习型社会;二是新的信息技术在高等教育上的创新和应用,将会扩大人们受高等教育的机会,提高高等教育的效率。

研究这个专题要求:(1)简单介绍1998年联合国教科文组织通过的《21世纪世界高等教育宣言》的主要内容。(2)着重谈谈《21世纪世界高等教育宣言》里提出的某个高等教育发展趋势或理念。(3)提出自己对于发展趋势的预测。

专题 4.4 2030 年的高等教育愿景

联合国教科文组织在进入 21 世纪之际，提出了世界性的"全面教育理念"。15 年后的 2015 年，在韩国仁川召开的世界教育论坛上全面总结了 15 年的进展与可能面临的挑战，提出了第二个 15 年即 2015—2030 年的愿景，也就是指引未来 15 年全球教育发展的《仁川宣言》。《仁川宣言》将全球教育发展愿景概括为"确保全纳、公平、有质量的教育，增进全民终身学习机会"。这既是面向 2030 年全球性教育发展的愿景，也是各个国家、各级各类教育的愿景。对于高等教育来说，这些愿景对 2030 年的发展前景都有重要的意义。

（一）全纳教育（inclusive education）：让所有学生共同参与

全纳教育作为一种新的教育理念和教育思想，象征着一种新的教育价值观的兴起。全纳教育理念有助于联合国教科文组织所推行的"全民教育目标"和"千年发展目标"的实现。更关键的是，面向 2030 年，全纳教育思想将逐步为多数人所接受，随着各国高等教育陆续从大众化向普及化阶段过渡，也必然成为高等教育普及化阶段的基本理念。届时，所有适龄青年都应接受高等教育。从而，接受高等教育已不再是精英化阶段少数人的特权，或大众化阶段众多人的权利，而是所有适龄青年的义务。

全纳教育理念倡导包容，鼓励多元。包容是增进不同文明样态相互理解的基础，多元是繁荣人类文明财富的保障。每一种教育理念都是教育理论的积极探索，每一项教育行动都是推动教育发展的重要基础。全纳教育不仅在于让我们更好地理解教育世界，更是致力于有效地塑造教育世界。21 世纪的高等教育应具有可持续的普适性，既要保障所有适龄青年体验高等教育，又要鼓励更多的非传统学生重返大学课堂；既要积极推动公立高等教育的发展，又要为民办等其他类型高校的发展提供必要的支持；既要大力支持精英教育模式的发展，又要全面推动应用型高校的探索。

（二）公平：为了平等发展的权利

一个和谐的社会必然是一个人人享有平等受教育权的社会，是一个能有效支持能力发展和社会流动的社会,也是一个教育资源得以合理配置的社会。从国际上看,知识与技能对个人收入分配所产生的影响将越来越明显。尽管适龄人口中接受高等教育的比例不断增长,但仍有许多青年受家庭出身或其他条件的限制,无缘享有基本的高等教育资源,从而丧失了实现代际流动的机会。当一个社会的代际流动引擎逐步放缓甚至日趋停止时,社会的公平性就会降低,乃至消失殆尽。

目前,中国高等教育的公平问题主要表现为高等教育资源在城乡与区域之间分布不均衡。从城乡差异来看,出身于农村的高中毕业生享有优质高等教育资源的机会远低于出身于城市的学生。从区域差异来看,中国优质高等教育资源呈现从东到西逐步递减的趋势,并且此种趋势在市场经济的驱动下更加显著。随着国家"双一流"建设方针的出台,不少高校出现了非理性的"人才争夺战",导致西部高校出现严重的"人才流失"现象。从国际上看,中国、印度等不少发展中国家出现的持续性的"人才外流"现象也客观上反映了高等教育发展在国际上存在显著不平衡。

(三)质量:倡导多样化发展的标准

无论是在精英化阶段,还是在大众化或普及化阶段,质量始终是高等教育的生命线,只是在不同阶段其发展定位和培养规格有所不同。当高等教育所面临的外部环境发生变化时,其质量标准理应有所改变。根据《教育大辞典》的解释,教育质量"所指的是教育水平和效果优劣的程度","最终体现在培养对象的质量上"。"衡量的标准是教育目的和各级各类学校的培养目标。前者规定受培养者的一般质量要求,亦是教育的根本质量要求;后者规定受培养者的具体质量要求,是人才是否合格的质量规格。"1998年联合国教科文组织在巴黎召开首届世界高等教育会议,并在通过的《世界高等教育宣言》中声明,高等教育的质量标准"应鼓励多样化"。

高等教育的质量标准可分为两个层次:一是一般性的基本质量要求,二是具体的人才培养规格。前者所针对的是所有类型的高等教育,后者则是根据各级各类高等教育的具体培养目标。当高等教育由精英化向大众化,乃至普及化阶段过渡时,精英教育还将继续存在并有所发展,但是应用型、职业型高等教育将大规模发展。应用型、职业型高等教育的培养目标不同,从而其质量标准也应有所不同。

构建多样化的高等教育质量观是适应生产力发展和经济社会转型的必然要求。转型社会，既需要研究高深学问的科学家，更需要大规模的工程师、管理人才和高水平的具有创新能力的技能型人才。在转型时期，高等教育所培养的人才需要"适销对路"，需要培养更多的"大国工匠"。而且，多样化的高等教育发展标准可有效改善目前中国高校趋同发展的现状，引导高校分类办学、合理定位和差异化发展，促进高等教育资源得以合理配置和有效利用。

（四）终身教育：构建学习型社会

过去，我们习惯于将人的一生大致分为儿童期、青年期、成年期和老年期四个阶段，接受正规学校教育的阶段基本限于儿童期和青年期。而成年期为职业期，老年期则为退休期。显然，这种划分方式已难以适应现代社会的发展需求，更遑论以此适应未来社会。联合国教科文组织在其发布的《教育——财富蕴藏其中》的报告中曾言道："今天，谁都不能再希望在自己的青年时代就形成足够其一生享用的原始知识宝库，因为社会的迅速发展要求不断地更新知识。"终身教育超越了传统基础教育与继续教育之间的阻隔，它是21世纪推动人类社会进步的关键动力，也是不断适应瞬息万变的职业需求和努力契合个人生活需求的必要条件。

在高等教育普及化阶段，终身教育不再是遥远的梦想，而是在不断适应社会发展所进行的系列教育变革中所形成的。随着高等教育普及化的不断发展，高等教育必然融入终身教育体系，成为终身教育体系的重要组成部分。正如《世界高等教育宣言》所指出："应致力于把高等教育纳入终身教育体系，并努力推动这一体系的完成。"高等教育不再是个人学习教育的终止，而是像初等教育和中等教育一样，作为终身教育过程的一个环节，一个阶段。"终身教育是不断造就人、不断扩展知识和才能以及不断培养其判断能力与行动能力的过程。"

因此，为了有效适应科技创新和社会进步所引发的生产过程的剧变，满足职业发展所需要的知识与技能，我们亟须将传统上各种被人为割裂的教学和学习形式加以整合，发挥各个教育阶段和各种教育环境的互补性，实现学历教育与非学历教育的有效融合,致力于构建一个学习型社会。在中国,终身教育理念无疑是推动高等教育由大众化向普及化过渡的一把"金钥匙"。当然,如何对各种形式的非学历教育进行有效认证,赋予其应有的"合法性",以此打开教育理想的大门,需要高等教育理论研究者和实践工作者集思广益,群策群力。

研究这个专题要求:(1)谈谈你对《仁川宣言》所提出的愿景的体会。(2)根据2030年的愿景,谈谈你认为中国高等教育的发展需要着重解决的问题。

专题4.5　经济全球化与高等教育国际化
——着重讨论国际化与民族化（本土化）

高等教育国际化是一个历史悠久的概念，可以追溯到最古老的大学，尤其是中世纪大学本身就带有国际化的特点。国际化的概念再次被提出来有其时代意义，尤其是随着经济全球化和信息技术的发展，国际化已经有了新的内涵，现已成为高等教育发展的重要趋势和理念。

较早推行高等教育国际化的是美国，从20世纪开始，美国就强势进入国际高等教育领域，通过留学教育和国际学术会议，实施世界文化美国化的政策。日本在20世纪80年代提出，要培养具有国际眼光的国际型人才，自90年代以来，也大力推行国际化，从国外大量招收留学生。当时提出要接纳10万外国留学生，现在实际上已经超过了。欧盟也很重视高等教育国际化，在构建区域性的国际化上取得了成功的经验。中国自改革开放以来，也努力进行高等教育国际化，但由于种种原因，高等教育国际化存在的问题比较多，其中之一就是如何正确处理国际化与民族化的关系问题。

为什么发展中国家要同时研究民族化的问题呢？因为发展中国家和发达国家的发展是不平衡的，不管是经济还是文化都是不对称的。这意味着，国与国之间，发达国家与发展中国家之间的交流往往是不平等的，如中国与美国的交流就存在许多不平等现象。在国际文化交流上，我们还是弱势群体，所以必须坚持民族化，不能全盘西方化或美国化。简言之，我们一方面要向西方学习，另一方面也不能放弃本民族的东西。

中国的高等教育必须走国际化发展道路，但必须建立在民族化的基础之上。国际化是必然的趋势，国际上的不平衡也是客观存在的，但国际化并不意味着放弃民族化，而是建立在民族化基础上的国际化。如果丧失了民族的整体意识，不能让我们优秀的民族文化参与到国际交流的平台上对话，那就不是真正的国际化，只能是西方化，甚至是殖民化。在国际化进程中，发展中国家要争取成为国际交流与合作中平等的一员。

在经济上，我们通常用全球化或一体化来表达国际化的内涵，但在文化教育上，我们一般慎重地称之为国际化，因为经济上有更多的东西可以和国际接轨，而文化要保持民族独立精神，教育要培养社会主义公民，不能够都要求与国际接轨。某个具体的教育措施可以与国际接轨，但不宜谈整个高等教育与国际接轨。所谓的"国际"往往是指在国际上占主导地位的国家。在当今世界，发达国家才具有文化发言权，具体说更多的是美国的发言权。在某些措施上，我们可以向他们学习，与他们接轨，但绝不能把我们整个的高等教育同他们的高等教育接轨，成为美国化的高等教育，一切依附于美国。因此，我们最好不要笼统地提与国际接轨，也不要随便说"全球化"或"一体化"，提"国际化"比较好。

研究这个专题要求：（1）把握高等教育国际化与民族化两个概念的内涵以及两者的辩证关系。（2）介绍各国高等教育国际化的政策，特别是日本、欧盟以及发展中国家的政策。（3）解决发展中国家高等教育国际化过程中可能遇到的问题。

专题 4.6　高等教育的国际交流
——留学教育与在地国际化教育

当前，中国高等教育国际交流主要通过两条渠道：一是留学教育；二是在地国际化教育。

留学教育包括出国留学与招收国外留学生。一般来说，发达国家主要是招收国外留学生，发展中国家主要是学生出国留学。中国过去的留学教育基本上是出国留学，来华留学生很少。随着经济的发展和科学技术的发达，来华留学生逐渐增加。出国留学生主要集中于英语国家，学习理、工、经管、政法和艺术，来华留学生主要学习中国语文和传统文化，随着中国生产力的提高，来华学习轻纺、经管的也逐渐增多。

中国的在地国际化教育原称中外合作办学，有合作办学机构与合作办学项目两类。教育行政部门严格管理，经审批的合作办学机构有 100 多家，大多是附设于大学的二级学院；具有独立法人资格的，只有宁波诺丁汉大学、西交—利物浦大学、长江商学院、北师大—香港浸会大学联合国学院、上海纽约大学（华东师大—纽约大学合办）、杜克大学等几所。其中有两所还只能算是参照中外合作办学条例与境外（香港）合作办学。

这些合作办学，都只是把国外（境外）教育引进来，在中国大陆办学，相当于工商业的"招商引资"。随着形势的发展，国力的提升，优质教育的充盈，中外合作办学要逐步从"引进来"到"引进来"与"走出去"并重。正如工商业从"招商引资"到"招商引资"与"海外投资"并重一样。这是中外合作办学的必然趋势。为此，《国家中长期教育改革和发展规划纲要（2010—2020 年）》特别提出要"推动我国高水平教育机构海外办学"，"为发展中国家培训专门人才"。

"走出去"办学的意义："提高我国教育的国际地位、影响力和竞争力"，这是大家容易理解的；还有起教育"窗口"的作用，更深入地了解国外的办学理念、课程设置、教学方法与教育管理措施与经验等。因此，"走出去"应当优先办具有中国高等教育比较优势或特色的学科，并充分了解到所在国家（地区）的需求和发展特点。

世界各国国际合作办学，以"走出去"为主的，有英国、美国、法国、加拿大等国家；以"引进来"为主的，有马来西亚、韩国和非洲多数国家。近年来，马来西亚、韩国、新加坡这些国家十分重视"走出去"，已将"引进来"与"走出去"并重作为合作办学的发展方向。中国呢？

当然，中国孔子学院与孔子课堂，已经遍布世界各大洲，又多又快地实现了"走出去"。但孔子学院主要是传授汉语文和中国传统文化，还不足以显示中国在自然科学、社会科学、生产技术等的水平与特色。"走出去"，包括海外办学和培养外国留学生，应当在科学、学术、技术、艺术等上彰显水平、特色与先进性，应当能在国际学术平台上同发达国家平等对话。

厦门大学已在马来西亚办"中国厦门大学分校"，同马来西亚有关部门合作办学。这是历史性的事件，值得全校、全国重视。

应当指出，中外合作办学的可持续发展，必须坚持若干原则。

（1）坚持公益性原则。要处理好公益性与投资办学合理回报的关系。英国对外国留学生和海外办学的高额学费、谋取高利润的做法和某些国家赔本办国外教育，均不利于公益性事业的积极发展。

（2）坚持教育资源的优质性原则。不论引进或输出的教育资源都应是优质的。但要理解优质教育资源的相对性。不应限定排行榜上那些所谓"一流大学"；不同层次、不同类型的高校与专业，急需的、匹配的教育资源就具有优质性。

（3）坚持合作双方的"双赢"原则。只有合理的、公平的双赢，才能可持续发展。在世界市场经济的大环境下，WTO 把教育作为国际服务贸易之一。中国是 WTO 成员方，承诺中外合作办学的商业存在。要转变中国传统的义利观念的思维定式，"不拿回一分钱"的诺言徒增对方的猜疑。

研究这个专题要求：（1）了解中国留学教育和中外合作办学的基本情况和近年来发展趋势。（2）了解国际交流"走出去"的意义和困难问题。（3）对一所中外合作办学机构进行调研（如到本院合作教育研究基地的郑州 SIAS 学院调研）。

专题 4.7　国际标准分类与高等教育的分类、定位
——着重讨论应用型大学的定位与建设问题

联合国教科文组织有一个教育标准分类，本来是用作统计世界教育的总体状况的，既然可以作为统计的标准，自然也可以作为教育分类的参照。在这个分类标准的序号中，0代表学前教育，1代表小学，2代表初中，3代表高中，4相当于升学或就业预备班，5包括大专、本科和硕士，6代表博士生教育。5又分为5A和5B。5A是理论型的；5B是实用性、技能型的，适用于具体职业。其中，5A-1培养的是从事理论研究人才；5A-2培养的是理论应用人才，如律师、教师、工程师等；5B培养的是技能型专门人才。2011年新的修订版，体现了欧盟"博洛尼亚进程"，将高等教育包括博士教育细分为5短期高等教育，6本科（学士）教育，7硕士教育，8博士教育。

人们喜欢使用卡耐基的高等教育分类，实则卡耐基分类只适用于美国高等教育现状，而国际教育标准分类概括了世界各国高等教育设置情况，更具有普适性与可比性。

中国的传统分类是将高等教育分为普通高等教育和成人高等教育，而普通高等教育又分为本科教育和专科教育。本科内部没有再进一步分类，但事实上本科高校很复杂，既有清华大学、北京大学等研究型大学，也有许多地方大学、新建院校。由于没有进行分类，所以各个本科学校都很难对自身定位，结果所有本科学校都按研究型大学的标准来评估、建设和发展，这样就脱离了社会的实际需要。因为社会需要的并非都是研究型人才，研究型人才固然非常重要，但不能每年几百万本科毕业生都去搞研究工作，社会还需要大量的应用型人才去从事实际工作，于是就出现了培养应用型人才的应用型大学，作为一种新的类型。

应用型大学的提出是由于新建本科院校往往不清楚应当选择什么样的发展道路，如果不适当加以引导的话，会很自然地按研究型大学的传统模式，沿用传统的教学计划、传统的教材和传统的教学方法。如此的话，就会使中

国的高等教育发展"同质化",不能适应社会主义现代化的需要。其实,许多老的本科院校,包括"211"大学,扩招之后,学生大增,也不能都培养学术研究型人才,也应当往应用型方向发展。为此,厦门大学高等教育科学研究所的2007级博士生共同承担了两个国家重点课题,一是应用型本科的发展,一是地方高等院校的定位与发展方向。两个课题有所交叉,主要解决以下问题:一是应用型人才的培养目标及其适应面是什么;二是地方院校如何定位与发展。由于应用型大学既不同于研究型大学,也不同于职业技术院校,所以不能将传统的研究型大学模式和职业技术学院模式运用于应用型大学,需要进一步分析它的培养模式,如教学计划、课程、教材和教学方法,以及师资问题和实训基地,等等。这些问题需要从理论上弄清楚,然后从实践上来引导学校的定位与发展方向。

近年来,国家要求21世纪以来新办的大学和脱离母体的独立学院转型为应用科技大学,有利于应用型本科的发展。但对于地方所办的老大学,仍无明确的指引,这些地方所办的老大学实际上仍在艰难地走研究型老路。高等教育发展的"同质化"问题仍未能解决。

高等学校的分类,只是相对的分类,便于管理、统计与学校基本定位。研究型大学,有相当多的学科专业要向应用型发展;而应用型高校,个别学科专业可以向研究型发展。每所高校,还应根据自己的具体情况,制定具体的发展战略与发展规划。

研究这个专题要求:(1)弄清楚联合国教科文组织的国际标准分类和中国高校的分类定位的关系。(2)了解培养应用型人才在经济和社会发展中的重要意义。(3)分析建设应用型大学需要解决哪些问题。本课题可参考我主编的《应用型人才培养的理论与实践》(厦门大学出版社2011、2014年版)以及我和车如山主编的《做强地方本科院校的理论与实践研究》(高等教育学出版社2016年版)。

专题 4.8　改革高校招生制度，从"应试教育"中解放青少年

长期以来，中国高等学校的招生实施的是严格的统一高考。各省市高中阶段招生也实施统一中考。考试成为学生学习的指挥棒，统一的高考以及中考，导致青少年被捆绑于"应试教育"中。这个问题不但长期得不到解决，而且愈演愈烈。近年来，国家虽出台了一些舒缓捆绑的做法，如有些高校对特殊人才可以自主招生；上海、浙江等地出台了放宽考试科目，有些科目可以多次参加考试，以及南方科技大学所采取的"6+3+1"录取制度，但仍然不能让青少年从"应试教育"中解放出来。

统一高考、中考之所以难以改变，所根据的是一条似是而非的理由，即所谓中国的统一高考、中考是最公平的，学生凭借统一的分数高低进入不同层次、不同类型的高校或高中、高职学习。所谓"在分数面前人人平等"，实际上是以结果的"平等"掩盖过程的不平等。例如，农村中小学生所享有的教育资源就不如城市的中小学生。

当然，废除统一高考、中考不等于不考试。高校的不同科类专业可以根据需要，在一定测试的基础上，参考学生在高中、初中时期的各种表现，包括体育、美育活动以及是否当过学生干部，对社会服务、公益活动的表现等。高校应该全面考查学生是否可以进入该专业学习；同样，学生可以根据自己的专长、爱好、兴趣等选择不同的高校、专业。当然，前提条件是学校拥有自主的招生权，教育管理部门对招生工作要实行"放、管、服"。具体来说，把招生的自主权放还给学校，按法规来监督学校的招生工作而不是代替高校搞招生工作，要立足于为学校招生工作服务。

学校有了招生的自主权，要敢于负责。除了可以参考上海方案、浙江方案让应试者有所选择之外，还应当参考考生的"综合素质"。对综合素质的评定，是招生工作中的一个亮点，也是难点，但不是不可解决的难点。根据考生在中学阶段的表现和约定时间面谈，是可以做出公平、公正的判断的。这在我们对教育学博士招生的工作中能得到证明。对于教育学博士的录取所根据的不是考试成绩，而是其他有关资料与面谈。

专题4.9 公立和私立高等教育的国际比较

中国的民办高校不同于国外的私立大学,但国外私立大学有许多做法值得我们学习和借鉴,当然不可以照搬照抄。民办高等教育是厦门大学高等教育科学研究所研究的一个重点,我们建有一个民办高等教育研究中心,邬大光教授是中心主任,陈武元教授是中心秘书。过去,我们开展过许多活动,召开过多次全国性研讨会,还曾受联合国教科文组织亚太地区总办事处委托,主办"亚太地区私立高等教育国际研讨会"。同时民办高等教育历年来是"中国高等教育问题研究"这门课研究的重点。"高等教育学专题研究"只是安排了这一个课题,即"公立和私立高等教育的国际比较",从比较中了解中国民办高等教育的特殊性及其发展的难点。

国外的私立大学情况很复杂,公私立大学的界线也很不分明。国外的私立高校或私立大学有私人办的,有集团办的,而且相当部分是由教会创办的。有的国家是私立大学多于公立大学,比如日本、印度、韩国,及东南亚一些国家如印度尼西亚、菲律宾,都是私立大学多于公立大学,私立大学的学生多于公立大学。有的国家差不多各占一半,像美国、泰国等。有的国家私立大学比公立大学少,比如欧洲大陆国家。还有转型国家,原来也比较少,近年来有所增加;英国的情况更复杂,说不清楚,有的说它全是私立,有的说只有新办的白金汉大学是私立的,其他都是公立的。不过,在国外,公私立大学的界线分明与否好像无所谓,不像在中国,公办大学的地位高而民办大学的地位很低,民办教育受到大众心理上的歧视,政策支持的力度也不够。

一般而言,国外私立大学是非营利性的,因为大多是教会办的,或私人捐资成立基金会运作的,但近年来由企业、公司经营的营利性的私立大学发展很快。同时,公立大学也大量接受民间的资金、非政府的资金,而政府也对民办学校拨款和投入,通常为20%左右。不过,国外有的私立大学力争政府的资助,而有的大学却拒绝资助。为什么呢?因为有资助就会受到干预,而且往往资助不多,干预不少,所以有的私立学校干脆拒绝接受。另外,有些经费充足的私立大学也不需要资助。在国外，这种情况比较明显，大家也比较认可，即公立学校是公益性的事业，私立学校也是公益性的事业。政府对公立、私立的政策，如减免税、师生待遇等，没有什么区别，除非发生了什么特殊问题要进行处理，这时才会明确它是私立还是公立学校，应该用什么法律来解决。美国有名的达特茅斯学院诉讼案就是一个典型例子。这个诉讼案的判决，对私立大学的发展很有利，起了保护作用。达特茅斯学院诉讼案的来龙去脉是这样的：1769年，北美洲还是英国的殖民地时，由私人组成的一个慈善团体办了一所学校叫达特茅斯学院。当时，私人要办一所大学，就必须得到国家的允许。作为英国的殖民地，就要得到英王的允许，然后才能成立这所学校。美国独立以后，达特茅斯学院所在的州是新罕布什尔州，当时新罕布什尔州还没有大学，州政府很想把达特茅斯学院变成州的大学。正在这个时候，达特茅斯学院的院长跟董事会闹矛盾，董事会解聘了这位院长，而这位院长与州长很要好，州长利用这个机会，出面干预，通过州议会强行把这所学校改组，改组之后成立新的董事会，在新的董事会里政府的董事名额增加，同时，在董事会上面还设置了一个相当于监事会的机构，董事会的一切决定必须得到上面这个机构的同意，由于这个机构是州政府的，因此州政府就完全控制了这所大学，还把被董事会解聘的那位院长请回来。舆论大哗，原董事会不服，上告到州法院。当时，州议会已经通过决议，达特茅斯学院归州所有，因此原董事会的上告输了。原董事会输了以后仍不服气，最后告到联邦最高法院，联邦最高法院认为必须查明这所学校究竟是公立的还是私立的，最后查到50年前，也就是在1769年成立时，英王给予它一纸特许状，批准由慈善机构成立这所私立大学。根据这个办学的特许状，原董事会胜诉，州败诉，联邦法院撤销州议会通过的法案，也撤销州法院的判决。那么，联邦最高法院的根据是什么？根据有两条：一是达特茅斯学院有英王的特许状，说明它当时注册时是私立的，尽管后来州政府给了很多的资助，但仍然不能改变它的性质；二是新罕布什尔州议会决定把学院的行政权转移给州长，侵犯了董事会的权利，违反宪法保护私人财产的规定。因而达特茅斯学院从身份不明到明确了自己的私立大学身份。这就是有名的达特茅斯学院诉讼案。这个法案也成为美国发展私立大学，保护私立大学的典型。

在中国，除了独立学院和政治机构如政协、民主党派所办的学校外，公办学校和民办学校的界线是分明的。公办学校主要是政府财政投入，民间捐资很少；民办学校主要是民间资金投入和学费收入而非政府投入，个别也有政府有限的资助。目前，我国民办学校存在政策歧视、产权不明等一系列问题。各国政府对私立学校的政策也不一样，有的是限制性的，譬如马来西亚以前对私立大学采取的就是限制政策。1993 年，我们承办私立高等教育国际会议时，马来西亚参会的一位副部长就说他的国家对私立大学是限制的，但现在要考虑放开了。像泰国在 20 世纪 80 年代初，政府对私立学校比对公立学校管得还严，但现在泰国的私立大学开放了，有的私立大学学生达两三万之多，比公立学校学生数还多。印度尼西亚对公立、私立大学的招生，由政府统一分配，曾经由于公立高校年年招生不足，只好把名额让给私立高校，所以印度尼西亚私立高校比公立高校发展得快。另外，有些国家对私立大学，从不管到管。日本原来对私立大学是不认可、不管理、更不资助的，但经过近百年的努力后，慢慢地从不管到管，从不认可到承认，并从法律上明确规定政府有责任资助。我国台湾地区也明确规定，政府有责任对私立学校进行拨款。据我们的调查，台湾的私立高校拨款大体上是占学校经费的 10%～20%。从国际经验来看，不能说私立教育就可以不管，私立教育也是公益性的教育，既然都是公益性的，那么政府就有责任。我们政府对民办学校没有专门的拨款的规定。同时，将民办学校定性于"民办非企业单位"，许多地方按企业征税，也就是把学费作为民办学校的收入征税，这是错误的。因为教育是公益事业，不论公办、民办都是公益事业。即使认为对公益事业可以收税，税率也应有所不同。

为什么欧洲国家虽有私立大学，但数量很少？因为欧洲许多国家是高税收、高福利的国家。国家的税收、财政拨款用在人民的福利上较多，教育拨款比较多，因此，很多欧洲国家大学是不收学费或低学费的，因而也不鼓励私人办学。正是由于私立大学很少，欧洲的高等教育增长也比美、日等国较慢，时至今日，高等教育毛入学率一般只有 40%～50%。相反，亚洲一些国家的私立高校较多，高等教育发展较快，如日本、韩国，都进入了高等教育普及化阶段。不难看出，世界高等教育大众化有多种不同的模式，如亚洲模式、欧洲模式等，欧洲模式是用公立教育去发展大众化，结果发展较缓慢；亚洲模式是依靠私立教育发展大众化，发展得比较快。简言之，"欧洲靠公立，亚洲靠私立"。从世界范围看，高等教育大众化有四种模式：一是美国模式——公私并济，高等教育发展很快；二是亚洲模式——私立大学，比例高，像日本达到近80%，韩国的比例还更高一些；三是欧洲模式——欧洲主要靠公立大学，高等教育发展比较慢；四是转型国家模式——转型国家在转型之前只靠公立大学，如苏联及东欧国家当时只有公立大学，高等教育发展很慢，但转型后私立大学开始兴办起来，高等教育发展比较快。中国的民办高等教育呢？中国民办教育的复办，时间虽不长，但在经济转型与发展的大好形势下，民间投资办学的积极性很高。从20世纪90年代以来，发展还算快，但阻力特别大。国家虽然从理论上提倡发展民办教育，但在政策措施上不落实，至今仍存在政策歧视，限制过多。希望能逐步实现《国家中长期教育改革和发展规划纲要（2010—2020年）》所提出的"大力支持民办教育"（第43条）的政策措施。

　　近来，新的民办教育法规，又将民办学校分为营利性与非营利性两大类。但对于营利性民办学校的税收政策、征地政策如果没有新的规定，许多投资办学的民办学校是不敢登记为营利性学校的，而非营利性学校则只能采取多种方式获得投资回报。

　　研究这个专题要求弄清楚这些问题：（1）如何界定公立高校和私立高校？是以由谁投资办学来界定，还是以由谁主办来界定？（2）各国对待公立高校和私立高校的政策有什么不同？有哪些政策、措施值得我国借鉴？

专题4.10 巨型大学的出现与问题

在精英教育阶段,大学一般规模不大,也不追求大而全,主要追求办得精、办出特色。比如说,法国主要有两类大学:一类是数量不多的普通大学。这些大学有的规模比较大,学生占全国学生总数的比例高达80%。第二类是数量较多而规模不大的专业型学校,人们称之为"大学校"。"大学校"要求严格,水平很高。普通大学只要有高中毕业证书就可以注册入学,但是读这些"大学校"必须经过严格的考核和筛选。这类学校规模都不大,一所学校平均只有500人左右,规模大的也不过千人,小的只有两三百人。巴黎高等师范学院是这种学校其中一家最有名的,也只有900名学生,建筑面积只有57 000平方米。

新中国成立前,厦门大学也只有几百人,搬到长汀之后逐渐发展到1 000多人。萨本栋当校长时说,厦门大学只能办1 000人的规模,超过1 000人的大学办不好。在当时,1 000人以上的大学就很大了,当时的中山大学可能是最大之一,总数也不过两三千人。我进厦门大学的时候,全校大概有600人。我们这一级人数最多,有200多人。新中国成立后,许多大学办学规模虽有所扩大,但一般也只在三五千人之间。"文化大革命"后李嘉诚办汕头大学也有这个思想,筹办时说,汕头大学不能超过4 000人,所以汕头大学的校舍以及其他各个方面都是按照4 000人的规模来建的。后来全国的大学都在扩招,汕头大学也扩了一些,但只有6 000人左右。而全国水平最高的中国科技大学,规模一直控制在6 000人左右。近年增长较多,本科生也只有7 000多名。

在大众化过程中,必然会形成一些巨型大学。大众化过程中如何实现规模扩张?一是增办新学校,即所谓"外延式"发展;二是原来的学校扩大规模,即所谓"内涵式"发展。在中国,主要走的是第二条路,即在相当长的时间内,不增加学校而是将老校扩大。认为这条路节省投资。从统计材料看,1999年开始大扩招,但没有增加学校,2001年继续大扩招还是没有增加学校，甚至由于大合并，高校数量还在减少。到 2002 年，不能不增加学校了，这才增加了学校数量。此后数年，每年增加一两百所，直到 2016 年，才有 2 596 所高等学校。其中，1 359 所是高职（高专），本科是 971 所，加上 266 所独立学院，合计 1 237 所。专科略多于本科。全国在校生（全日制本专科和研究生）共 2 840 万人。据此计算，每所高校平均为 11 000 多人，都是"万人大学"。

规模扩大对精英教育形成了重大冲击。世界大多数国家在大众化过程中是两条路并行：一条是新办高校，另一条是扩大已有高校。也就是说，无论中外，巨型大学大多是在高等教育大众化过程中出现的。1980 年前后，华中工学院（现在的华中科技大学）搞了一个计划要把规模扩大到 10 000 人以上，当时的教育部说不行，理由是清华大学的规模才 9 000 多人，华中工学院不可以比清华大学大。后来审批下来，把华中工学院压下来，把清华大学提了上去，但也不过是万人。这是 20 世纪 80 年代所搞的规划。那时，厦门大学只是三四千人，制定规划后也不过是五六千人，厦门大学现在是 40 000 多人，山东大学、武汉大学、华中科技大学都有五六万人以上，而吉林大学、浙江大学已近 10 万人。当然，美国的巨型大学还有的十几、二十几万人的。但在组织管理上有所不同，那些超巨型的大学，实际上是多所各自独立的分校的总称。

精英时期的高等学校学生数量少，校园一般来说也比较小。厦门大学的校园当时是 1 500 亩（约 100 万平方米），如果按照当时的三四千人，后来的五六千人，显然足够了。现在很多民办高校要办万人大学的话，1 000 多亩地也就够了。学生少，学校校园一般也比较小，而且常常是一个校园就够了。现在巨型大学出现了，校园自然就不够，必然要另辟校园。因此，伴随着巨型大学的出现，多校园也就出现了。

美国加州大学是巨型大学最为典型的例子，学生 16 万人，校园 9 个，各自独立，每个校园都很大。墨西哥大学，30 多万人，一个总校，围绕着总校有 5 个分校，还有 13 个州分校，分校加总校共 19 个校园，分布在各地的图书馆有 167 个。由于人数众多，校园分散，大学的办学体制也必然要采取分散的，而不能强调"集中统一"。

20世纪70年代，美国就出现了许多巨型大学。如果从巨型大学的"大"来说，美国的巨型大学比我们的巨型大学还要"大"。今天，我们所说的"巨型大学"的概念就是出自美国的科尔·克拉克的《大学的功用》一书。"巨型大学"这个概念的形成，主要来自于他自己当校长的那所大学。他先是当加州大学伯克利分校的校长，后来当加州大学总校的校长，所以借助加州大学的模式来讲巨型大学。正是如此，人们一谈到巨型大学就会联想到加州大学。巨型大学在大众化过程中的出现，实际上是美国的也是世界高等教育的共同现象、共同趋势。中国的巨型大学大多是用行政命令来合并学校形成的。当然，这当中也有个别是自然形成的，厦门大学就是自行发展为4万在校学生的大学。

随着巨型大学的出现，多校园也就出现了，多校园管理也就成为一个大问题，成为一个世界性的难题。这里我不谈具体的管理，只谈谈巨型大学的管理原则。众所周知，国外巨型大学的分校一般是独立或半独立的校园，如加州大学洛杉矶分校、伯克利分校，还有其他分校，把它们叫作分校还不太合适，因为它们根本就是独立的高校，所以现在干脆不叫加州大学洛杉矶分校，而是称作洛杉矶加州大学，这更能表明它是一所独立的高校。加州大学总校主要只负责三件事：一是经费分配，分配州政府拨给大学的经费。针对分配经费，总校成立了委员会，委员会根据相关规定进行分配，然后下达给各所分校。分配指标下达以后，各所分校具体怎么用，总校可以监督但不得干涉。不像我们现在不光是总校统一财务，连政府都直接干涉，即经费拨给你，大多是专项专用，怎么用要经政府指定或批准。二是拟定总的发展战略和发展规划。只是一个总规划，一个方向性、战略性的东西。由总校设立的委员会制定，出台后发给各个学校结合各自校情执行。总校不管执行，只管监督。三是任命校长。校长要总校按一定程序任命。总校平时没有什么事情干，各校各自独立行事，比如招生计划、专业设置等之类的事情，都是由各学校自主行使。也就是说，加州大学总校对各校的管理，比我国各省教育厅对省属高校的管理还要简单得多。现在我们省属学校招生计划还要省规定，专业设置更不用说了，专科的专业到省级批，本科的专业还要到部级批。

加州大学是一所巨型大学，但实际上其组织不只是联邦制，比"联邦制"

还独立，是"邦联制"或"独联体"。"联邦制"与"独联体"是两个不同的概念，联邦制还有统一，如美国是"联邦制"，而俄罗斯等国组成的"独联体"事实上就是"邦联制"，各国是独立的，只有个协调机构，是独立国家的联合体。可见，美国的巨型大学与中国的巨型大学不同，中国的巨型大学多通过合并或扩招而形成。但不管是合并还是扩招都要集中统一，由一个机构来统一领导和集中管理。对合并学校来说，有个专门性的名词叫作"实质性合并"。如果几所学校合并以后还是几个松散的学院或分校，只是在这几个学校之上设一个如同加州大学总校那样的协调机构来规划、分配经费的话是不符合一向强调的"集中统一"原则的，上面要的是实质性合并。比如，集美大学原来是5所高校合在一起，开始的时候是上面成立一个总校办事机构，5所高校还是原来的高校。后来说不行，要打乱、重组，重新"洗牌"，花了几年时间的分分合合，进行"实质性合并"，成为一所地方综合大学。之所以如此，是与中国的传统体制密切相关的。

今天看来，人多、校大，如果事无巨细都要集中管理，容易出问题。第一，行政管理低效率，管不过来。20多年前，北京大学高等教育科学研究所曾为高校合并提出一个所谓的最佳规模方案，认为4 000～8 000人规模最佳，超过8 000人效益就下降。即使按这一方案来合并高校，现在我们的大学也都超过8 000人。本科院校平均数在14 000人以上。而国外有巨型大学，有4 000～8 000人的大学，也有"袖珍大学"，许多教育质量很高的文理学院（本科），也就是2 000人左右，并不强求都要办成万人大学。第二，不能适应各校的特殊性。一个规定让各校都执行，一刀切，往往不适合各校的特殊情况。因此，常常在具体的规定上，由于缺少灵活性而使效率降低，同时也形成严重的官僚主义。

研究这个专题要求：（1）着重介绍若干国外巨型大学的管理，以作为中国巨型大学管理改革的借鉴。（2）提供国外巨型大学、中型大学、袖珍大学（这些大学在国外是并存的）的情况，论证大众化不一定只能有巨型大学一种类型。大众化必然产生巨型大学，但大众化不是只能有巨型大学。现在很多已经大众化、普及化的国家还有精英型大学，也有办得很好的袖珍大学。

专题 4.11 综合性、多科性与特色型大学

综合性大学是指一所大学有多种学科并存，但多种学科并存可以是多科性大学，不一定是综合性大学，真正的综合性应该是建立于基础学科之上，有文有理，而且在学科之间能够交叉的大学，"综合"是学科"融合"，不是"混合"，其基本任务是研究高深学问。也就是说，学科多不一定就是综合性大学。如果这些学科不能起交叉融合的作用，那只能叫多科性大学。中国的高校在大合并之后，许多高校实际上是多科性而非综合性。

特色型大学大概是指一所大学或一个学院只有一个科类，或者说虽有几个科类，但以某一个科类为主，这个科类是这所学校的特色科类。如农业院校，虽以农业生产为主要学科，但围绕农业的涉农专业，如农产品加工、农业经营也是构成特色型大学的组成部分。以往中央各部委所办学校，如邮电、矿业、石油、纺织等，现在一般被称为行业特色型大学。

世界上绝大多数国家既有综合性、多科性大学，又有特色型大学，只不过有的国家综合性的普通大学比较多，特色型大学比较少，如美国大多是综合性与多科性大学，只有20%左右特色型院校。有的国家恰恰相反，如俄罗斯特色型大学很多，综合性大学数量不多。而有的国家相对比较均衡，如从学校数量看，法国综合性大学少，特色型大学多；但从学生数量看，法国绝大多数学生在综合性大学里，只有少数能考进特色型学校。中国是什么情况呢？新中国成立前，综合性大学和特色型院校并存，通常大学是综合型的，专科学校是特色型的，单科学院也多为特色型。新中国成立前规定大学（综合性大学）必须要有文学院和理学院，至少有一个是文学院或理学院，即必须有基础学科，而且要求能够研究高深学问。另外，还有许多是特色型院校，如工专、艺专、商专、音专和农学院、医学院、教育学院等。新中国成立后，全面学习苏联，组建了许多特色型高校，一般称为学院，如钢铁学院、石油学院、航空学院、水产学院等，真正的综合性大学开始时只有13所。后来增加了几所，总数不到20所，绝大多数是部属大学，省属综合性大学极少，只

有山西大学、云南大学等几所，大量的地方院校是特色型的，按计划，每省至少要办工、农、医、师各一所。还有一些介于综合性大学和特色型学院之间的多科性工科大学。

过去，特色型院校都叫学院，综合性高校才叫大学，即大学是综合性的。但也有些工科高校，规模很大，专业较多，又是国家的重点高校，不愿称为学院，如清华大学、天津大学、交通大学、浙江大学、重庆大学等称为"多科性工科大学"。"文化大革命"后，向美国学习，大力提倡大办综合性大学，往往就是把不同类型的学校并在一起成为多科性大学。其实，美国也有专业性的大学，根据卡耐基的报告，2000年有766所，占当年2 837所的27%。也就是说，美国并不都是综合性、多科性大学，有将近30%是专业性的特色型院校，主要是神学院、医学院、企业管理学院、艺术学院、法学院等。

中国在合并风影响之下，贪大求全的思想膨胀，大多数院校都变成多科性大学。许多高校的名字都改为科技大学、理工大学，现在全国不少于四十几所理工大学、三十几所科技大学。改名之后，有很多学校已经弄不清楚究竟是从何而来的。另外，有些大学的名字虽然没变还存在，但事实上也变成了多科性大学。现在，几乎所有学校都是多科性的，所有大学都是学科齐全，千校一面。事实上，综合性大学和特色型大学各有自己的优点和缺点，并非综合性大学就一定优于特色型大学。综合性大学搞得好，有利于学科交叉，培养复合型人才，开展跨学科研究。实际上大多只是多科并陈，各管各的多科性大学。特色型有利于集中学校的力量，求专求深。有许多原来特色非常鲜明的大学，现在已变成综合性、多科性大学，作为特色型大学时专业人才集中，学术积淀深厚，办学成绩卓著。变成综合性、多科性大学后，力量就很分散，优质资源稀释，专业特色褪色，尤其是离开了行业，学生的就业困难。过去，许多高校是行业办学，行业不但给经费，而且关心学校所培养的学生，帮助解决学生就业问题，离开行业后，学生就业很困难。特别是那些跟行业无关的专业，为了追求学科齐全而办的专业，由于办学时间短，没有特点，人才培养质量不高，学生就业特别困难。过去那些以特色办出成绩享有盛名的一批高校，2007年，以邮电大学为首在北京召开了一个行业特色型大学研讨会，成立了一个高水平行业特色型大学协作会，这个协作会的论坛专门研究大学如何制定对策，保持特色，已经开过多次研讨会。当然，有些大学的办学思路一直就是非常清晰的，如中央音乐、美术、戏剧等学院，仍保留"学院"名称，并未因此降低其社会地位与知名度。

但是，对于大多数原来的行业特色型大学，已难于回归原来的特色。这不仅因为政企分开之后，政府的行业管理部门，无力承办高等学校；更重要的是在高等教育大众化的过程中，增设了大量非特色专业，成为多科性大学。而在当前社会环境中，专业的设置是"上马容易下马难"。撤销一个专业，会遇到许多困难和阻力。因而，如何在已经形成的多科性专业的局面下，围绕反映行业特色的核心，调整结构，构建新的行业特色体系，就成为行业特色型大学可持续发展的战略问题。以农业院校来说，原来都具有明显的特色，一般以种植技术科类的专业为重点，旁及食品加工、农业经济等专业，人才培养目标比较明确，优质资源的配置比较集中。但在"求大求全"和轻农、离农的思想影响下，大量增设非农专业。例如，几所久负盛名的农业大学，农业和涉农专业的学生数一般只占全校学生数的1/3，甚至1/4或1/5。这些专业，相对于新设的非农专业，师资水平、科研力量、教学经验都较强。而所招学生的潜质，往往不如非农专业；资源分配，也得不到照顾。如何回归农业行业特色办学，广西农业职业技术学院，提出了新的发展战略，经过约10年的奋斗，已取得基本的成功。

我曾同他们进行了交流，了解他们的战略是以服务"三农"为目标，对应现代农业的产业链，建构该校的涉农专业群，并形成了相互衔接的专业链。简单说，以产业链为依据，建构专业链；或者说，以专业链对应产业链。

具体说，现代农业产业，不仅需要种植技术、食品加工的人才，还需要农产品流通、营销以及信息技术人才。种植、加工、流通、营销、信息组成了现代农业的产业链；相应的，作物生产技术、食品加工技术、物流管理、市场营销、信息技术组成了培养现代农业人才的专业链。每个专业，都可以在专业链中各自定位，服务于产业链中的相应环节。这样，既保持了农业教育的行业特色，又推进了农业教育的现代化，他们的成功经验，值得重视。

对其他行业特色型的重塑、改革、发展，也有参考价值。

研究这个专题要求：（1）弄清楚世界综合性、特色型高等学校并存的基本情况（可重点了解美国、法国、俄罗斯等国）。（2）阐明如何重塑行业特色型大学（可调研一所原行业特色型大学，提出具体意见）。

专题 4.12　世界一流大学的形成、发展与问题
——兼论中国的"双一流"建设

21 世纪中国高等教育必将沿着两条轨道或方向发展：一条是提高，往上提高，纵向的发展；一条是大众化，横向的扩大。纵向提高的标志是建设"985""211"大学，所谓世界一流大学成为纵向提高的标杆、追求的目标；横向扩大的标志是大众化，主要是培养适应人才市场需求的人才，包括高职院校和应用型本科院校。在纵向提高方面，中国当前教育领导部门关注的重点是建设世界一流大学。自从江泽民在北京大学 100 周年时提出"建设世界一流大学"以来，世界一流大学不光是北京大学、清华大学的目标，至少"985"高校都朝这个方向努力。

那么，究竟什么是世界一流大学？对此，存在各种不同的看法。有人认为，排行榜上排在世界前 20 名或 50 名或 100 名的大学，就是世界一流大学。可是，排行榜是各式各样的，可能有的排行榜前 100 名都没有中国一所大学，而有的排行榜则把北京大学、清华大学等高校排进去。在相当程度上，排行榜与利益相关者的立场和角度有关，如我们在排行榜上增加某些有利于中国的指标，或对某些指标的权重加大，中国的大学也可排出好多世界一流大学。例如增加大学生毕业率的权重，中国大学毕业率达 98% 左右，可以遥遥领先于国外许多大学。如果把这个指标权重加大，就可以排到前面去了。但是人家不干，他们看经费有多少，发表于西方刊物的论文有多少，还有获诺贝尔等西方科学奖的有多少，这样我们就排不上去了。哪怕北京大学、清华大学都排不上。前几年，清华大学一年总计只有 50 多亿元，北京大学 40 多亿元，这几年才有较大的增加，但还是很难同人家比。但流行的看法就认为，一流大学就是在排行榜上列前的。

第二种看法是，规模最大的就是一流大学。虽然没有文章直接这么写，没有文章来论证"一流大学就是规模最大的大学"，但实际行动上是存在的，尤其是各个省市领导、各个地方领导有许多是这么想的。某个省市通过合并

一些学校搞了个三四万人的大学,另外一个省市就设法通过合并搞个四五万人的大学。合并最早是中央的意见,中央说刹车了,但各省市还在大搞。本来吉林大学与厦门大学排名差不多,但现在它把几所名牌大学合在一起,经费多、人多、论文多,就远远排到前面去了。大就是一流,越大越一流。中国武汉市的"大"学很多,华中科技大学、武汉大学、武汉理工大学等都是四五万人以上的大学,但武汉市认为这些要么是中央所属大学,要么是省属大学,武汉市自己没有一所几万人大学怎么行呢?于是,赶紧把武汉市属的一些成人高校、专科学校合并起来,成立了一所江汉大学。这所学校有 1 409 709 平方米,有山有水。一年之间十几万平方米的建设基本完工,武汉市终于有了一所自己的近 20 000 人的巨型大学。其实,规模大未必就是一流大学,恰恰有很多一流大学是规模很小的。比如,法国的工程专科学校、师范专科学校等都是世界非常著名的大学。还有美国的加州理工学院,规模很小,也就 2 000 人左右,排名榜曾经把它排到第一名,后来基本上都在第五名左右。就这么一所小的理工学院,它的科学院院士有 63 名,工程院院士有 25 名,获诺贝尔奖的有 4 名。从历史来看,1923 年到 1990 年,该校诺贝尔奖的获得者有 21 名。

第三种看法是,世界一流大学就是著名大学,就是名牌大学,或者说有特色的大学。有些学校虽然小,像美国的加州理工学院、巴黎高等师范学院等,人们承认它们是一流大学。2004 年,我到巴黎高等师范学院参观,当时该校只有 900 个学生,900 个教学科研人员。在法国,进综合性大学一般是不用考试的,但进巴黎高等师范学院是要考的,考上后第一年还只是预备班,课程学习任务很重,而且考试的淘汰率很高。成了正式生以后,就"放任自由"了,你可以跨系、跨专业、跨校区、跨国去选修课程,每个人有自己的学习计划。我没有看到巴黎高等师范学院上过哪个排行榜,但它是世界一流大学。

由于看法不同,怎么建设世界一流大学,大家意见不统一。现在,大多数人大体是按第一种观点,即根据排行榜来建设世界一流大学。但如果都是按照排行榜的指标来建设世界一流大学,而这些评价指标都是根据西方发达国家的价值观与模式制定的。那么,按照西方的模式和指标来建设一流大学,只能跟在后面追赶,即使追赶上了,也只能是依附发展而失去中国的文化特色。令人遗憾的是,目前很多学校只把目光盯在排行榜的指标上,亦步亦趋。

我个人认为，西方一流大学的模式与指标，可以借鉴、参考。但中国应当走自己特色的道路。在国际化与民族化的交融处，办出高水平的有中国文化特色的大学。世界一流大学是多样化的，一流大学标准也是多样化的，我们不能用一把尺子作为衡量多样化的一流大学的标准，更不应当用人家所使用的那把尺子来规范中国大学的发展。

我的理解，所谓一流大学，就是著名大学。著名大学之所以著名，第一，它有明确的办学理念，在办学中贯彻这种理念，形成校风，形成凝聚力。在长期的实践中证明是卓越的；第二，教师群体的学术水平、教学水平普遍较高，同时拥有社会公认的大师；第三，也是最重要的，它的毕业生总体水平高，在各自领域做出卓越贡献，并具有若干校友成为著名的科学家、学者、企业家、政治家等。巴黎高等师范学院之所以出名，很重要的一点是因为它出了著名的生物学家巴斯德——微生物学的创始人，出了著名哲学家柏格森与萨特，也出了个大政治家——蓬皮杜，出个总统没有什么了不起，但出个蓬皮杜这样的文化总统则了不起。

最后还应强调，一流大学不能只是研究型大学。高等学校是分类型的，每一类型大学都可以有一流大学，哪怕是高职院校也可以办成一流大学。1949年前许多有著名的大师、有著名校友的，都只是专科学校。如上海艺术专科师范学校、上海东亚体育专科学校、杭州美术职业学校等。

中国从20世纪以来，就不懈地追求世界一流大学的建设。如果说"211"还是在国内排名次，那么"985"明确所追求的是世界一流。但由于"211""985"只进不退，评定之后就固化了，缺乏内在动力，新提出"双一流"，一方面是大学和学科并重，更重要的是有进有出，是动态的，处于竞争之中。有竞争才有动力。这是"双一流"不同于"211""985"之处，但不论前者还是后者，都以世界一流大学的排名为标杆，对于精英化的学术型、研究型高校而言，能够调动其发展积极性，但是，与大众化、普及化阶段的大量应用型、创业型的高校和学科无关。如果国家只把优质教育资源投放于100所精英大学，则不利于全面提高全国高等教育的质量。

因此，"双一流"建设，应当兼顾非学术型、非研究型高校与应用学科。在不同层次、科类中，设置一流高校与一流学科。也就是说，将"双一流"

的竞争精神泛化至不同层次高校、科类中，促使各级各类高校都在相互竞争中不断发展与提高。

研究这个专题要求：（1）通过对世界和中国著名大学的比较分析，归纳出世界一流大学的特点，以及阐明中国应如何建设有特色的一流大学。（2）阐明如何将"双一流"建设精神泛化至各级各类高校和学科的发展中。

专题4.13 研究生教育的国际比较

作为高等教育学专业的研究生，应该深入了解世界研究生教育的模式。研究生教育千差万别，至少欧洲的研究生教育与美国的研究生教育就很不同。比如，欧洲的研究生教育主要是传统的学徒式，个别指导，而美国的研究生教育除了论文指导以外，一般采取班级授课。

中国的研究生教育改革，正在从欧洲的大陆模式向美国模式转变，所以中国现在的研究生教育制度既有一些欧洲大陆模式的特点，也有一些美国研究生教育模式的特点。欧洲大陆模式是以学术为主，要求严格、难度较大。日本早期学习欧洲大陆模式，博士学位也不易拿到。欧洲式的博士生导师大部分都是资深大师，是公认的学术水平很高的资深大师。我们现在学的是美国，教授越年轻越好。美国是学术性与应用型并重，甚至越来越重视应用型，很多博士学位是应用型的。按照欧洲的传统标准来说，有的应用型专业是不能拿博士学位的，只能拿工程师之类的证书。美国研究生学习自由度大，学术水平高低不一。在美国，博士学位比较容易拿到，而且一拿到博士学位就可以当博士生导师，中国现在也变了，以前只有教授经过严格评审之后才能当上博士生导师，现在副教授也可以当博士生导师。欧洲大陆模式主要是师徒制，一个导师带几个研究生；美国模式主要是专业式，按专业划分，在专业里面上课，论文指导还由某个导师负责，但比较自由，如果不满意某个导师，还可以换导师。

中国的研究生制度刚恢复时是欧洲式的，现在逐步向美国式发展，研究生制度改革也逐步向美国模式发展，如提出一门课程有多少位博士生修才能够开课。我国以前都是学科博士、学科硕士，20世纪80年代后期开始有应用型的，如医学博士与医疗博士、工科博士与工程博士等，教育学也设教育学专业博士。除此之外，还有大量的研究生班，一开就有几十个人。究竟美国模式是不是最好的模式，需要进一步研究。

目前，学位对等问题是很多国家包括欧盟很重视的问题，中国大陆和中国台湾也非常重视这个问题,"第二届海峡两岸大学校长论坛"也谈到了学位对等与学历互认问题。在历史上,这些事情发生过很多。比如说,美国和苏联曾经为了学位对等问题开了很多次会议。美国认为苏联的副博士相当于美国的硕士,苏联则认为其副博士相当于美国的博士,而博士学位水平比美国高,至少相当于美国的哲学博士。苏联也有它的道理,因为他们的本科一般是五年、六年,再加三年才能拿到副博士学位。因此,副博士至少相当于美国的专业博士,而博士则相当于美国的哲学博士。后来,美国终于承认了。现在欧盟的博洛尼亚进程,重点内容也是这个问题,即学位对等和学历互认。我们和台湾交流的时候,这也是一个很重要的内容。台湾地区和大陆很多学制差不多,基础教育都是"六三三"制。台湾大学生的挑选还不如大陆严格,当然,扩招以后,大陆的大学生与研究生质量也有所下降。1981年,我们还没有研究生学位,我去英国一所大学和他们谈能否送一些本科毕业学生去他们那儿读研究生,有位法学院院长很傲慢地说他们的研究生水平比较高,很显然看不起我们国家的研究生教育。我对他说,我们的大学学制四年,而且是在100个高中生中只挑选5个,而你们的大学学制三年,录取大学也没有中国严格。第二天,当我准备离开时,他过来道歉,说没有很好地思考这个问题,欢迎送本科毕业生过来读研究生。

研究这个专题要求:(1)选择若干个国家(如美国、德国、日本等),对其研究生培养目标、规格、方式、方法进行比较。(2)判定哪些可以借鉴,哪些不可以借鉴,哪些虽有价值但不符合中国国情。(3)分析中国研究生教育应当怎样发展,提出你的意见。

专题 4.14　应用型研究生教育的定位、特点和问题
——以教育专业博士（Ed. D）为例

高等教育进入大众化阶段，不但本科生教育向应用型方向发展，以适应社会对应用型人才的需求；许多国家的研究生教育也向应用型方向发展。在硕士学位上，出现了工商管理类硕士研究生（MBA）、高级管理人员工商管理硕士（EMBA）、全日制工商管理硕士课程（MSCBA）、公共管理硕士（MPA）以及各学科的专业硕士，包括教育专业硕士等；在博士学位层次上，出现不同于医学博士的医疗博士、不同于工科博士的工程博士等，教育学科也新增教育专业博士。但不论在国外（如美国）还是中国，都存在应用型硕士、博士学位定位不明，培养过程、内容、方法趋同，同学术型硕士、博士同质化的问题。这是由于这些学位都设置在原来具有学术型硕士、博士学位授予权的大学里，都依靠学术水平高的教授培养。同时，有关培养研究生的基本规章制度，都是按学术型研究生培养的要求制定的。因此，存在许多认识趋同问题和实务问题。前者如：应用型研究生要不要提高理论水平，还是应当加强经验交流？后者如：应用型研究生的学习模式问题、交费问题等。现在，各国 MBA 增加很多，有的变成以交费买学位，而有的 EMBA 成为高管俱乐部。

对于教育专业博士的培养，也存在这类问题。有人认为教育专业博士只需要在实践中积累、交流经验，探讨办学或教学中的实际问题，不必要学习理论、搞理论研究；有人认为教育专业博士一般已有较为丰富的实践经验，所缺的正是理论知识，应当学习和应用理论来研究实践中的问题，才能有所提高。我同意后者的看法。但是，这并不意味着离开实践研究抽象的理论，而是在实践中研究理论、应用理论，即"行动研究"。为了不脱离实践，在行动中研究，教育专业博士首先要有一定的教育基本知识和研究方法，才能参与教育实践的行动研究。

我们的博士研究生是研究高等教育的，包括研究我们自己。希望我们的研究生，尤其是教育专业博士能对应用型研究生的定位、特点、培养方式方法等，进行深入研究，提出建议。

专题 4.15　借鉴国外（境外）经验，建构职业教育体系

从世界范围看，高等职业技术教育是第二次世界大战之后才开始被重视的。西方国家和部分地区比我们起步早，可以给我们提供参考和借鉴。如日本的短期大学、英国的多科性技术学院、美国的社区学院等的特点，以及我国台湾的技术职业学院的经验，尤其是德国的双元制和应用型科技大学。在比较分析中，我们要弄清楚两个问题。

第一，为什么在工业经济的早期，经济的发展主要得益于初等或中等职业教育的支持，而到 20 世纪 50 年代即第二次世界大战之后，发达国家的经济社会发展越来越需要高等职业教育的支持，不再只满足于初等、中等职业教育的支持。尽管一般还只要求达到专科层次的职业教育的支持，比如短期大学、社区学院等，刚开始时都是专科层次的，但随着知识经济、高科技生产的发展以及管理的科学化，高等职业教育在许多发达国家呈现出上移的趋势，即专科不够，还需要本科甚至硕士。中国当前应该着重发展中职教育还是高职教育？中国的高职教育要不要继续往上移？我认为，这要看生产、技术的提高与发展情况。中国当前生产的技术含量还较低，中职所培养的技能型人才还是大量需要的。但同时，也需要大力发展高职，因为生产方式要从粗放型向集约型转变，中国经济要转型发展，生产的技术含量要提高，有些生产部门的高职，可能还得从专科层次提高到本科层次甚至更高层次。经济界流传一种说法，叫作"中等收入陷阱"。指的是一些发展较快的发展中国家，如拉丁美洲、东南亚一些曾经发展较快的国家，人均水平达到中等收入（一般指年平均收入三四千美元到一万美元，但年度不同，标准也有所不同），生产力就不再提高了，经济发展就陷于迟滞甚至停顿。原因是缺乏进一步提高生产力、发展经济的应用型专门人才。因此，高等教育培养专门人才，不能只停留在当前的人才市场需求上，还应适度超前于当前的需求，要培养适应第四次工业革命、知识经济社会以及诸如"2025 制造业"需求的高层次技术人才。当然，只能根据各行各业的情况，避免一窝蜂地相互攀比。像台湾地区专科层次的技职学院那样，都提高为本科层次甚至培养研究生的科技

大学。

第二，职业教育与普通教育存在什么样的关系，是不是职业教育要与普通教育接轨才能够有出路？现在职业教育不受重视，大家对它还存在偏见，城市中上层的父母不愿意送子女去职业院校。有一段时间，中职学校招不到学生，学生都念高中去了。后来听说，上中职学校也可以升大学，生源稍好了些。不过，后来中职升大学又只能够送高职，而且只能够百分之多少上高职，中职又被限制住了。当时，有人认为，职业教育只有跟普通教育接轨才能有出路，因此提出要在职业教育与普通教育之间建立立交桥。

是不是高职教育只有和普通高等教育架上立交桥才有出路呢？现在世界各国有许多是双轨并进的，并不强调架什么立交桥，而是中等职业教育和高等职业教育，专科层次的高等职业教育到本科层次甚至到研究生层次的职业教育自成体系。比如，台湾地区的高等教育就实行双轨制：一轨是普通教育，一轨是技职教育。在台湾，开始时大量只是专科层次的技职教育，后来有一些本科层次的技职教育，称为技职学院。20世纪末，技职学院数量还不多，但到现在技职专科差不多都专升本，升格为技职学院，有的改为科技大学，可以招研究生了。当然，专科层次的高职都提高为本科层次的技职学院，是否快了一些？但技职教育，自成系统，是值得我们借鉴的。我们现在的高职，只限于专科层次。专升本，只能通过立交桥，把职业教育变为普通教育。这就使得许多职业技术学院不安心于办职业教育，学生也不安心念职业教育，一心准备专升本、职业变普通。"人往高处走"，专升本是无可厚非的。现在的问题是，是不是高职教育只有架立交桥走进普通本科才有出路呢？

国务院的有关职业技术教育文件，更指明职业教育与普通教育，不是两个不同的等级，而是两个并列的同样重要的体系，但是，教育管理部门尚未出台相应的实施办法。在高考招生中，仍是按本一、本二、本三批次录取，剩余的才让高职录取，以至于人们心目中总认为高职教育是低等教育，有的学生宁愿复读一年，明年再考也不愿当高职生。

现在，国家很重视职业技术教育的发展与提高，以适应经济社会的转型发展，提出建立职业技术教育体系，一般要求新建本科转型为应用科技大学，还有一些地方试办本科高职。我认为不必做统一规定，让实践检验，也允许多样化并存。

职业技术教育的发展，还有更深层次的意义。1999年，在韩国召开了第二届国际职业技术教育大会，大会强调职业技术教育是终身教育的内在组成部分和教育主渠道的组成部分，并没有强调职业技术教育和普通教育的沟通。因此，职业技术教育是自成一轨好，还是通过立交桥升为普通本科好？利弊得失如何，可行性如何，很值得我们研究。

研究这个专题要求弄清楚：（1）各个国家的高等职业技术教育有哪些值得我们借鉴，有哪些不值得我们借鉴或不可行？（2）职业教育是自成系统好，还是通过立交桥升为普通本科或应用型本科好？请提出你的意见。

专题 4.16　职业技术教育发展的新形势

为适应经济社会的转型发展，建设现代化社会主义科技强国，国家对职业技术人才的培养更加重视。近年来，国务院出台了许多改革发展职业技术人才的新政策、新措施，以培养应用型工程技术人才和大国工匠。特别体现在 2019 年的政府工作报告中。这份报告，正如记者所说的"内容篇幅之多、涉及范围之广、功能定位之高、支持力度之大，为前所未有"（《中国教育报》2019 年 3 月 7 日第 7 版）。我认为主要在于：（1）职业教育的地位，明确"职业教育与普通教育是两种不同的教育类型，具有同等重要的地位"。这样职业教育就可以不再作为普通教育的附庸，按普通教育的模式办学，能够面对职业技术的现实和发展的形势，进行改革和发展。（2）增加招生数量，2019 年一年间将增收学生 100 万人，从而也就要扩大生源对象。即不只招收 18～20 周岁的高中阶段毕业生的传统生源，今后退役军人、下岗职工、农民工等非传统生源也将大量进入高职院校学习。（3）由于高职学生组成的变化，高职培养目标、课程组织、教学方法、师资结构、实践基地以及招生方式等，也将相应地变化。

研究这个专题要求：对今后高职的内涵式发展即课程、教学师资以及实践基地等的变化进行研究。

专题 4.17　社区高等教育的产生与建设

　　高等教育大众化催生了巨型大学,也催生了社区学院。也就是说,巨型大学是高等教育大众化带来的,社区学院也主要是高等教育大众化带来的。第二次世界大战之前,美国只有数量不多的初级学院,念的是大学一、二年级的课程,方便适龄青年就近上学,到三年级之后再转到大学去。第二次世界大战之后,多数改为以职业教育为主的社区学院,迅速发展,到今天已占高等学校数40%以上。可见,美国大众化快速发展催生了社区学院。而社区学院推动了大众化、普及化。中国高等教育大众化发展过程中,也曾提出要不要办社区学院的问题,而且社区学院已经在一些地方开始发展起来,但总体而言还不普遍。

　　中国已经办的社区学院似乎是一个大杂烩,有搞职业技术教育的,有办高中复读班的,更多的是自考助学班,还有短期的职业培训班、老年大学等。在这种情况下,如何构建我们的社区学院体系呢？我认为,正规的社区学院,要以有学历的高职教育为主,以非学历的短期职业培训为辅。根据社区居民需要,举办各种教育活动,成为学习型社会的基层组织。为什么这样说？因为在中国现实情况下,只有有学历的高职教育,才能有稳定的秩序,在稳定的基础上谋求发展。为什么以职业培训为辅呢？因为这可以比较好地适应当地青年的就业需要,也才能解决办学经费问题。根据美国的经验,社区学院为何越办越好,而且不管经济形势如何,社区学院都受欢迎,无论失业率高的地方还是失业率低的地方都有求于社区学院。如果失业率高,政府希望建一些职业技术学校,让更多的青年在学,一方面减轻失业的压力,另一方面为就业做准备；如果就业率高、失业率低,企业界希望社区学院能够为他们培训员工,提高职业技术水平。2005年,以"教育总统"自居的布什拨2.5亿美元赞助优质的社区学院,用意很明显,即想提高青年的就业率,减轻失业压力。

　　中国的社区学院刚兴起,目前还没有形成明确的办学模式。从理论上说,社区学院的产生与发展有自己的理论基础:一是高等教育直接为社会服务,这是高等学校三个基本职能之一。可以说,社区学院就是直接为社会服务的。二是高等教育大众化的理念。三是终身教育和学习型社会的理论,因为教育今后要终身化,社会要形成学习型社会,而大家不可能都跑到大学里去受教育,应该有适应学习型社会需要的、形式多样的、灵活方便的可为大家提供终身教育的场所。

研究这个专题要求:(1)了解国内外有哪些社区教育模式,哪些适合国情可以推广。(2)探讨社区学院与社区经济发展的关系。(3)了解社区学院产生与发展的理论基础。需要解决哪些问题。(4)探讨社区高等教育与学习型社会的关系(可以以韩国为例)。

专题 4.18　教师教育理念与模式的演变

21 世纪以来，在世界教师教育影响下，中国教师教育有两个大变化，一是理念的变化，一是模式的变化，也可称为制度的变化。模式的变化已经实现，理念的变化只有少数理论工作者注意到了，多数人还"不知道"。

首先讨论模式（制度）的变化。中国师范教育，从 20 世纪以来，参照国外的变化，有很大的改革。主要是：第一，提高师范教育的层次。小学教师提高至师专（由于大多数师专升本，已是提高至师范本科）；初中教师提高至师院本科；高中教师，相当部分要求为硕士研究生。第二，非师范院校，主要指综合大学，也可培养师范生。第三，许多地方，教师职前教育和职后教育合一。模式的变化，是受西方的影响，但改革的思路与重点，似乎同西方不同，所以有必要弄清楚国外教师教育模式的演变。

一般来说，20 世纪 50 年代以前，中小学教师大多是在独立设置的师范学院或教育学院中培养的。师范学院或教育学院在学科知识水平上往往低于综合大学或其他专业学院，因为师范学院或教育学院学科知识与教育知识、技能并重。学生需要修大量的教育课程和教育实习。但也有的是在综合大学中培养教师，如英联邦国家，采取 3+1 模式，三年学习学科知识。如果要当教师，再修一年或两年教育知识与教育技能。总之，在 50 年代之前，两种模式并存，但以独立设置的师范学院或教育学院为主。这种模式，称为封闭式的师范教育。新中国成立前一般是在综合大学中设置师范学院或教育学院，新中国成立后学习苏联，师范院校都是独立设置的，综合大学只负责培养部分学术水平较高的高中教师。

独立设置的封闭式培养教师，理由是：在师范教育环境中，有利于培养师范生的专业教育思想，在师范环境中熏陶师范生的师德。但实际情况似乎恰恰相反。学校不论如何封闭，总要受社会的影响。小环境天天讲教师如何崇高，教师是怎样受人尊敬的职业，而大环境则是教师待遇不好，社会地位不高。小环境顶不住大环境，师范院校的毕业生，不见得就愿意安心当教师。那些念了大学本科再接受教师教育后当教师的学生，反而更专心于教育事业。

原因在于大学生入学时，一般只有18岁左右，要求18岁的青年就立志终身从事教育事业，显然很难；而如果他到大学本科毕业，年龄增长至22岁左右，有了自我选择的能力时，再想当教师，那时他的选择和决定所具有的意义就大不一样了。因此，美国在20世纪三四十年代，就有一些师范院校开始改为综合性大学，第二次世界大战之后，尤其是七八十年代，师范改综合成风。现在仍称师范院校的已经很少。中国的台湾也是如此，大多数师范院校已改为大学，只剩下几所尚未改。不改名称的，也都淡化师范，大量招收非师范学生，成为"是师而非师"的师范院校。中国大陆情况，基本上也是如此。80年代，由于当时教师待遇太差，青年人不愿念师范当教师，因此许多师范院校大量增设非师专业。如今不论改为地方多科性学院或仍戴着师范帽子的师范学院，非师专业的学生大多占一半以上，有的甚至是2/3以上为非师专业学生。在"是师而非师"的院校中学习的师范生，专业思想更差，所受的负面"熏陶"更甚。可想而知，在同一所高校中学习，你念外语，他念财经、工科，人家的理想是当外交官、工程师、总经理，而你却将一辈子当穷教师。年轻人会怎么想？为了怕师范生、中小学教师流失，有关部门曾采取了许多办法，不许"跳出师门"。其结果，使更多青年怕进"师门"。因为一进"师门"，不论师范生或教师就出不来了。在20世纪八九十年代，曾经形成一种很严重的现象。当然，这种现象现在已经缓和得多了。一方面，教师待遇和社会地位有所提高；另一方面，大学毕业生就业困难，非师范专业的学生就业，未必比当教师更易更好。

关于模式变化，除了师范教育升格和师范院校办非师范专业之外，还有师范教育开放、职前职后教育合一等政策。在师范教育开放上，除了一些多科性大学为了"学科齐全"而"聊备一格"之外，一般综合大学对于办师范并不热心。至于职前职后合一的改革，从理论上说，是完全正确与必要的。原来的师范教育，分为两个部分。职前教育，属于学历教育，由师专或师院在参加统一高考的考生中录取；职后教育，一般是非学历教育的培训，属于成人教育系统的教育学院或教师进修学校，由教育主管部门统筹安排。职前教育的师范院校，教师学历水平较高，但中小学的教育经验不足；职后教育的教育学院或教师进修学校，教师大多数是从优秀的中小学教师或管理部门中调任，教育经验丰富而学科知识水平往往不高。两者合在一起，可以起优质教师资源互补的作用。同时，职前的学历教育一般按学年、学期上课，而职后的非学历培训一般利用寒暑假、周末或晚间上课，可以充分利用教室与设备，效益明显。有的地方合并了，但有的地方则由于种种原因，至今仍是职前职后，各办各的。

其次讨论理念的变化。师范教育，随着从封闭走向开放，人们更多地用"教师教育"这个名词。"师范教育"与"教师教育"，从逻辑的"概念"上说，是同一概念。前者的着重点在于规范化，后者的着重点在于专业化。教师是一种专门人才，所从事的是一种专业化的工作。正如律师、工程师一样，必须掌握一定的教育专业知识能力的专门人才才能担当，并不是会读会写会算的人就能当小学教师，学过某些学科知识的人就能当中学教师；也不是一般公务员就能当校长、教导主任。为了强调教师工作的专业化，也为了表明与原来封闭式的师范教育有所区别，有所改革与创新，人们更多地使用教师教育这一概念。现在许多培养中小学教师的二级学院不再称为师范学院，而称为"教师教育学院"。

如果说从师范教育到教师教育的变化只是着重点的不同，并为大家所理解，则近年来用"教师发展"（faculty development）来代替"教师培训"（teacher training），却不被很多人了解。只有一些零星的文章引进了这个新的概念。厦门大学高等教育科学研究所于2006年，同挪威、立陶宛的高教界联合在厦门召开的"教师发展与高教质量研讨会"，可以说在国内较先引进"教师发展"这个新概念。探讨"教师教育"的新理念。近年来，许多大学纷纷设置"大学教师发展中心"，只是将它作为重现教师培训工作的新机构，并不理解这个新概念的内涵。因而，很难实现教师发展的新模式。

教师发展与教师培训有什么不同？

两者所表达的理念不同：教师培训是从外部的社会、组织出发，要求教师接受某种规定的教育（培训）；而教师发展是从教师主体出发，自我要求学习某些知识、技能，达到某种目标的活动。前者是规范性的教育，后者是生成性的教育。当然，教师发展可能采取某种形式的培训，但重视的是自主性、个性化、自主学习、自我提高。规范性的教师培训，一般是采用送出去培训或学校自办培训班；生成性的教师发展则更多采用合作方式。如听课、观摩、讨论、咨询以及以老带新等；采用自主学习、自我提高方式：如读书、研究、演练等。本门课程在学习、研究、教学实践上，采用课堂录像，把录像交给本人观摩自己的教学现场，自己发现问题，自行改善提高，就是一种行之有效的教师发展方式。现在，我还组织几位年轻教师和2013级博士生，承担"大学教师发展理念、内涵、模式与动力"课题研究。已有一批中期研究成果发表。

研究这个专题要求：(1) 介绍若干国家教师教育的理念和模式。(2) 研究封闭式师范教育和开放式教师教育的优缺点。(3) 讨论教师发展的理念和模式。

专题 4.19　女子高等教育的国际比较

我写过一篇文章，把女子高等教育定位为一个国家的男女平等的寒暑表，即女子高等教育可以反映出一个国家男女平等的情况。当然，这个寒暑表并不是很准确，也不是绝对的。

男女受高等教育是否平等，一般是以女子入学数占男女总入学数的比例为基本标志。这是一个标准，但不是唯一的标准。现在有些文章，一谈起男女受教育是否平等，就以这个为标准。事实上，女子高等教育入学率已越来越不能代表男女平等的情况了，即当女生的比例已经达到甚至超过人口的女性比例，对解说男女平等也就没有什么意义。比如说，美国女生的比例是 55.8%，澳大利亚女生的比例是 53%，那是不是这两个国家的男女平等了，是不是女子的地位比男子高了？又如，有些阿拉伯世界国家女生特别多，我到科威特时，知道他们的女大学生占 58%。其中真正的科威特人，女生占 69%。因为男孩子不喜欢读书，要读书也往往到邻国去留学；女孩子反而要读书，希望能独立谋生，而出国读书又比较难。

判定男女是否平等，除了男女入学机会平等外，应该还有更高、更科学的标准。前面谈过，教育公平的标准实际上体现在三个方面：一是教育起点公平，即入学机会平等。二是教育过程公平，即享受教育服务的机会平等。比如说，北京大学、清华大学的学生所享受教育服务的机会就比地方大学和高职院校的学生高得多。三是教育结果公平，即毕业之后就业机会平等。在入学机会平等之外，还要看读的是什么学校，毕业后在什么样的岗位工作。只有同时从这三个方面进行考察，才能确定女子教育是否平等，达到平等的程度如何。

从层次看，一般说，层次越高，女大学生的比例越低。例如，日本平成 18 年（2006）的统计，女大学生的比例是 42%。但其中，短期大学达到 87%，而大学只有 39%，其中研究生只有 30%。中国高等教育各个层次的女大学生，都体现得比日本平等，根据 2016 年的统计，女大学生的比例，普通本专科总计为 52.53%，也就是说，女大学生占一半以上。如果按人口比例，男多于女，女大学生的大学入学率已大大高于男大学生。这可能与中国的高考制度有关。在高考中，女生考试成绩总体高于男生。有人认为中国的高考命题，偏于记忆能力的测评，而女生的记忆能力强于男生；但也有不同的意见，认为不采用高考制度的国家，也存在女生多男生少的现象。这一世界性的普遍现象，有待于进一步研究。以上只是就总体而言，如果进一步分析，中国的专科女生占51.17%、本科女生高达53.44%、硕士女生也达到53.14%，只有博士生女低于男，占38.63%。与国外比较，高等教育最发达的美国，副学士（社区学院之类）女生占60%、学士女生占56%、硕士女生占58%，都高于男生；只有女博士生41%，略低于男博士生。但如果从另一个角度看，日本短期大学与博士的女生比例相差57个百分点（从87%降到30%），美国副学士与博士的女生比例相差19个百分点（从60%降到41%），中国专科与博士的女生比例只约相差14.66个百分点（从51.59%降至36.93%）。从这个角度看，中国的男女比美国较为平等些。

　　从科类看，世界各国有共性的地方，即存在男性领域和女性领域之分。女性领域大概有语言、艺术、文学、家政、教师、医护（主要是护士）等。男性领域大概有工程、政法、财经、农林等。我们认为，如果女性都局限在女性领域，很少或不能进入男性领域，可谓男女不平等；如果女性敢于冲到男性领域中去，说明这里的男女比较平等。在中国，财经首先被冲破，女子达到40%以上，比其他国家要高。事实上，政法、农林也有不少女生。中国的理工科，女子占到24%左右，远远低于平均数。但美国理工科的女子只占15%，日本只占12%，比中国更低。再者，我们可以看到中国的女子在体育上的扬眉吐气，这说明中国的男女是比较平等的。

　　当然，不能说中国男女已经平等，也不能说中国受高等教育机会男女已经平等了。首先，在层次上，中国还是高层次的低，女博士只有1/3左右。在科类方面，很多领域女性比较少，基本只有1/4，甚至只有1/5。其次，再从就业上说，差距就更大。女大学生就业，除个别部门，大部分比男大学生难；职位越高，女性越少。女子就业的职位开始虽然同工同酬，但后来升迁比较难，越升到上面女子就越少。虽然教育领域是女性领域，但据2016年统计，中国高等院校教师中，女性职称占比越往上越低：助教57.85%，讲师54.21%，副教授45.97%，教授只占30.33%。

21世纪以来,中国女子受高等教育出现一些有利的因素。一方面,现在家庭结构、家庭观念已经发生一些变化,传统的重男轻女在沿海大城市里已经日渐淡化(当然还只是淡化,并不是完全消除),城市知识分子或中产阶层,许多人认为生女孩子好,将来养老更有依靠。另一方面,高等教育大众化增加了女子上大学的机会。如果都是精英教育的话,女子上大学就困难得多,现在不必跑到很远的地方就可以上学,因为在本市或本县就有学校,如高职院校、专科院校,或者是民办学校,上学机会比较多。与此同时,我们还要看到不利的因素,即从免费上学到收费上学,而且有的收费越来越多,对女子的冲击比对男子的冲击大,对贫困家庭女子教育的冲击更大。另一个就是大学生就业难,过去包分配男女无所谓,反正都能分配出去。可现在不行,要自己就业,自己找工作,而女子在自主择业上处于劣势。近年来,由于收费高、就业难、大学毕业生工资低,新的"读书无用论"悄然吹起,弃考弃学逐年增加。其中女性弃考、弃学的比例多少,未见到确切统计,但估计女性弃考弃学的比例比男性高。更令人们担心的是,一种妇女回归家庭的思潮在悄悄兴起。这种思潮不仅仅在男子里兴起,在女子里也不少,连有的女大学生也认为回到家庭更好。只要男子社会地位比较高的,尤其是经济收入比较高的,女子就回到家庭,这在城市已经有不少。中国现在男女基本上是同工同酬,工薪家庭女子就业,可以增加家庭收入。假如跟国外一样,如果女子回家,没有工作,可以少交税并获得种种补贴,恐怕中国有一大批女子就要回到家庭中去。

研究这个专题要求:(1)从历史与国际比较的视角弄清女子高等教育的成就。(2)弄清女子高等教育还存在的问题。提出如何进一步发展女子高等教育的策略。如果有人愿意研究中国以及世界许多国家,女大学生多于男大学生的现象,可能是一篇很有意义的博士论文。

专题4.20 继续教育的国际比较

继续教育是在初始教育基础之上的职后教育。继续教育不是从小学开始接受的教育，而是经过一段教育之后，已经参加工作后进行的在职或不在职的职后教育。这个界定包含两个要点：一是在初始教育的基础之上；二是职后教育。不论世界各国对继续教育怎么定义，这两个要点都是大家公认的。

何谓职后教育，不同国家的认识很不相同。我去香港参加继续教育会议时，对此专门做过一些研究，觉得各国情况很复杂。比如，英国继续教育就是指成人教育，两个概念合二为一。因为英国公民都受过基础教育，成人教育就是继续教育。但在中国，不能把成人教育和继续教育等同，因为我国还有10 000多所成人小学和30 000多个成人教学班，116万注册学生。1 000多所成人初中和5 000多个教学班，46万注册学生。成人小学、初中只是基础教育，初始教育不是继续教育。

中国最初界定的继续教育是已经接受过高等教育，或者已经具有相当职称的工程科技人员的职后教育。因为中国的继续教育概念，最初是由于中国派代表参加在墨西哥召开的世界继续教育大会时引进来的。这个大会所讨论的是工程技术人员的职后教育，所以我国的继续教育最初是由国务院的科技干部局管理，而不是教育部管理的。当时，根据对美国继续工程教育的理解，提出继续教育就是大学毕业之后的工程师的职后教育。这是继续教育在我国最初的内涵。后来其他部也搞继续教育，首先是农业部。农业系统人员大部分是中等职业技术学校毕业后在农业部门工作，不能限于接受过高等教育。农业部发了一个文件，把继续教育扩大为技术人员的职后教育。到今天，继续教育的概念变得相当宽泛，如小学教师培训等也叫继续教育，以至《国家中长期教育改革和发展规划纲要（2010—2020年）》在"加快发展继续教育"中，把继续教育定义为"继续教育是面向学校教育之后所有社会成员的教育活动"。

事实上，中国现在的继续教育可以分为两类：一类是学历继续教育，一类是非学历继续教育。学历继续教育是指在职人员攻读硕士博士，尤其是现在的专业硕士、专业博士,我们的教育专业博士招收具有 5 年以上高校领导管理工作的硕士,也算是继续教育。这部分人数相当多,2016 年全国有 164 万硕士生,约 58 万是在职学习、接受继续教育的,占总数的 1/3 以上。

  非学历继续教育的数量更大。各种各样的、时间长短不等的培训班,不论是脱产的还是不脱产的各种培训,都属于非学历继续教育。只要它是在初始教育基础上,至少是在义务教育基础上进行的非学历的职后培训都属于此类。现在很多系统对本系统职工都有继续教育的要求,如卫生系统的非学历继续教育要求比较严格,都规定若干年内要修若干门课程,或参加多少场专家报告。国外对医生的要求更严格,规定医生当了多少年后,必须要修多少门课,拿多少学分,才可以继续当医生。因为不管医疗仪器设备也好,还是医药研究成果也好,医学的新知识、新技术,更新发展非常快,稍微放松学习,马上就会落后。所以不论是通过平时学习来提高医生水平,还是工作一段时间后脱产进修,只有不断接受继续教育,医生才能更好地从事本职工作。现在中小学教师也是如此。一般中小学教师都要求参加各种各样的课程学习,或星期天去听各种报告。尤其在中小学进行新课改的背景下,这些情况更加突出。

  继续教育是一个很庞大的系统,如果问教育部目前究竟有多少人在接受继续教育,恐怕难以得到准确的答复,我曾发现劳动部门的数据是教育部的数据的 10 倍以上。这是因为非正规的培训工作,不在教育部门的管理范围,因而各自的统计对象不同,口径不一。但是不管怎样,继续教育肯定是一个非常庞大的系统,而且随着社会生活、经济、科技的发展,对各系统在岗人员,不管是工程师还是一般职工,要求会越来越高,因此继续教育越来越显重要。关于继续教育,教育部门不太重视,高等教育研究界也不太重视。而事实上,我们历届好多研究生毕业后所从事的就是继续教育工作。例如,朱国仁博士在国家行政学院工作,那就是一个培训领导干部的继续教育机构;段艳霞硕士在厦门教育科学研究院办培训班,也是继续教育;还有许多人可能会兼搞培训班等之类的工作。更为重要的是继续教育是终身教育的重要组成部分,所以有必要把继续教育放在我们的研究视野之中。

  研究这个专题要求:(1)介绍若干国家继续教育的具体做法。(2)对中国继续教育工作提出一些规划性的意见和建议。(3)思考如何理解继续教育是终身教育的重要组成部分。

专题 4.21　融入终身教育体系的高等教育
——终身教育体系的构建和学习型社会的形成

终身教育是 20 世纪后期提出的一个重要理念，提出之后受到了世界各国的广泛重视，我国也把建立终身教育体系、创建学习型社会作为建立创新型国家的一个重要组成部分。《国家中长期教育改革和发展规划纲要（2010—2020 年）》更把基本形成学习型社会作为 2020 年以前的基本任务之一。

在终身教育体系和学习型社会中，高等教育怎么办？毫无疑问，如果构建终身教育体系，基础教育系统肯定要继续保持，九年义务教育的学校教育系统要保持。因为从中小学的年龄特征看，他们还不能从事工作，而且是学习最佳的时期，适合在一个稳定的系统中接受基础教育。高等教育则难说，因为高等教育不是公民教育，而是公民教育基础上的专业教育，教育对象是成人，接受高等教育的学生都可以工作。究竟是先工作再接受教育，还是先受教育再工作，成为高等教育面临的可能选择。因此，高等教育是否还要成为一个阶段或一个系统，值得进一步研究。

日本学者有本章先生认为，日本的高等教育已进入后大众化时期，此时已不应以学校学生数的多少来确定高等教育的普及化，而应使之融入终身教育体系中。马丁·特罗教授在 1997 年参加一次会议时也谈到，高等教育到普及化阶段时，可能就不是按在校登记学生多少来计算普及率，不是按照数字算普及率，而是融入大的终身教育体系中去。因此，我在《多学科观点的高等教育研究》一书中关于"历史学的观点"第一句话，就提出一个命题："教育是永恒的，高等教育是一个历史概念。"为什么说教育是永恒的？因为有人类就有教育，不管世界变成什么样子，都离不开教育。高等教育则不一定，现在这个概念已经不能包括中学后的多样化教育，而是要用"第三级教育""中学后教育"来标示。也就是说，将来的高等教育可能只是终身教育的一个组成部分。正如《世界高等教育宣言》所说的："高等教育是终身教育的推动力量。"如何理解高等教育是终身教育的组成部分或推动力量？《世界高等教育宣言》提出要为大学生提供一系列最佳选择的课程，和进入、离开高等教育系统的灵活措施，实际上就是融入终身教育之中。到那时候，大学生可以自由选择专业和自由选择学习方式，可以通过普通高等学校、成人高等学校、培训班、网络等形式，利用各种不同的方式在不同的时间、空间学习。也就是有本章先生所认为的，在大众化之后，越来越多的成人将多次进入大学接受继续教育，高等教育也就变成终身教育，而不是按照数字来计算高等教育处于什么阶段。此时，大多数的成人可以在家中或在单位或通过远程教育接受继续教育。

现在，终身教育已经不是一个抽象的理念或未来的理想，而是正在建设之中的教育体系。但对终身教育概念的外延还有不同的认识。有的人认为终身教育体系是与国民教育体系并行的两个体系之一，那么，基础教育、高等教育就被排斥在终身教育体系之外；我们则认为终身教育是一个包含所有教育在内的教育体系，包含学历教育与非学历教育、正规教育与非正规教育、国民教育体系与非国民教育体系的成人教育、继续教育，每类教育都是终身教育体系的组成部分，在终身教育体系的平台上发展、完善。我和李国强所承担的一个文科基地重大课题就是"在终身教育平台上，各类教育的发展"。组织了2位博士后、5位博士生和1位青年教师合作，分别探讨各类教育如何以终身教育的理念为指导，改革创新。写出8篇系列论文，作为系列丛书出版。其中，高等教育将融入终身教育体系，成为终身教育体系中特定的教育层次。由于它不是终结性的教育，可能不再称为高等教育而只能作为中学后教育的一个层次即第三级教育。

研究这个专题要求弄清楚：（1）如果高等教育作为终身教育的组成部分，是否还有独立层次的高等教育系统，或只是多样化的中学后教育或终身教育的组成部分？（2）如何理解《世界高等教育宣言》中所提的"高等教育作为终身教育的推动力"这句话？如何发挥推动力的作用？

专题 5

高等教育研究

潘懋元文集
PANMAOYUAN WENJI

参加电影首映礼（2019年5月）

专题5.1 中国高等教育研究的进程、问题与前景

从这个专题开始,将要研究高等教育学科自身的问题。大家现在已经参加到高等教育学科这个行列中来,现在所从事的和可能从事的是高等教育学的教学、研究与应用的工作。对这个学科的情况应当有比较清楚的了解,才能积极推动学科的发展。

中国高等教育研究,作为一门专门学科来开展,具有如下特点:

(1) 起步晚。系统的高等教育学学科研究,开始于20世纪70年代末至80年代初,至今不过50年。国外有的国家起步较早,也就是五六十年代才开始,至今不过半个多世纪。一门学科没有百年以上的历史,只能算是新学科。

(2) 发展快。中国在短短的三四十年间,高等教育已经形成了一个庞大的学科群。分支学科或交叉学科有高等教育哲学、高等教育社会学、高等教育经济学、中外高等教育史、比较高等教育、高等教育管理学、大学课程与教学、大学教师以及大学生心理学等。

(3) 队伍大。从事教学、科研、编辑的专职队伍3 000~5 000人,偶或参加研究的数以万计,还有数以千计在学的高等教育学或高等教育管理的研究生。

(4) 机构多。全国本科以上的院校,一半以上有高等教育研究所(室),许多高职院校、民办院校也有相应的研究机构。其中培养高等教育学或高等教育管理学的硕士点超过100个,博士点20多个。

(5) 成果丰富。专著每年数以百计;刊物近年虽有所减少,但一般的教育刊物、大学的学报等非高等教育专刊也经常大量发表高等教育论文或译文,据不完全统计,每年有15 000篇以上。每年还有数以百计的高等教育学术研讨会或论坛,中央和各省市的教育科研课题有1/3是高等教育或与高等教育有关的。

中国的高等教育研究,被国外称为"高等教育研究大国"。丰富的研究成果,除了不断进行学科的理论建设外,在研究高等教育实际问题推动高等教育的改革、创新、发展上,也起了一定的作用。

(1) 为国家或地方发展高等教育的决策,制定发展战略与规划,提供理

论依据或咨询。

（2）为高等教育院校的办学、管理、教育与教学工作，提供理论指导与咨询。

（3）对教师的教育、教学工作，起理论指导或经验传播的作用。

但是，质疑、批评的意见也不少。

（1）来自一般人的批评：高等教育研究的文章多、质量低，许多文章是低水平重复，往往是为了提升职称而拼凑出来的。

（2）来自普通教育理论工作者的批评（一般是师范院校的教授们）：队伍庞杂，三教九流。大多不是教育学科的科班出身，理工农医、文史哲经，各种出身的都有，有的缺乏教育基本理论修养，有的写出来的文章不规范，有的文章只是经验之谈，一得之见，缺乏理论深度。这类批评起初很厉害，现在少了一些，因为每年有大批高等教育学硕士、博士加进这个研究领域，他们都属于科班出身。特别是非教育科班出身的学者，在多学科交叉上所做出的科研成果，是单纯教育科班出身者所做不到的，或多或少改变了这类批评者的观点。因此，普通教育研究者，也有不少人加入到高等教育研究的行列。

（3）来自高等学校一般教师的批评：宏观大道理的文章多，微观的教学研究文章少，对大学教师工作帮助不大。

（4）来自高校领导的批评：一般理论研究多，针对本校实际问题研究少，不能在本校规划、管理工作上起咨询作用。

（5）来自政府教育管理部门的批评：有关教育的重大政策宣传力度不够，有的文章不能与政策保持一致。不能很好地根据教育管理的需要，提供咨询服务。这类批评近年来有所减少，有的官员自己也参加研究或愿意听取理论工作者的意见。

（6）来自高等教育理论工作者的批评：文献研究多，实际的调研少，实验研究几乎空白；思辨性的研究多，实证性的研究少；有的只是发空论，有的只是抄外国文章，有的只是罗列统计数字而不进行分析研究，没有切实负起理论工作者的社会责任。

（7）来自一些青年理论工作者的批评：现实问题研究多，基本理论研究少，热心于赶热门话题，或者为宣传而写应景文章，不重视学科理论建设。

你们可能还听到更多的批评。这些批评，我认为有的是正确的，如说我们的研究思辨多，实证少，实验性研究空白，这的确是前一段时间的通病。这一缺点，近年来已略有改正，但又出现一些只罗列现象，堆砌数字，不分析研究或缺乏理论依据的文章。有的批评不完全对，或者说只对了一半，如：一般教师说宏观大道理讲得太多，微观的教学研究太少；而教育主管部门的官员则说宏观政策宣传不够，而一门课程的微观教学研究太多；是从各自的需求提问题，各自的角度提批评的。还有的说低水平重复的多，这种现象确实存在，应当努力提高水平。但"低水平"的研究也有它的价值，不可能所有的人，都唱"阳春白雪"，"下里巴人"也有其群众需要。至于为提升职称而写文章，则是我们的职称制度逼出来的，但为了写一篇能够公开发表的文章，总得读些有关文章，搜集些资料，或者总结自己的经验。也就是，通过自学、研究，也有自我提高的价值。还有的批评，恰恰是高等教育研究的特色和优点，比如说我们的队伍庞杂，非科班出身的多，恰恰是我们的优点。高等教育是多学科的专业教育，需要有各种学科功底的专家参与微观的教学研究；高等教育与社会的各个系统、各个部门的联系密切，更需要不同学科专家从不同学科角度进行研究。多学科研究是高等教育研究的特点，多学科专家对高等教育问题感兴趣而踊跃参加，是高等教育研究之所以迅速兴盛、生机勃勃的动力。

总之，对于正确的意见和批评，我们应当虚心接受。而对于那些不正确或不了解情况的意见，我们也应心中有数，有机会的话，做适当的解释或说明。重要的是不要受其影响，动摇信心。我在提倡研究高等教育理论、建立高等教育新学科之初，既有热烈赞赏、赞同者，而诘难、批评的意见比现在多。多听，才能心中有数；不动摇，因为高等教育需要改革、需要完善、需要创新，就得要有不断的研究。高等教育正处于大改革、大发展之中，问题很多，问题多对于我们研究者来说是好事，问题多才能够在解决问题中前进。我们的理论工作者就是为解决问题进行研究的，如果没有问题的话，就不需要我们进行研究。简言之，高等教育要改革、要发展就会有问题，有问题就需要高等教育理论研究。

研究这个专题要求：（1）对高等教育研究的进展做一个简短的叙述，对上面所提出的这些问题进行评论。（2）对高等教育研究的前景进行前瞻，对今后的做法提出一些建议。

专题 5.2　高等教育学学科建设与问题研究的关系
——兼论高等教育研究的"学科"与"领域"之争

前一专题提到，有青年高等教育理论工作者批评现在的高等教育研究，学科理论建设研究少，现实问题研究多，赶热闹的话题太多，走偏了方向。这个批评很难说是对还是错，可以作为一个问题进行研究。能够提出这个问题的，肯定是热心于学术研究的人，是有头脑的青年理论工作者。但也可以肯定，这是该研究领域的一个新兵，是位年轻的理论研究工作者。为什么这么说呢？因为他认为高等教育学的学科理论建设不受重视，进展不快，基础不深，不能很快成为一个很成熟的学科。但他不了解高等教育研究所走过的道路，也不了解国外高等教育研究跟中国高等教育研究的不同。国外至少美国或在美国影响下的大多数国家，认为高等教育学只是一个研究领域而不是一门学科。

如果高等教育学只是一个研究领域，那么高等教育学研究的就只是一个个现实问题，如高等学校的经费问题、学潮问题、大众化问题以及一流大学问题等，而不是一个学科体系。美国不仅重视一个个问题的研究，还重视一所所学校的研究，尤其对本校的研究，即"院校研究"（校本研究）。有些美国学者认为，不存在系统的学科建设问题，不承认高等教育学是一门学科。而中国从一开始就把它作为一门学科来研究，研究学科的理论体系，而且作为一门独立的学科建制，进行学科建设。日本的高等教育研究起步比我们早，在1972年就建立了第一个高等教育研究机构——广岛大学高等教育研究开发中心，由冲原丰担任该中心的中心长。为什么要建立这个研究中心呢？因为20世纪60年代末70年代初，世界各地都发生学潮，日本也不断发生学潮。文部省为了研究学潮、解决学潮问题，专门成立了一个研究机构来研究大学学潮问题。广岛大学是由几所师范学院合并而成的，教育研究有较好的基础，冲原丰就是著名的比较教育家，承担了这个任务，在广岛大学建立了高等教育研究开发中心。可见，广岛大学的高等教育研究开发中心是针对一个单独的学潮问题而建立起来的。当时，美国等许多国家的高等教育研究机构也是围绕学潮问题建立的。各个国家的学潮暴露了高等教育存在的问题,如法国的学潮是由招生问题引起的,因为法国普通大学招生是不经入学考试的,当时教育部颁布新规定,招生要考试,引起了学生罢课,最后迫使当时的教育部部长辞职。

中国是在20世纪70年代末80年代初,建立起包括厦门大学高等教育研究所在内的第一批高等教育研究机构,其后许多大学都建立了高等教育研究机构,各省也纷纷成立高等教育学会。那时,中国遇到的问题是,新中国成立以来,中国不断搞运动,违背经济规律、教育规律,"文化大革命"更把中国的教育给破坏了,尤其高等教育是重灾区。因此大家反思:中国的高等教育为什么老是违背教育规律办学?探讨高等教育规律不仅是一个现实问题,要把它提到理论的高度来讨论。因此,中国高等教育研究首先研究办学规律,即从探讨教育发展规律开始。发展经济要按照经济规律办事,不能违反市场规律和价值规律;发展教育也要按规律办事,不能违背教育规律。大学的办学效率不高,老是发生这样或那样的问题,就是因为没有遵循教育规律。因此,中国的高等教育研究一开始就直接指向教育的基本理论,探讨教育规律,研究高等教育体系,也就是作为一门学科来研究的。

20世纪80年代以来,中国提出改革开放,需要解决许许多多的实践问题。因此,虽然大量的力量用在研究改革开放中的现实问题,但始终没有放弃学科建设。高等教育研究一直沿着两条并行而又相互交叉的轨道发展:一条是学科建设;一条是现实问题的研究。简单地说,西方高等教育研究是问题研究、院校研究,研究一个一个问题、一所一所高校,中国高等教育研究是学科理论研究和现实问题研究并进。但在研究成果上,现实问题研究的数量要远远多于基本理论研究。因为问题研究谁都会,只是或深或浅而已;理论研究要是没有一定基础,是很难从事的。学科理论研究的数量少,但不等于不顾学科建设而走偏了方向。

30多年来,我们的学科建设还是有不少成就的,已经建立起一个庞大的学科群,分支学科发展很快,都有专著出版。高等教育学这门带头的主干学科,也基本上有了一个不够成熟的学科体系。这里说明一下,我们所说的学科体系有三种体系:第一个体系是理论体系;第二个体系是知识体系(经验体系、工作体系),是经验的积累,可以指导工作,但理论深度不够;第三个体系是课程（教材）体系，是按照学习心理和教学原则来编排的。现在出版的《高等教育学》和我所编写的书都属于知识体系，是从经验中总结出来，按照工作需要分章把它罗列出来的。各章各节之间有一定的联系，但不是内在的逻辑联系和必然联系，所以还只是知识体系，而不能说是理论体系，只有个别专著在探讨建立理论体系。

在中国高等教育学会之下，成立了一个高等教育学研究会，当时的主要任务就是，希望通过学者的共同努力，建立起高等教育的理论体系。因为高等教育学研究会是中国高等教育学会下属的所有专业委员会里面唯一的一个专门从事高等教育基本理论研究的组织，它的任务就是要研究理论体系。第一届、第二届和第三届高等教育学年会都把高等教育学的学科建设作为主题，研究如何构建高等教育的理论体系问题。

一般说来，理论体系的构建首先要确定理论的逻辑起点。什么是逻辑起点？数学的逻辑起点是不证自明的、简明的公理，生物学的逻辑起点是细胞（现在可能是基因），政治经济学的逻辑起点是商品。教育学和高等教育学的逻辑起点是什么呢？虽然现在已有各种提法，但没有人能够很好地找准它的逻辑起点。除了逻辑起点，还要有一连串的规范化概念，然后按照学科内在的逻辑，以严谨逻辑方法逐步展开，推导出一系列规律或数理上的公式等。大家知道，数学是建立在若干最简单的公理上，然后逐步推导出来的。这些最简单的公理，隐含着数学最复杂的定理在里头。政治经济学的商品也是最简单的东西，但商品里隐含着很复杂的各种经济关系。动植物的细胞是最简单的，但它隐含着所有生物发展的基因。

高等教育的逻辑起点是什么？高等教育研究者花了很大力气想要找到它，但找不出来。或者说，众说纷纭，莫衷一是。第一、二、三届高等教育学年会以后，一直还在讨论逻辑起点和体系建设问题，大家企图从纯理论角度探究一些重大的现实问题，但始终难以有所进展。高等教育学研究会第三届大会之后，大家认为如果长此以往，就会使会议成为同仁组织，几十个人的沙龙。高等教育在发展，很多火热的现实问题背后，都有理论问题，既不应就事论事，也不应撇开不管，而仅仅研究逻辑体系和逻辑起点，脱离了实际，不行。因此，第四届年会我们就转变了，号召大家要研究教育的现实问题，通过现实问题探讨理论。第五届年会在华中科技大学开会的时候，也就是我当理事长的最后一任，专门研究教学改革问题。过去经常只有几十个人参加，这次会议计划五六十人，预计最多也不会超过七八十人，结果一下子来了两百多人。

现在，我们还有一些人在推敲怎么搞基本理论建设，从来没有间断过。比如说，薛天祥主编的《高等教育学》就力图用"高深学问"作为高等教育学的逻辑起点。大学是研究高深学问的，研究高深学问是大学的共性，把高深学问作为研究型大学教育的逻辑起点可以，但若把它作为整个高等教育的逻辑起点，难免会让人质疑：现在就有许多高等学校是应用型的、职业型的，既不高也不深，它们算不算高等教育？可不可能把它们都排除掉？可见它不可能是建立整个高等教育理论体系的逻辑起点。从这个意义上说，将高深学问作为大学的逻辑起点，作为一家之言，是我们应该尊重的观点，但很难作为定论。除了逻辑起点之外，还存在另外一个难点，即独特的研究方法。高等教育学，以及普通教育学，所用的研究方法，不论是文献法、调查法、统计法以及比较法、实验法、叙事法等，都是社会科学各门学科通用的研究方法。这两个难点，一直困扰着高等教育学科体系的建立，也成为"领域论"振振有词的非难。

后一个难题，从1984年美国伯顿·克拉克编著出版的《高等教育的观点：八个学科的比较的观点》一书得到启发，高等教育学的独特的研究方法，可能就是多学科观点的研究方法。这个观点，当我在《多学科观点的高等教育研究》中提出来之后，获得大多数高等教育研究者的赞同。也有的学者提出，多学科观点的研究方法也应是所有社会科学学科的共同研究方法。但对于高等教育学理论研究具有特殊的意义与作用，因为高等教育是专业教育，其内部课程是由多学科理论所构成的，其外部关系，则要面对各行各业，为各行各业服务。因此，多学科观点的研究方法对研究高等教育理论有特殊的方法论意义。

至于前一难点，在2011年重新讨论学科与领域之争时，也有了新的认识：许多高等教育理论工作者，认为所谓"逻辑起点"，源于对数学与自然科学的研究，在社会科学理论体系的建构上，除了马克思主义政治经济学提出以"商品"为逻辑起点并按逻辑方法展开之外，其他社会科学各门学科，并不存在所谓"逻辑起点"，更不存在固定框架的所谓"理论体系"，既可以是反映研究过程的从具体到抽象，也可以作为陈述过程的从抽象到具体。学科的成立，主要是：（1）有明确的研究对象及其研究范围（外延）；（2）探讨事物的内在规律和规律的运用（内涵）。并不一定要找到一个"逻辑起点"和固定框架。

同时，学科研究与领域研究，理论探讨与现实问题研究并不是非此即彼的矛盾。中国的高等教育研究始终是沿着两条有所交叉的并行轨道前进。现实问题的研究，要有基本理论的基础，否则会成为就事论事的经验之谈；但学科基本理论研究也必须对现实问题有充分研究，从现实问题研究中抽象出基本理论，而不是主观地凭空设想。因此，今后中国高等教育研究，仍然必须沿着两条并行而有所交叉的轨道前进，才能相得益彰。

研究这个专题要求：梳理中国高等教育研究两条轨道的演进轨迹，论证两者的辩证关系。

专题 5.3　高等教育学科能否成为独立的一级学科
——一个有关高等教育发展前景的问题

当前高等教育学科的建设与发展，所面临的现实问题，已不是"学科"与"领域"之争，而是能否作为一级学科建制。

我国高等教育学科的建立与发展，是受国家的政策导向所制约的。20世纪80年代，新建立的高等教育学科，因为获准作为一门独立的二级学科建制，因此得以正式建立专业、招收研究生、建立研究机构。由于高等教育改革发展的需要，如前一专题所说，队伍大、发展快。

但到了21世纪初，教育政策规定：重点学科、一流学科的建设，都在一级学科，按一级学科投资、排名、评估等。二级学科难以独立生存，许多基础较强的高等教育研究机构，为具有高等教育博士授予权的大学，不得不改为教育学院、教育研究院，既培养高等教育研究生，也兼顾普通教育研究生的培养；既研究高等教育问题，也研究普通教育问题；从而使研究资源、力量稀释。只有少数几所，仍坚持只从事高等教育学的培养与研究。还有一些高等教育研究所（室），被转入管理学院、社会学系、教师发展中心或校办、规划处、教务处而成为行政机构，甚至被取消。原来数以百计的硕士点，近年已大量停招硕士生。

由此可见，一个学科能否建设与发展，不但要视其是否为文化学术和社会的需要，还要看是否符合政策导向。高等教育学科如何挽救这一颓势，就要变普通教育学下属的二级学科为同普通教育学并列的一级学科。

现行的学科分类，全国有13门大科类，"教育"是其中之一。教育大科类之下有3个一级学科：体育、心理学（师范）、教育学（实际上是普通教育学）。为此，已经有许多位高等教育学理论研究者，从学科的理论基础、研究范围、学科特色、发展过程、教育制度、课程教学、研究人员的组成，甚至元教育学的角度论证高等教育学同普通教育学是并列关系而非隶属关系。实事求是地说，高等教育学应当作为一级学科建制，以利于高等教育事业的发展。

但是，有两个常识性而非理论性的难题，影响一般人对作为一级学科建制的认可。

其一，现行的普通教育学一级学科之下，有10个二级学科，高等教育学只是其中之一。既有教育理论、教育史、比较教育、课程与教学这类可以各自设置的学科，也有学前教育、职业教育、成人教育这些独立设置的学位。例如，学前教育学就比高等教育学更早更广地被认可为独立学科。还有教育技术学是否也应作为一级学科。看来，不能只按逻辑分类定级，应参考实际需要，如所属学科群庞大、问题复杂、研究人员众多等特殊情况而定。

其二，在学术上缺乏自信心的学者，往往要借助西方的模式、权威的理论来为自己的主张辩护。高等教育是否可以作为一门独立学科，如上一专题所说，就有争论。美国就只将之作为一个研究领域。同时，西方也没有所谓一级学科的政策导向，而是由各校自行设立。所以，应该根据中国的国情，争取作为一级学科。

争取作为一级学科，不但要解决难点，还应化解阻力。当初建立高等教育学独立学科时，就有强大的阻力。阻力主要来自从事普通教育理论工作的教师、专家，他们认为高等教育研究，只要用普通教育理论来解决高等教育的具体问题就行，没有另立学科的必要。当年之所以能较顺利地建立起这一学科，有许多开明的教育家和大学校长的支持。在高等教育尚未获得独立学科建制之前，中国高等教育学会第一次筹备会就是由著名教育学家、华东师范大学当年的校长刘佛年主持的。还有西北师范大学的李秉德教授、北京师范大学的顾明远教授、河北大学的刘文修教授、福建师范学院的檀仁梅教授等。更重要的是许多综合大学、工科院校的知名校长，从实际需要出发，大力支持。为朱九思、朱剑英、刘道玉、樊恭煦、王浒、辛安亭等，还有教育部高等教育司的司长们，如刘一凡、王冀生等。还有蒋南翔部长则从大学的地位出发，主张高等教育要成为独立学科，中国高等教育学会要作为同中国教育学会并列的一级学会并自任中国高等教育学会第一届会长。

如果说，当年的阻力是普通教育学的专家学者不让高等教育学作为普通教育学的二级学科，如今则是不让高等教育学离开普通教育学成为并列的一级学科。这是应当努力消融的。

当然，现在也有有利的条件。中国高等教育学会是强大的靠山，30年来集合起来或培养出来的高等教育教育学科的学者、专家，是争取建立一级学科的支持力量。

研究这一专题，希望发表你的意见：（1）同意，不同意。（2）如果同意，应如何争取？

专题 5.4　院本研究（院校研究）的意义、方法与问题

中国的高等教育研究一开始就搞学科建设，同时也进行现实问题研究。中国的问题研究大多是着眼于宏观问题研究、共性问题研究，而美国的问题研究则往往着重于一所高等学校的问题研究，并且往往只研究自己的大学，目的是解决本校的问题，为本校的管理、教学等问题的解决提供一些咨询和理论指导。这种研究在美国称为"institutional research"，中国把它翻译成"校院研究"或"院校研究"，也就是相当于中小学所提倡的"校本研究"，一所大学或一所学校的研究。

怎么理解院校研究呢？它有点像一所学校的工作总结，但不是一般工作总结；它有点像案例研究，但又不像案例研究。案例研究的对象一般有典型性，否则就不是案例了。案例研究的目的在于，找出一般规律性的东西，这类似于通过解剖麻雀，反映所有麻雀的身体结构。也就是说，案例性的学校研究，希冀通过对一所学校的剖析，为其他院校提供参考。但是，院校研究只关心自己的学校，不关心这种研究对其他学校的办学有没有用，也不关心通过这所学校研究能否总结出什么样的规律，研究的结果能不能推广到其他学校去。

1980年以来，我们经常请美国专家来中国做报告，希望他们能介绍一下美国的高等教育情况，最好能谈一下美国高等教育有些什么研究成果。但请来的专家所做的报告大家听了都很失望。为什么呢？因为他们都是讲自己的学校，如学生怎么招、经费怎么安排、教学怎么管，对其他学校的情况不甚了解。问到全美国的情况更讲不出来。为什么？因为他们的研究就是研究自己。有一次，我们请全美院校研究会（AIR）的主席来做报告，他所讲的也就是他所在的弗吉尼亚大学的情况。可见，院校研究与案例研究是不同的。它与工作总结也不同，工作总结有一定规格，先将一些资料汇集在一起，整理出基本情况、取得的成绩、存在的问题以及今后努力的方向，等等。而院校研究，往往是专题性研究，如本校招生如何改革、经费如何安排、学生如何管理等。更重要的区别是研究方法和参加研究的人员不同。

院校研究，重视运用科学的方法来得出自己的结论。通常采用计量方法、质性研究方法或社会学的方法来进行研究。院校研究的研究者是本校的人员，但不能是研究对象或行政负责人，如研究学生工作的不能是分管学生工作的副校长或学生处处长，研究教学工作的不能是教务处处长，研究后勤工作的不能是总务处处长……而应该是独立的研究者。他们拿学校的工资但研究不听谁指挥，这样才能保持他研究的客观性。院校研究由于是研究院校的具体问题，如发展战略、教师、经费、招生、课程、教学、科研等方面的问题，一般是学校要求研究者研究什么，研究者就研究什么。学校可以提要求，但不能为研究结果定调子，干预研究者的研究。研究者按照自己的理论、计划和方法进行研究，但学校要提供所需要的真实材料，研究者有权查阅各个部门的材料、参加有关的会议。独立研究的结果送给学校，学校可以采纳也可以不采纳。显然，这跟写工作总结和总结报告不同，写总结报告往往先定调子，再搜集材料。领导必须先说出自己有什么意见，先定下调子，秘书们才能写，否则没法写。院校研究，学校只要告诉研究者要研究什么问题，至于怎么研究，得出什么结论，那是研究者自己的事情。院校研究要研究学校的具体问题，解决学校的具体问题，所以院校研究是各种各样的。美国的院校研究，大概研究得最多的是有关学校的发展战略，再者就是招生、学生工作、经费、教师、课程、教学、科研、社会工作等方面的问题。

  院校研究既不是案例研究，也不是工作总结，那么这样的研究有什么意义呢？一是它可以作为本校的信息库和智囊团，可以提高校本决策的科学水平。二是可以作为理论与实践的中介。理论只有转化为院校研究的结果，才能转化为学校实践。理论直接转化为学校的实践是很困难的，只有通过院校研究才能以理论研究实践问题，以结论指导实践。如果没有这一中介，理论往往难以落实到实践，因为理论往往要通过政策才能起作用。

  院校研究在美国也不是很早就有的，主要是 20 世纪后半叶才发展起来的。1947 年明尼苏达大学成立院校研究办公室（IRD），尔后有不少院校纷纷成立这类办公室（名称不尽相同）。1965 年，这些机构联合起来，成立了美国院校研究会，这个研究会会员单位已达 3 000 多个，有些会员单位是其他国家的。院校研究在美国兴起，原因主要有两个方面：首先是现代大学又大又复杂。大学复杂了，为了使管理更加科学，建设更加科学，要求对院校各方面进行研究。其次是这种只管自己的院校研究在美国之所以盛行，原因在于美国各学校都有自己的特点，各自研究各自的问题，这符合美国高等教育自由化与多样化的特点。中国的大学是趋同的，而美国的大学是趋异的。在中国，上面说这个学校做得好，其他学校就马上去取经了，而且依葫芦画瓢；美国都是你干你的，我干我的，当然也不是完全没有参照。如此，院校研究形成的理论也是特殊的。

我曾经于1994年应邀赴美国参加美国院校研究会第十九届的年会。当时，苏州大学的程星教授正在美国工作，也参加了这届年会。次年，程星和周川两位教授发表了《美国院校研究的历史与现状》，论文发表后一直没有得到学术界和高教界的重视，我当时也认为美国那种不受行政干预的独立研究在中国很难推广。直到高校扩招之后，许多大学面临诸多具体问题，亟待研究解决，同时，中小学已经提倡校本研究，院校研究才重新被重视。大力提倡并组织实施的主要是华中科技大学的刘献君、赵炬明等教授。2003年，华中科技大学教育科学研究院成立院校研究所，2004年，在该所的推动下，建立了高等教育学会院校研究分会，一般每年召开一次学术研讨会。有的院校，在高等教育学硕士生中，开设"院校研究"课程，已出版了专题研究、案例研究、教学参考书等。

我认为，中国应当开展院校研究，使高等教育理论研究和高等学校办学实践紧密结合。一般高校的高教研究所（室），应当以院校研究为主，做好为校本的改革、发展服务，才会受到领导和教师的重视而有持续发展的前途。但是，既不可能照搬美国院校研究的做法，因为两国的国情、校情很不同；又不应成为学校写工作总结和领导讲话的秘书班子，那是总结经验而不是研究问题。如何走出一条中国式的院校研究的道路，是今后大家要长期研究和实践的任务。

研究这个专题要求：（1）弄清楚美国院校研究的历史演变、意义、性质和特点。（2）研究如何在中国开展院校研究。

专题 5.5　实践经验在高等教育研究上的重要性与局限性

大家都知道,理论来源于实践。社会科学的理论,归根结底,是社会实践的理论提升。教育科学在社会科学中,是一门与实践关系最为密切的科学。高等教育科学,更是一门应用型科学,应用理论研究实践中的问题。

教育理论有三条实践源泉:第一条是教育史,前人所总结的实践经验;第二条是比较教育,别国所总结的实践经验。这两条都是来自他人的间接经验;第三条是自己的实践经验,也就是直接经验。人的一生,时间空间有限,大量的是接受间接经验。因此,要多读书,纸质的书和网络的"书"。但间接经验必须与直接经验交接,才能较好地被授受、被理解,成为自己所掌握的理论知识;缺乏直接的实践经验,对他人的间接经验,对书本上的理论知识,很难深入理解,"纸上得来总觉浅"。因此,对研究生来说,有实践经验与缺乏实践经验,在理论学习与研究上的深度是不同的,提出解决问题的意见与建议,在可行性上也不同。这就是为什么我们在研究生培养上,更欢迎有直接实践经验的研究生。

但是,实践经验是有局限性的。因为实践是具体的、特殊的。实践经验如未能提升为抽象的理论知识,就缺乏普适性,固守狭隘的实践经验会导致眼光狭窄、思想僵化,不能与时俱进,不但自身成为落伍者,而且会成为事物发展的阻力。一些经验丰富而缺乏理论修养的干部看问题、做决策,往往受自己狭隘的经验所影响,搬老经验看新事物,缺乏想象力与创新精神。只有既有丰富的实践经验,又不断地吸取他人的间接经验,学习理论知识,才能成为英明的决策者和开明的领导人。

研究这个专题要求:(1)弄清间接经验、直接经验和理论知识三者的关系。(2)举出实例进行分析研究。

专题5.6 量化、质性、思辨等方法在高等教育研究上的重要性与局限性——兼论"实证研究"

自然科学的研究方法,主要是定量方法,不论实践、观察、调查,都要求有一定的"数据",用"数据"说话。社会科学研究,则有定量研究与定性研究,孰为重要,一直存在争论,并且由此形成各种学派。

在自然科学昌盛之前,古人的人文、社会研究,都只是定性的,主要是通过思辨,经逻辑推理来获得研究成果。在自然科学昌盛以来,受自然科学研究方法和实证主义的影响,引进了定量研究方法,特别在社会学、经济学的研究上被广泛应用。数学成为社会科学研究的"宠儿",有人认为没有运用数学公式,构建数学模型,便不算科学研究。在教育科学研究上,教育测量学、教育统计学,成为必修的课程,但在实证主义受到质疑之后,出现了折中于定量方法与思辨方法之间的质性研究方法,主要形式有田野研究、深度访谈、叙事研究、文本研究等。

在中国,高等教育研究论文所用的研究方法,大体有三种类型:(1)以定量研究为主,按照一定的规范,运用大量的数字和公式,表述一定的教育现象。有如自然科学的论文,很少发表自己的见解。有的大学规定社会科学研究生的学位论文,也必须有大量的数据和公式才算合乎规格。(2)探索运用质性研究方法,这类论文读来颇有新鲜感,但由于对素材的选择与运用,具有较大的主观性;在理论阐述上往往严肃性不足,它的科学价值还未被充分肯定。(3)以思辨方法为主,对所研究的问题,运用逻辑方法,进行分析、综合、推理、证明。如果所得结论,言之成理,持之有故,还不失为有价值的研究成果,但必须回到实践中去验证。

定量研究应该说是客观、具有科学价值的。但是,作为社会科学的研究方法,是有局限性的。首先,定量研究,必须在一定的理论引导前提下才有科学价值;其次,定量研究只能达到事物的表面现象而不能揭示事物的内在本质。

先说第一点:我曾做过一次报告,题目是"不科学的科学方法",举出许多确实可靠的统计材料，如无正确的教育理论指导，可能得出错误的结论。例如，两位教师所教的课程，一位教师全班考试成绩都很高，基本上都在 90 分以上，80 分以下的很少，没有 60 分以下的；另一位教师全班考试成绩，大多数在 70~90 分之间，90 分以上与 70 分以下的是少数，还有个别不及格的。从统计材料看，似乎前一位教师教学效果优秀而后一位教师很"一般"，应该表扬前一位教师。这是错误的。错误的判断源于缺乏成绩分布的教育理论指导。在正常的情况下，一个班的成绩分布应当呈现正态分布，或接近正态分布。后一位教师的全班成绩符合于正态分布；前一位教师的全班成绩则是严重的负偏态分布，也就是所谓"高分低能"。出现"高分低能"的现象，可能是教材偏易；如果教材难易度适当，则可能是考题偏易；如果考题的难易度也适当，则问题可能更为严重，可能存在作弊问题。无论如何，"高分低能"，不能正确反映教学效果，失去考试的教育意义。又如，一位教师所教的 3 名学生，历次平时测验成绩如表 5-1 所示。

表 5-1

测验	第一次/分	第二次/分	第三次/分	第四次/分	第五次/分	平均/分
学生甲	95	90	85	80	75	85
学生乙	50	55	60	65	70	60
学生丙	85	75	90	60	80	78

如果你是这位老师，谁学得好应当表扬？谁学得不好应当批评帮助？表扬与批评的根据是什么？

学生甲，无疑是学习优秀的学生，平均分达 85 分，但成绩逐次下降；学生乙，是学习困难的学生，平均分只达到 60 分，但成绩逐次提高；学生丙，是学习中等学生，平均分达 78 分，但成绩忽高忽低，很不稳定。当然，不能根据表面的平均成绩，应当根据教育理论，表扬、鼓励学生乙，批评、帮助学生甲和丙。因为教育的意义是"成长"，是"发展"。

再说第二点：定量分析只能达到事物的表面，也就是看到客观现象。但透过现象看本质，深入探讨事物的内在原因、实质，还得靠思维，思维才具有这样的穿透力，也才能提出解决问题的策略。因而，还得借助于思辨、借助于定性研究。这就是在调查方法的应用上，有了问卷调查的统计数字之后，还得用访谈的方法，深入了解表面现象的内在原因。

近来，教育理论界大力提倡"实证研究"，并由全国 14 所大学教育研究机构和 32 家教育理论杂志共同发表了一个提倡教育实证研究的宣言。该宣言指出："实证研究是马克思主义的基本研究方法之一。"并认为："实证研究是思想观念、原则标准、方法程序的有机统一。""实证研究是基于事实和证据的研究，强调的是用科学的方法，获得科学的数据，得出科学的结论，接受科学的检验。实证研究具有多种类型和不同层次，采用实验研究、调查研究、访谈研究、考古研究、文本分析、案例研究、观察记录、经验筛选、计算机模拟等方法，都可以做出高水平的实证研究；现代信息技术的发展又为实证研究提供了新的手段和新的方法。"① 我认为：实证研究，就是量化、质性、思辨等方法在教育研究上的协同应用，而不是回到 19 世纪孔德所提倡的"实证主义"。

研究这个专题要求：（1）说明定量研究与定性研究的辩证关系。（2）查阅有关资料，分清"实证研究"不同于"实证主义"的研究方法。

---

① 华东师范大学行动宣言：加强教育实证研究 促进研究范式转型［J］. 中国远程教育，2017（3）：75 - 76.

专题5.7 依附理论对中国高等教育研究的积极作用与消极影响

依附理论（dependency theory）原来译为从属理论，是西方马克思主义者提出的一种理论。这个理论认为，西方发达国家不但科学技术先进，而且社会科学的理论，主要是经济方面的理论，也具有时代的先进性。依附理论的基本内涵是，发展中国家要认同发达国家的理论，只有学习发达国家先进的理论，才能有所发展。

依附理论的假设前提是西方物质文明发达，生产力与科技水平高，所以西方发达国家的文化水平和文明程度也高；既然西方发达国家的文明程度在世界上属于领先地位，那么发展中国家的文化应当依附于发达国家的文化，应当用西方发达国家的各种先进理论来改造自己落后的传统的理论，发展中国家不可能也不必要自己再另搞一套。有人认为，正如清朝末年，我们之所以着重引进西方的学术（当时叫"西学东渐"），就因为当时西方的科学比我们发达，学术比我们先进，所以我们不需要也不必要更不可能自己另搞一套。

不仅西方发达国家的学者提倡依附理论，而且有许多发展中国家的学者，其中包括中国的学者也在自觉不自觉地提倡依附理论。认为美国的东西就是先进的，美国人说的就是正确的，认为只要向西方学习，认同西方的理论就行。但也有的学者认为，我们不能单纯地向西方学习，向西方的理论靠拢，不能简单地照搬、移植、认同西方的文化，还必须结合各自国家的国情对其做出选择，加以改造。

依附理论的形成有其自身的必然性与合理性，发达国家在科学技术、文化制度等方面，必然有一些先进的东西，值得发展中国家借鉴；历史上，也确实存在不少先进文化同化落后文化的事实。中国近代教育制度，包括大学制度，基本上就是从西方引进的。当然，借鉴、引进与依附、同化是不同性质的概念。前者以我为主，后者不由自主。

但是，依附理论的消极影响也是很明显的。首先，它挫伤了一个民族的自尊心，造成了民族自卑感，觉得自己事事不如人。其次，它强调不要自主创新，直接"拿来"即可，扼杀了发展中国家人民的创新精神。

依附理论的假设前提是发达国家的科技发达，所以相比之下社会也就更文明。文明的社会，其文化也就更强势，其学科理论也是强势的、进步的、先进的。这个假设的前提是不全面的。我们承认科技越发达，生产力水平越高，文化程度也相对越高，但其文化中同样也有落后的东西。总体上来说，生产力不发达，文明程度也较低，但不能说它的文化中就没有精华的东西。中国不但在历史上拥有优秀的文化，今天仍然有许多先进的东西，而且还不断地有很多先进的、新的东西出现。有些优秀的传统文化和创新的理论，可能比西方发达国家更为优秀、更为先进。比如我们的儒家文化和各门学科的创新理论。儒家文化是传统文化，我们不能够说儒家文化中所有的东西都是精华的，但我们得承认儒家文化中确实有其精华，并对今天世界现代化发展有它的积极作用。为什么今天仍有许多国家还在研究儒家学说，就是因为儒家学说中许多关于修养的、经营的理论对我们今天还有积极的作用。在经济领域方面，也有许多经营管理理论是值得我们和世界学习的。有一本书叫《菜根谭》，其中的许多观念，在现代经营管理上仍然能够起到很好的作用。为什么现在商界的经理们还要学古代的《孙子兵法》？因为它对今天的经营管理还有一定的用处。为什么一个人口众多、资源不丰的贫弱国家，能在短时间中建成一个经济大国，必然有它并非依附发展的创新理论。可见，说西方发达国家的文化先进，而发展中国家的文化落后，发展中国家自己不能创新，也不必要创新，依附理论的这种论点显然是错误的。

依附理论首先是从经济理论界提出来的，认为发达国家跟第三世界生产力和经济基础不平衡，所以第三世界只能够依附于发达国家才能发展，第三世界要发展只能依附于发达国家。除了这个说法以外，依附理论还有另外一个方面，即依附理论揭露了发达国家对发展中国家的剥削和压制是一种新殖民主义。在经济理论方面，由于依附理论中存在许多不能自圆其说的欠缺，许多人提出了质疑，在批判了一阵之后也就没有再引起太多的反响。

依附理论移植到教育界，尤其是移植到高等教育界时，在20世纪七八十年代的影响不大，但到90年代之后，尤其到了世纪之交时影响越来越大。把依附理论运用到高等教育领域，而且写成书影响高等教育理论界的最重要人物之一就是阿特巴赫。阿特巴赫不仅研究发达国家的教育，还研究发展中国家的教育，研究了印度、中国，还有东南亚国家的教育。阿特巴赫极力主张用依附理论来研究比较教育，用依附理论来研究中国的教育。阿特巴赫的观点被中国教育理论界的一些工作者所认同。在世纪之交，依附理论很受重视，甚至有人认为近百年的中国教育史就是一部依附于发达国家发展起来的历史。中国高等教育落后，所以要依附发达国家的高等教育，学习西方发达国家的高等教育理论和模式才能有所发展。

阿特巴赫的观点主要是源于早期依附理论所提出的"中心—边缘"说，即发达国家是中心，发展中国家是边缘；发达国家是太阳，发展中国家是行星；边缘依附中心才能得到热量，才能绕中心而旋转。由此，发展中国家首先要依附西方教育和西方的教育价值观，按照西方高等教育的模式来发展本国的教育。他说这种中心与边缘的客观现实是不可改变的，至少在可见的将来是不可能改变的。但他也提出，边缘的发展中国家也不能完全照搬西方的模式，应该结合本国的实际来采取措施，使之符合本国的情况。他在批判西方的殖民主义，尤其是美国等西方发达国家的文化殖民主义的同时，也警告发展中国家不要"自我殖民"。前几年，他发表了一篇文章就是警告发展中国家不要"自我殖民"。什么叫"自我殖民"？他举例说，近年来不论中国也好，印度也好，许多发展中国家的企业、学校、商品等，都要到美国去寻求认证。不是美国要求这些国家一定要按照美国的文化，得到美国的认证，而是发展中国家自己要求得到美国的认可。他认为，发达国家把发展中国家作为文化殖民地是不对的，而发展中国家也不要把自己当作发达国家的殖民地。阿特巴赫的理论被中国教育理论界所认同。我认为他说发展中国家向西方发达国家学习，要结合自己国家的国情，不要自我殖民，同时也批判了发达国家的文化殖民主义等，这些都是很好的忠告。但是，他毕竟还是一位资产阶级教育家，不可能摆脱资产阶级的立场、价值观以及美国是世界中心的霸权思想，这些成为他的"中心—边缘"说的思想基础，牢不可破。所以，我说，阿特巴赫是一位有良心的资产阶级教育家。

因此，我们还是要搞清楚依附理论的含义与本质。我不赞同他的基础理论,但欣赏他的国际政治良心。所以我在给2003级博士生讲这门课程的时候,曾结合阿特巴赫的比较教育理论,组织学生讨论并请大家写了十几篇论文,后来这些论文分别在不同的期刊发表了,我也整理了一篇论文并在北京国际论坛上做报告。大家对阿特巴赫的观点和意见不完全一致,大多数2003级博士生不同意他的"中心—边缘"说,认为"中心—边缘"说不是客观事实,仍然是西方中心主义的一种体现。但是阿特巴赫敏锐地揭发和批判了西方的文化殖民,并对发展中国家进行善意的警告,是值得赞扬,应当受到尊重的。

阿特巴赫的"中心—边缘"说对中国高等教育研究也是有影响的。有的人认为,中国高等教育的研究要依附于西方,尤其是依附于美国,因为美国的教育比我们发达,理论水平比我们高,研究方法比我们科学,所以应该依附于美国高等教育理论。虽然有的人并不是这么公开地提倡,但实际行动就是这么做的。比如,现在有的大学要求学生写博士论文,必须是在读大量西方的理论基础上写论文,甚至规定一篇论文引用西方著作和名家的话不得少于若干处,以证明所写论文是认真学习过西方教育理论的,更多的论文作者,总是毫无保留地引用西方理论作为自己立论的依据。西方的理论,即使是先进的、正确的,也得看看是否符合中国之情。现在还流行着三种有关改革文章的"三段法"。第一段,摆出中国的种种问题;第二段,介绍西方有关的理论和做法;第三段,西方的理论、制度、措施等对中国改革的"启示"。从而按照西方的理论、模式提出改革的建议。当然,大多数人还是认为,中国的高等教育不是全部落后的,中国的高等教育有它自己的特色。很多中国的教育理论开头的确是引用进来的,但引进之后,中国也出现了许多自己的创新、改造。比如陶行知的理论、陈鹤琴的活教育理论、梁漱溟的乡村教育理论、晏阳初的平民教育理论、黄炎培的职业教育理论等,都不是完全照搬西方理论,不是完全原原本本地依附于西方的。至于我国的高等教育学一开始就是土生土长的,虽然土生土长有缺点、水平不高,但后来我们逐步借鉴西方的东西,提高了我们的理论水平,今后还要学习国外的高等教育理论,包括美国的高级理论和研究方法。但不能够说我们都是"行星",只能接受"太阳"的光和热才能亮起来。比如,美国只承认高等教育是一个研究领域,而我们的高等教育学则是一个学科，教育的内部关系规律也不是从美国抄来的。正是因为如此种种原因，我们要在这里区分"中心—边缘"的依附理论与"借鉴—超越"的自主创新的理论的不同之处。可参阅我和陈兴德合编的《中国高等教育自主发展路径研究：学术理念、学术语言与学术评价的视角》一书。

　　研究这个专题要求：(1) 举例说明依附理论与"借鉴—超越"的自主创新理论之间的区别。(2) 从教育角度看，教育依附理论有何积极和消极影响？

专题 5.8　元教育学与元高等教育研究

谈元高等教育研究，还得先从元教育学说起。元教育学是一门新的学科，也是一门不成熟的学科，甚至可以说是一门还没有构建起来的学科。近 20 年来，有不少人在研究元教育学问题，但直到现在，大家还没有弄清元教育学的研究对象、范围、性质，尤其是如何进行这方面的研究更不清楚。为了解释元教育学的性质、研究对象与范围，我们只能从元理论来推知。

"元"的英文为 meta，是一个前缀，有很多意义，其中一个意义是"超越"。按照这个意思，元理论可以理解为理论之理论，或超越现有理论的理论。譬如，元科学就是超越科学的科学，亦即我们现在所说的"科学学"，意思是从更高的视角来审视科学，审视原来的科学理论。科学学以原来的科学理论作为研究对象的研究，如元数学不是以数作为研究对象，而是以数学理论作为研究对象；元物理学不是以物理为研究对象，而是以物理学的理论作为研究对象。也就是说，科学学是科学的科学，是理论的理论。最早提出"元"的学科是元数学，就是超越数学来审视数学理论，接着是元语言学、元哲学、元逻辑学、元社会学等。以后，自然科学进行元研究，就是科学学。元教育学的出现比较晚，从世界范围看，大概在 20 世纪 70 年代之后才出现元教育学这个概念，至于元高等教育学到现在只有个别文章提及。正因为如此，我们在这里用"元高等教育研究"而不是元高等教育学。按照前面的逻辑推理，元教育学就是以教育学的理论而不是教育本身为研究对象的一门学科，它的英文名字为"meta-educology"。

元教育学的研究范围是什么？目前还不太清楚，有人列举了它的一些研究内容，大概包括：（1）教育学史。不是教育史，而是教育学史。比如，李均的《中国高等教育研究史》是教育学史，就属于元教育学的范畴。（2）建立教育基本概念范畴的准则。不是研究教育基本概念范畴，而是研究如何建立教育基本概念范畴，根据什么准则来建立这些概念范畴。教育学随意造的教育概念很多，应该研究建立教育基本概念范畴的准则。（3）教育学体系的构建。比如，如何构建一个高等教育学科理论体系的框架，就属于元教育学的研究范围。（4）教育学研究的方法论，即不是研究具体的教育研究方法，而是研究教育学的方法论。（5）教育理论与教育实践的关系，包括理论与实践的中介环节。例如，从理论到实践有哪些中介环节。从理论到实践如果没有中介环节就很难跨得过去，跨不过去就会互相埋怨。过去，理论工作者老是怪实际工作者不重视高等教育研究，实际工作者老是怪理论工作者不结合实际，提出的理论是空洞的，用不上。为什么会这样呢？就是因为缺乏中介环节。因此，理论工作者必须向中介环节延伸，实际工作者也要注意研究中介环节，这样我们的理论才能发挥指导实践的作用。（6）未来教育科学发展的趋势，不是教育发展的趋势，而是教育学科发展的趋势。李均在写博士论文时，有一个副产品，叫作《元高等教育学引论》。他建议对高等教育学进行元研究，而且亲自构建了一个研究框架，这篇论文发表在2002年的《江苏高教》杂志上。

元高等教育研究是从更抽象的层次研究高等教育学业已形成的抽象理论，所以它是非常抽象的，是在人家抽象了的理论基础上来进行研究，是抽象再抽象，是高度的抽象。对高度抽象的东西，我认为大家应该有所接触，要懂得元高等教育学讲什么东西，但最好不要急于陷进去，太早陷进去没有什么结果。因为没有大量的实际的东西做基础，所谓抽象的理论，只能闭门造车，或者干脆不造，看看国外或网上有什么东西可抄，拼凑出一篇论文。现在许多元科学、元哲学，尤其是一些元教育学的文章多半是抄来的。当然，不是所有都是抄来的，有些是推出来的，但不着边际。当前，自然科学家对搞元科学的人意见很大，说这些人吃饱饭没事干，对人们辛辛苦苦搞出来的科学研究成果说三道四。教育学界，特别是以上海华东师范大学为中心，1995—1996年把元教育学炒得很热，《华东师范大学学报（教育科学版）》热闹了一阵以后，实在搞不下去了，只好宣告暂告一段落。对于元高等教育研究，应该落实到高等教育学科的理论体系构建上，不要都去搞一些绕弯弯的东西。因此，这个专题的学习，只要求一般了解元教育学的性质、元高等教育研究的进展，比如元高等教育学能够研究些什么，提出了些什么东西，哪些问题可以成立，哪些问题说得不恰当。

研究这个专题要求弄明白：（1）元教育学有哪些成果？为什么搞不下去？有哪些困难？（2）是否应该建立元高等教育学？

专题 5.9　从高等教育理论工作者的角度讨论理论工作者的社会责任

问责制（accountability system）原来是西方民主国家一种行政制度，用以制约官员的行政权力，称为行政问责制；一般也用于制约企业的高管人员的经营管理权力，称为企业问责制；其后，又延伸至非政府组织的（NGO，non-governmental organizations）问责制，高等教育问责制也在一些国家流行。中国近年来有些省市和部门，开始制定了有关领导干部问责的规定，中共中央办公厅和国务院办公厅正式颁发了《关于实行党政领导干部问责的暂行规定》，正式建立行政问责制。至于社会问责如高等教育问责制，也开始有人写文章介绍、讨论。因此，《国家中长期教育改革和发展规划纲要（2010—2020年）》在第二十章"推进依法治教"中，只是列举式地提出："严格落实问责制。主动接受和积极配合各级人大及其常委会对教育法律法规执行情况的监督检查以及司法机关的司法监督。建立健全层级监督机制，加强监察、审计等专门监督。强化社会监督。"

问责是与权力相对应的。问责的责，是在行使权力中应当负起的责任或具有某种权力应当承担的责任，包括有某种权力而不作为的责任。理论研究工作者，既无行政权力，也无经营权力，因此，不在问责制的范围之中。但是，理论研究工作者，面向社会，是否也应负有一定的社会责任？这种社会责任的性质，不同于问责制的责任，是一种道德理性的责任。这里所说的，是问责制的提出促使我们思考高等教育研究的社会责任，而不是要将问责制套在并无决策或执行权力的教育研究工作者身上。如果一定要"问责"的话，应该重在自我问责。

高等教育研究者应当负起什么社会责任？

高等教育研究者的基本任务是理论研究，探索有关理论是研究工作的社会责任，或者称为学术责任；运用理论以解释现象，解决问题也是研究工作的社会责任，而且是更经常的社会责任。分析现状、发现问题、提出意见、提供咨询、总结过去、预测未来，及时提出预测、预警，都应是研究工作者的社会责任。作为研究工作者，都应自我问责。

我深切感到必须加强高等教育研究工作者的社会责任感是从2007—2008年的世界金融危机对高等教育的影响引起的。

2007年开始席卷全球的这场新的金融风暴，经济理论界的议论热烈，而教育理论界却似乎事不关己。2008年部分西方国家高等教育界才开始关心这个问题，但所讨论的基本是教育资金困难这类浅层次问题；中国高等教育界因为公办高校的资金不太受影响，只对媒体上已经炒得很厉害的大学生就业问题有所反应，还偶有文章谈及趁机引进"海归"人才。这些，也都是属于显而易见的浅层次问题。

2008年开学后，我们的学术沙龙活动，组织了几次金融危机对高等教育影响的讨论，十分热烈。开始涉及一些较深层次的问题，如专业结构的调整、课程教学的改革、某些教材内容的更新（如对于新自由主义经济理论的重新评价、马克思主义政治经济理论的重新学习），以及金融危机对各种类型高等教育不同的影响等，写了十几篇论文，除在《中国教育报》编了一个专栏之外，散见于几本高等教育刊物，但反应一般。如今，高等教育界，似乎对金融危机已经淡忘了。而欧盟所制订的走出后危机时代的《2020年战略》，把教育和培训作为走出后危机时代的主要战略手段。

这就引起我们思考，高等教育研究者对于高等教育的改革与发展，是否应当负起预测、预警、评论、咨询的社会责任。因此，2010年，厦门大学教育研究院召开了一次规模宏大的"高等教育研究的社会责任"学术讨论会，出版了论文集。当然，这只是对这一问题的研究开了一个头，希望更多的研究工作者继续讨论。

研究这一专题要求回答这些问题：（1）社会科学理论工作者的社会责任，同行政问责制、企业问责制的责任有何异同？是否应当建立社会科学研究的问责制？（2）高等教育研究有哪些社会责任？

附录一　高等教育学若干基本概念辨析讲稿

在专题简介中，对于基本概念辨析的必要性，已经有所说明，这个专题所辨析的高等教育概念，主要是这些概念是怎么产生出来的，并不是简单解读今天书上所写的现成的界定。书上写出的只是研究的结果，作为理论研究，我们还应当知道一些书本背后所隐藏的东西，即这些高等教育概念是怎么产生的，是如何发展到今天的。对本科生而言，不一定有此必要，但对于博士生来说，则需要搞清这些书本背后所隐藏的事情，弄清楚高等教育概念，尤其是那些重要的高等教育概念的来龙去脉。

一、高等教育学的名称与定位

（一）高等教育学名称的产生

我们这个学科的名称是用"高等教育学"好，还是用"高等学校教育学"好呢？苏联是最早把高等教育理论研究作为一个独立学科的，它的名称是"高等学校教育学"，而我们中国现在称为"高等教育学"，没有"学校"这一规定的内涵。

这一名称的认定，有一番争论的过程。1957年，我主持编写的《高等学校教育学讲义》沿用的是苏联的名称。那时，我国全面学习苏联，沿用苏联名称是很自然的事。但到1978年，我提交中国教育学会年会讨论的《高等教育学大纲》，去掉了"学校"二字。1980年，教育界开始编写《中国大百科全书·教育卷》（该书1985年出版），当中的"高等教育学"词条是我提出并撰写释文的。该词条写完送交编辑部后，编辑部把"高等教育学"的词条，加上了"学校"两字，送回来让我重审一遍。我问他们为什么加上"学校"

这两个字，他们给出的理由是：第一，苏联就是这么用的，其他国家也没发现有"高等教育学"这一名称。第二，当时对高等教育的研究主要集中于普通高等学校的问题。的确如此，当时苏联的高等学校教育学只包括两部分内容，即教学论和德育论，两者都是针对普通高等学校的。加上"学校"两字，可谓与研究内容相符。第三，用"高等教育学"一词容易引起误解，以为"高等教育学"是高于一般教育学的高级的教育学。师范院校的教授们会有意见，以为我们贬低人家所研究的教育学是初级的教育学，提高我们所研究的学科学术地位。

后来，我回了一封长信解释为什么要去掉"学校"两字。在这封信中，我坚持"高等教育学"这个学科概念，主要理由为：一是"高等教育学"外延比"高等学校教育学"要宽。研究可以有重点，先研究高等学校的学历教育，并以本科为重点；但概念周延必须留有余地，以后对非学校或非学历的高等教育的研究也可以囊括在内。二是不用怕人家误认为是高级的教育学。师范院校的教育学，研究的都是中小学教育，但并没有因此把这个学科称之为"中小学教育学"或"普通教育学"，而是叫"教育学"。教育学这个概念比当时学者们所研究的中小学教育领域宽得多，并不存在误解问题。用"高等教育学"这个概念，开始可能会有人产生一些误会，但时间一长，就会约定俗成，误会也就自然迎刃而解了。后来，《大百科辞典·教育卷》编辑部采纳了我的意见，"高等教育学"这个名称也就这样定了下来。正因为"高等教育学"这个名称已见之于权威的《大百科辞典》，尔后也就开始通行。再后来，国务院学术委员会在编制学科专业目录时，把高等教育学作为教育学的一个二级学科，也正是采用了这个说法，从而在建制上得到正名，成为有中国特色的一门学科。

从现在看来，约定俗成也没有引起什么误解。开始可能有人嘀咕，但也说不出什么。既然没有引起什么异议，也就可以把非学校形式的高等教育，如远程高等教育、成人高等教育、高等教育自学考试等，都纳入我们这个学科的研究范围了。如果当时沿用"高等学校教育学"的话，那就会很被动。苏联就是如此，后来他们的高等学校教育学科一直无法有大的拓展，就是受这个名称的限制。由于高等教育学的外延比较宽，现在我们的高等教育学才能形成一个庞大的学科群，可以容纳很多内容在里面。如果当时不坚持用"高等教育学"这个名称，那我们的研究可能就比较尴尬，也就不可能取得今天的成就。

有学生可能会问，我们这么做，其他国家如美国等，他们是如何界定的？我没有看到有什么界定，因为他们对高等教育研究是一门学科，还是一个领域，还在争论中。我们一开始就将高等教育作为一个学科来建构，而在美国，高等教育今天仍然只被视为一个研究领域。从这个意义上说，关于高等教育学基本理论的研究，主要还是在中国。但我们也要认识到，作为一个学科，高等教育学的发展还不成熟，有许多的工作要做。20世纪80年代，在厦门大学召开了一次全国比较高等教育会议，我把美国知名的阿特巴赫教授也请来参加。当时，在讨论会上，大家就高等教育研究是一个领域还是一个学科交换了意见。会上，阿特巴赫按照美国的现实认为高等教育研究只是一个研究领域，而大家普遍认为，高等教育学作为一个研究领域不成问题，但也应当构建一个学科。阿特巴赫当时的博士生，其后为联合国教科文组织亚洲教育联合会会长的周南照也在座，他建议可以将高等教育学作为一个正在走向成熟的学科。我当时作为会议主持者，肯定了周南照的意见。今天，我们还是要把它当成一个正在走向成熟的学科来看待、研究和发展。

（二）高等教育学的定位

既然高等教育学可以作为一个学科，那么就出现了第二个问题，即高等教育学的定位问题。随着高等教育研究的发展，高等教育科学已形成一个庞大的学科群，高等教育学作为当中的一个学科，应该具有什么样的学科定位，是我们需要讨论的另一个问题。

与教育学分支繁杂的庞大学科体系一样，高等教育学也具有类似的分支体系，由于高等教育学本身是一个二级学科，那么这些分支学科就可以叫作三级学科。不过，也有一些中青年学者如张应强博士、李均博士、王建华博士、方泽强博士等认为，高等教育学应是一个与教育学平行的一级学科。大家知道，教育学主要是中小学教育学，高等教育学研究的是高等教育，将两者视为平行的学科是有道理的。但目前如此处理恐怕还不成熟。不管怎样，高等教育学毕竟已逐渐形成一个庞大的学科群。在建设高等教育学的同时，根据学科发展和高等教育实践的需要，高等教育学科的各个分支学科也在20世纪80年代以后陆续建立起来，逐渐形成了一个庞大的高等教育科学的学科群。

中国高等教育科学所包含的分支学科，大体可分为三类：一是从高等教育学这门基本学科分化出来的分支学科。如大学教学论、大学课程论、大学德育论、大学学习学、高等教育史、比较高等教育、高等教育思想研究、高等教育研究方法等。二是高等教育学与其他学科结合产生的交叉学科。如高等教育哲学、高等教育经济学、高等教育社会学、高等教育管理学、大学生心理学、高等教育系统工程以及各科类的学科教学论等。三是运用高等教育理论以研究不同类型、不同层次高等教育所构成的学科。如高等工程教育、高等师范教育、高等医学教育、高等农林教育、高等专科教育、高等职业教育、学位与研究生教育、留学生教育、民办高等教育、成人高等教育、高等教育自学考试等。以上所列的各门分支学科，都已有系统的专著出版。

高等教育科学形成学科群之后，高等教育学这个概念，在应用时，产生了广义与狭义两种理解。广义的高等教育学，指的是相当于二级学科的整个学科群。例如，我们的高等教育学专业，它的研究对象就涵盖上述所有分支学科。狭义的高等教育学，指的是学科群中一门主干学科，它的研究对象是高等教育的基本理论、一般规律，是一门介于"原理"与"概论"之间的学科，具有"总论"的性质。那么，狭义的高等教育在高等教育学科群中处于什么地位？它同各分支学科是什么样的关系呢？我的理解是它是学科群中的一门特殊的学科。在形式上，它与各分支学科是并列关系；在实质上，它对各分支学科有总论的性质与统领的作用。如果作为一门课程，它还应包含一定的基本实务，使学习者从中可以掌握一些基本的知识。它所包含的实务，主要是普通本科教育。究竟应如何明确定位，还有待进一步研讨。

二、高等教育学的基本特点与问题

建设一门学科，首先要有明确的、独特的研究对象。研究对象应当具有同其他事物，尤其是与最邻近的事物不同的特点。

要把高等教育学当成一个学科来建设，我当时首先考虑的是：高等教育学的研究对象高等教育与它最邻近的学科——普通教育学的研究对象中小学教育最主要的不同特点是什么？这个特点决定了高等教育学的研究对象是普通教育学代替不了的，唯有这样才能成为高等教育学学科建设的基础。也就是说，将高等教育学作为一门学科，首先要说清楚它的基本特点。我在1957年最早的一篇文章《高等专业教育问题在教育学上的重要地位》，以及《高等学校教育学讲义》的前言和第一章，都明确提出了高等教育的两个基本特点：第一，高等教育是专业性教育，所以又称高等专业教育。也就是说，高等教育的性质是专业性的，而专业内容是复杂多样的，不像普通教育所设的课程，全国甚至全世界可以是基本相同的，都有语文、数学、物理、化学、历史、地理、体育等基本知识。高等教育的复杂内容是与国民经济、文化、政治各部门紧密联系的。同时，高等专业教育又是建立在普通教育基础上的教育。第二，高等教育的对象是大学生。与中小学生不同，大学生一般是十八九岁以上的青年，已经达到了成人阶段。这也是高等教育区别于中小学教育的又一个基本特点。

时至今日，人们对高等教育基本特点的认识还是这两个，不过已把它概括得更加简单。把第一个特点概括为建立在普通教育基础上的专业教育，以培养高级专门人才为培养目标。也就是说，高等教育的培养目标与中小学教育不同，中小学教育是以培养公民为目标。我们也可以更简单地把高等教育概括为"高"与"专"两个字。把第二个特点概括为一般全日制的本科学生（限定为一般全日制本专科是为了与成人高等教育区别），是20岁左右的青年，他们的身心发展已趋于成熟。从逻辑学的角度看，第一个特点表述的是高等教育的本质属性；第二个特点反映的不一定是高等教育的本质，因为学生不一定是20岁左右。正因为第二个特点不是本质属性，我们只能根据第一个特点对高等教育下定义。就这样，我们给高等教育学下了一个属加种差的定义："建立在普通教育基础上的专业教育。"

今天，高等教育的这个定义和两个基本特点已得到普遍认同。但是，并不是没有需要讨论的问题。

关于第一点，有人提出中专、中职、职业高中以及技工学校的教育都属于中等教育，但它们也是建立在普通基础教育上的专业教育，是不是也应该算高等教育？也有人提出，高等教育不一定是专业性的教育，高等学校要开大量的普通教育课程，国外有些短期大学如社区学院初级部，从事的就是普通教育，其课程不过是普通中学课程的向上延伸，而不是专业课程。正因为如此，现行的2018年版《中华人民共和国高等教育法》第二条规定："本法所称高等教育，是指在完成高级中等教育基础上实施的教育。"也就是说，《中华人民共和国高等教育法》首先把"专业"二字去掉了，因为美国的高等专业教育有往后移的趋势，有一种主张，认为大学本科只修通识教育课程，专业教育延至研究生阶段。中国在向美国学习中，也有人"超前"提出这种不合国情的主张。至于把"普通教育"改为"高级中等教育"主要是因为中专、职高等专业教育，建立在初中教育之上，为示区别，特别标明招收的是高中毕业生。作为法律的实施范围可以这么规定，但是实施范围的规定不是下定义。如果这是对高等教育下定义的话，那么不但是画蛇添足，而且会把高等教育的概念搞乱。为什么这么说？因为把"专业"抽掉，把中学限定为高中，那么，高等教育等同于"高中后教育"，而高中后教育是一个比高等教育外延较宽的概念（关于这两个概念的关系，将于后面讨论）。

  我认为原来的界定仍然是正确的。首先，中专、中职招收的是初中毕业生，而初中教育不是完整的普通中学教育，初中和高中在一起办的学校才叫作完全中学，初中不是完全中学。苏联把小学、初中办在一起的学校叫作七年制中学，初中高中合办的叫作完全中学，中国现在也有"初中"和"完中"之分。国外把高等教育称作中学后教育，并不需要将高等教育称为高中后教育，并不存在与中职、中专混淆的问题。其次，高等学校虽然开设一些普通课程或公共课程，但是这些是高等专业教育的基础。高等教育的培养目标是专门人才，主体是专业教育。为了加强普通教育基础，使专业教育更好地进行，需要开设一些相关的普通课程，但这些课程不是专业教育的主体课程，比如普通化学、普通物理等。事实上，那种不分院系、不分学科专业，纯粹是中学课程基础上延伸的普通课程教育，在中国还不存在。这种情况在国外恐怕也不多，只有社区学院可以念大学一、二年级的普通课程，但它只是为转入大学做准备的。其他的如预科班或预科教育不是高等教育，而只是一种过渡性质的高中后教育。因此说，高等教育的第一个特点作为概念定义应该是成立的。

至于第二个特点,因为它不是高等教育的本质属性,因此即使改变了也不影响高等教育的定义。首先,成人高等教育就不存在这个特点。按照原来的理解,成人高等教育的对象主要是职后成年人,所以成人高等教育不受第二个特点的限制。不过,现在中国成人教育的学生 80%~90% 是没有升上全日制普通高校的青年人。其次,国外的高等教育入学没有年龄的限制,现在我们已经和国外一样,放宽了大学入学年龄的限制。但是,尽管大学已没有年龄限制,大学里的学生主要还是 20 岁左右的年轻人。据统计,我们现在大学里 25 岁以上的学生数只占总数的 0.25%。从这个意义上说,对第二个特点的影响,我们可以忽略不计。同时也不难判断,高等教育第二个基本特点还是能够成立的。最后,我再强调一下,高等教育的学生主体还是 20 岁左右的年轻人,没有这个概念,高等教育学就难写了。因为我们要进行教育教学,就要针对学生的身心发展特征来进行。如果没有一个依据,德育、智育甚至体育都很难研究。

三、高等教育以及有关概念的辨析——第三级教育、中学后教育、大学教育

高等教育是指建立在普通教育基础上的专业教育。这个定义在国内通用,但在国际上并非都通行。那么,究竟如何给高等教育下一个准确的定义,目前还是国际范围内存在的一个问题。联合国教科文组织在成立后不久就开过多次会议,试图为高等教育下个定义,最后意见还是很不一致。

1962 年,在非洲召开的一次高等教育会议上,勉强给出了一个列举式的描述性定义,称"高等教育是由大学文理学院、理工学院、师范学院等机构实施的各种类型的教育"。很显然,这个概念并没有按"属加种差"的逻辑规则来定义高等教育,只有对高等教育外延的描述,而且这个外延也太窄了,没有包括非本科的教育,更没有包括非学历的教育。事实上,这个概念是按照美国高校的分类所做的描绘,强加给世界各国。显然,这不是高等教育的科学定义,其他各国很多都不是这么分类的,中国也不是这么分类的。联合国教科文组织后来的文件里也没采用这个定义,比如 1975 年联合国通过的国际教育标准分类法,避开"高等教育"这个词,而用第三级教育来代替。在20 世纪 70 年代,欧洲教育部长会议组织了一个调查,叫作"西欧七国第三级

教育的调查"，就指出："传统的高等教育制度已不能适应社会发展需要，必须改变为范围较广的、多样化的第三级教育。"以"第三级教育"代替高等教育，是因为传统的高等教育定义已经不能代表现代社会高等教育多样化的实际状况，必须要采用外延更加广泛的新概念。用"第三级教育"代替"高等教育"是有一定道理的。不过，高等教育（higher education）这个概念，在国际上还是通行的。因此，1993年，联合国教科文组织第二十七届教育会议又重新将高等教育定义为："高等教育包括大学及国家核准为高等教育机构的其他高等学校实施的中学后层次的各种类型的学习、培训或研究型培训。"这个概念的外延已经比较周全了，但只是对外延的描述，不是一个合乎逻辑的定义。

为什么高等教育的定义如此难以确定呢？根本原因在于，在高等教育发展的过程中，各级各类的中学后教育都挤进了高等教育行列，情况日益复杂。1997年，联合国教科文组织在修订国际教育标准分类的时候，觉得学前教育（0）、小学（1）、初中（2）、高中（3）教育等都比较简单，但高中以后的教育很难说清。此文件中，用（4）（5）（6）三个序号标识的均为中学后教育：用（4）标识的是就业和升学的预备学校，显然还不能算作高等教育；用（5）标识的包括相当于专科、本科、硕士研究生教育未免过于庞杂；用（6）标识的是博士生教育。（5）序号所标识的学校是高等教育的主体，其内部层次类型也非常复杂，尤其是一些既不高也不专的学校，也挤进高等教育行列，使得高等教育的内涵、外延很难确定。比如，现在令我们非常头痛的是，很多职业培训班、网络课程、非学历自学考试等，它们是不是高等教育还很难说清。

由于高等教育的概念如此难以确定，所以我在《多学科观点的高等教育研究》的第一章"历史学的观点：高等教育是一个历史的概念——兼论高等教育理论与高等教育历史的关系"中，第一句话就写道："教育是一个永恒的概念，高等教育是一个历史的概念。"教育是永恒的，只要有人类，就会有教育；而高等教育则是在历史发展到一定阶段才出现，也可能将要随着历史的发展而消失。它的发展变化使得可能用别的概念来代替，也可能作为一个更加宽泛的概念的一部分而存在。比如，第三级教育中的高等教育是否是专指

(5) 序号的；或者高等教育是否融入终身教育体系中，作为终身教育的一个部分出现，这都还很难说清。

正如过去人们认为大学教育就是高等教育，现在大家都知道，二者不能等同。大学教育只是高等教育的一个下位概念。大学（university）这个概念，无论是国内还是国外，传统意义都是指研究高深学问的、正规的、本科以上的高等学校。大学这个概念不会是指专科学校（20世纪80年代中国出现的"职业大学"是一个错误的特例），也不会是指非正规的培训班。严格意义上的大学指的就是综合大学，也就是研究型的高等学校或研究型大学。它所研究的是基本理论，不是应用型的知识。正如我在前面讲过的，新中国成立前的中国大学，必须有文理学院就是这个意思。我们不能把许多应用型的、单科类的院校合并在一起就称为综合大学，学科齐全不一定是综合大学，综合大学不是混合大学，后者只能称为多科性大学。当年蔡元培就很严格地奉行大学是研究高深学问的理念，认为非文理的应用型学科不能在大学存在，所以他把北京大学的工科分了出去。他本来还想把法学院也分出去，由于反对意见很多，未成功。20世纪50年代学习苏联，苏联沿袭欧洲的大学制度，称为综合大学。中国也将文理为主的大学称为综合大学。但对十几所历史悠久、声誉卓著的工科高校，仍保留"大学"名称，称为"多科性工科大学"，如清华大学、天津大学、交通大学等。但当时的苏联并没有如此"名分"上的讲究，历史悠久，规模宏大，在国际上声誉卓著的莫斯科鲍曼、基辅工学院、列宁格勒加里宁工学院等，都只称"学院"，而没有改为大学；美国的麻省理工学院也没有改称大学。现在我国大学名称成为金字招牌，本科院校争相为获此"殊荣"而奔波。但是，有个例外要说明一下，这些非大学的高等学校的学生还是可以称为大学生，老师也可以称为大学老师，这是约定俗成的。

四、学科与专业

学科、专业和课程是高等教育研究中出现频率很高的名词。课程在后面谈，这里我们先谈学科、专业这两个概念。由于这两个概念有所交叉，容易搞混，所以需要进行辨析。学科与专业是两个密切联系，但内涵和意义又有所不同的概念。学科是与科学联系在一起的，是科学的分类，比如自然学科、社会学科，还可以分为一级、二级、三级学科。专业是与社会分工联系在一起的,社会分工需要什么样的人才,高等学校就设什么样的专业,这是专业与学科最主要的区别。因此,有人认为,学科是科学的、学术的范畴,专业是培养人才的教育的范畴。但是,两者又常常紧密联系在一起,这是因为学科是构成专业的要素,一个专业常常包含很多学科。比如,工科专业人才的培养,不仅涉及工学学科的知识,还要涉及理科甚至人文方面的学科知识。另一方面,一门学科又往往被许多专业公用。比如,化学这门学科不仅是化学专业专有的,许多其他专业比如农学、医药学等也需要学习。由此看来,学科和专业是密切联系的,是相互交叉的。

同时,虽然专业设置是根据社会分工需要的专门人才的培养来划分的,但专业设置可以有两类:一类是和学科直接相应的、基础理论性的专业,如刚才所提到的数学、物理、化学等基础学科,都有自己对应的专业;另一类是和行业密切联系的专业,甚至是与一定的社会职业密切联系在一起的,如食品工业、纺织、外贸等。总的来说,培养专门人才的单位是专业,专业是高等教育的基本结构,是高等教育区别于普通教育的本质特点所在,而学科则是高教、普教都存在的。

近年来,尽管我国高等教育按照美国的模式,提出淡化专业,拓宽专业口径,或者把专业分为主辅修,学生可以选择几个专业来学习,或者招生不分专业,按系或院来招生,如此等等。但是不管怎样,按院系招生只是拓宽了专业口径,而总体还是按专业来划分各个学院。因此,淡化专业主要是指拓宽专业口径,不是说要取消专业。事实上,取消专业是不可能的,因为专业取消了,高等教育就成为普通教育的延伸。

专业有研究型和应用型之分。研究型专业是指以进行基础理论研究为主的专业,应用型专业是与行业密切联系的专业。另外,还有一种是与职业密切联系的专业,即与高职对应的专业。因此,如果从这样的专业类型出发,我们可以将大学分为三种类型,即研究型大学、应用型大学和高职院校。这也与联合国教科文组织1997年版的国际教育标准分类中的(5)序号的学校分类情况相符。

关于学科与专业的区别和联系问题,有兴趣的同学可以看看这方面的相关论文。因为将来大家走上工作岗位,可能会碰到学科或专业建设、学科或专业评价的问题，有必要把它们搞清楚。

五、课程、教学计划、科目

课程是教育学的核心概念，也是使用频率最高、最难下定义的一个概念。在平时的日常用语或学术论文中，课程这个名词的含义往往很不相同。比如："这个学期你修了几门课程？"这里的课程指的是科目；"不论什么院校什么专业，必须修外语课程"，这里的课程指的是学科；到国外去留学"主修什么课程"，这里的课程指的是学科或专业所构成的模块；"学校里的潜在课程"，这里的课程指的是校园文化，或有教育意义的一些活动；还有更宽泛的，如终身教育课程，是指人的一生的学习与生活。

可见，课程有广义和狭义之分。狭义的课程就是指一个科目，广义的课程就是指人的一生的学习和生活。迄今为止，能见到的课程定义可能有几十种，但一般认为最主要的课程定义有三种从窄到宽的理解：一是相当于科目的课程。二是相当于专业的课程，对应的是专业教学计划。三是指学校全部与学生成长有关的教育因素。顺便说一下，教学计划这个词在教务处的实际工作中还在使用，但是写文章时很多人已经不用这个词，用培养方案、课程计划等词。但我认为，既然已经形成了约定俗成的使用，不对这个名词做改动也是可以的。

课程有这么多不同的理解，那么课程有没有一个基本的内涵呢？当然有。课程的原文 curricular 原意是"跑马道"，它主要是指一种进程，即朝着一定的目标，沿着一定的路径向前挺进。因此，不管课程如何定义，第一必须要有一定的目标，第二要有相应的内容与活动，第三要用一定的程序组织起来。正因为这样，课程理论研究的就是教学目标、教学内容、教学组织过程三者之间的关系，即这三者所组成的有机循环系统。最后，我再强调一句，我们以后写文章时要规范使用"课程"一词。

六、高等教育功能与高等学校职能

在现在的文章中，经常有人混淆高等教育功能与高等学校职能两个概念的用法。对基础教育来讲，这可能没有太大的影响，因为普通学校的主要职能只有一个，那就是培养人。但是，对于高等教育研究来讲，必须要注意这两个概念的用法。

功能和职能是有区别的。教育功能是教育本质的外化，是教育系统与其他系统发生相互作用时所体现出来的功效。用系统论的观点看，结构与功能是密切联系的，即结构决定功能，功能影响结构。高等学校职能是高等学校这个社会机构所承担的职责和任务，是与职权、责任、职责等联系在一起的概念。教育是一种社会活动，活动可以发挥功能作用；而学校是一种社会实体，只有实体才能承担一定的职责、任务。因此，高等教育叫功能，高等学校叫职能或社会职能。高等学校职能与高等教育功能是密切联系的，高等学校的社会职能归根结底都是为实现高等教育的功能。正因为存在这样的逻辑关系，我们说好的学校就是充分发挥教育功能的学校，不好的学校其教育功能的发挥也就不好。对于高等学校的职能问题，目前大家认同的是专题1.5所讲的培养人才、发展科学和为社会服务三个，现在所谓的第四或第五职能还在讨论之中。

高等教育功能主要包括两个方面：主体功能和社会功能。高等教育的主体功能主要包括成长功能、职业功能和升迁功能。其中，成长功能是所有学校，包括大中小学都具有的；职业功能是受教育者接受高等教育或职业教育以后能从事某种职业的功能；升迁功能主要是指受教育者接受了高等教育以后能向更高的社会阶层流动。高等教育的社会功能主要指政治、经济、文化三个方面的功能。再重复说一句：一般人把高等教育功能与高等学校职能错用、混用，情有可原，我们研究高等教育的，用词要力求准确。

七、教育思想、教育观念、教育理念、教育理想

近年来，有两个概念让高等教育研究者感到非常困惑：一个是教育思想和教育观念被区分开来使用，一个是教育理念和教育理想被不加区分地使用。还有教育观念和教育理念也经常被混在一起使用。

先说教育思想和教育观念。在一般情况下，教育思想和教育观念基本是同一概念。《辞海》将思想解释为观念，同时也认为观念即思想。也就是说，思想与观念是两个相同的词，彼此可以互相注解或解释。《教育大辞典》中只有教育思想的词条，没有教育观念。这从另一个角度反映，人们认为教育思想与教育观念是同一个意义，只写一个词条就够了。然而，为什么我们现在的教育文件中经常要将两个词并列使用，而且往往用标点分开呢？我曾为此专门问过当时高等教育司的文件起草者陈祖福同志。他说："我正想问你呢！"怎么办？我说：好吧！你奉命写文件，要将领导做报告的原话写进文件中，我只好勉强做解读。《教育大辞典（第1卷）》中"教育思想"的释文说：教育思想"是对教育现象的认识。主要包括：教育主张、教育理论、教育学说等。大致可分两个层次：一是较为零星的、不太系统的教育思想，如人们对教育总体或某方面的片断的初步的看法、想法、主张、要求与建议等；另一是较为系统和严密的教育思想，如人们在总结前人经验基础上，经过深入探索，反复检验、整理改进而提出的教育理论、教育学说。"那么，就把前者叫作"观念"，后者叫作"思想"。如此解读很勉强，但可以解答这个问题。不过，我自己写文章时，只要不是引用文件，就只用"教育思想"一个词。

再谈谈教育理念、教育理想如何区分。大家知道，理想和理念在英文里是有区别的，理念是 idea，理想是 ideal。教育理念包含两个内涵：一是对教育的本质、功能、规律等的理性认识；二是对教育的理想追求。既然如此，那么教育理念可以包括教育理想，甚至可以说教育理想是教育理念的核心。换句话说，教育理念就是在对教育本质、功能、规律等的理性认识基础上形成的一种理想追求，理想追求是理念的核心。如此看来，教育理念的内涵是相当丰富的，包括理性认识和理想追求，而理想追求又是在理性认识基础上形成的。因此，我们一般在表述时，还是用教育理念更合适。

纽曼的《大学的理念》（*The Idea of University*），中国大陆以前翻译为"大学理想"，这是不确切的，倒是台湾地区翻译成"大学理念"是对的。这不光是因为书名中是"idea"而不是"ideal"，还因为该书所谈的是纽曼自己对大学的本质、功能等的理性认识，并不是只谈理想。所以说，我们当时的翻译是不对的。为什么当时的翻译错了呢？我看不一定是翻译者不了解两个词的区分，而是因为理念在当时专指客观唯心主义的理念，即柏拉图的、康德的、黑格尔的理念，当年这个词不能随便用，即理念这个词在当时是一个贬义的、被批判的词汇，使用时是需要避讳的。

八、概念的规定性与概念的发展与嬗变

上面对若干常见而又容易混淆的重要的高等教育概念进行辨析，是从概念的规定性提出来的。人们平时说话、写文章，都要使用大量的概念，甚至可以说，说话、写文章就是由一连串的概念，按照一定的逻辑和语法连接起来的。如果概念的内涵缺乏共同理解的规定性，就不能起相互理解的作用，也就不能起相互交流的作用。因此，说话、写文章，尤其是在演讲、写论文时，都必须严格按照内涵的规定性使用，不得任意设定或变更。这就是为什么写科学专著或学位论文时，往往要在开篇时为一些基本的或关键的概念做界定，国家更要为一些学科的名词术语做审定。现在中国的教育学名词规范工作已完成，即将出版。

但是，科学在发展中，人的认识也在不断地深化。一方面，新的概念不断涌现；另一方面，已经有的概念也会变化发展。例如，"原子"这个概念，古希腊的哲学家德谟克里特就已经提出来，认为宇宙最终是由一种不可分割的物质微粒所组成，这种微粒被称为"原子"。而近现代化学也认为物质世界最终是由原子—分子所组成。作为一种最终的微粒大家的认识是一致的，但已经不是不可分割的而是可以不断分割的，已可划分为电子、核子、基本粒子等。又如，"素质"这个概念，原来心理学所界定的是先天遗传的，而素质教育的提出则是把这个概念发展为先天遗传与后天教育所结合而形成的，并着重于后天的教育作用。

当然，概念虽然会发展、嬗变，但不可以任意改变。尤其在一篇文章之中，要保持概念内涵前后的一致性。

附录二　教育基本规律及其在高等教育研究中的运用

一、教育基本规律的提出

教育学是一门研究教育现象和教育问题、揭示教育规律及其运用的科学。因此可以说,教育学研究的根本任务就是揭示教育规律。教育学论著很多,而且每本教育学书似乎处处都在谈规律,但几乎所有的著作都似乎没有说清教育有哪些规律,更不能像经济学那样,明确地提出一些基本规律,比如价值规律。

"文化大革命"之后,大家回顾"文化大革命"前中国经济的失误,认为根源在于经济决策违反了经济规律。回顾教育之所以失误,也认为是因违反了教育规律。中央提出今后要按规律办事。在这种情况下,教育界纷纷向教育理论工作者提出要求,你们搞教育理论的,应当告诉我们有哪些教育规律,我们才能按教育规律办事。但是,教育理论工作者也说不清楚。有的干脆就说,整本教育学都是谈教育规律,按教育学上说的做就是按教育规律办事。这个回答不准确,也不是负责任的态度。首先,教育学所研究的是教育规律以及教育规律的运用,不完全是教育规律。更何况,原来的教育学所讲的内容,并不一定都符合教育规律,很多都是教育政策的堆砌。而"文化大革命"前以及"文化大革命"期间,许多政策是违反教育规律的,即使在今天,也不能保证所有的教育政策都是符合规律的。教育理论工作者因此无法满足教育工作者提出的要求。当时,有些刊物开始发表过一些探讨教育规律的文章。有一次,《红旗》杂志的编辑要求厦门大学当时的党委书记兼校长曾鸣,写一篇关于探讨教育规律的文章。曾鸣根据自己的经验总结,找我写了一篇。记得这篇文章提出了四条意见,如:(1)要贯彻全面发展方针;(2)要加强思想政治教育;(3)要以教学为主,保持教学秩序;(4)要加强师资培养。文章虽然发表了,后来一看,这些表述虽然是正确的,但不像是教育规律。所以在那个时候,我就想,作为教育理论工作者,我们不能回避教育规律问题,有责任对其做出正面回答。

1980年,湖南大学受第一机械工业部教育司的委托,办了一个部属高等院校领导干部教育科学研究班,邀请我去做报告。在这次报告中,我第一次提出了教育外部关系与内部关系的两条基本规律。简单地说,教育的外部关系规律就是教育必须与社会发展相适应,或者说,教育必须受社会经济、政治、文化的制约,并对社会的经济、政治、文化发展起作用;教育的内部关系规律,当时是从人的全面发展的角度来说的,就是指德育、智育、体育、美育的协调发展。后来湖南大学把我的讲课录音整理印成《高等教育学及教育规律问题》小册子,内部印发,并被一些地方和单位翻印为多种版本,现在我还保留了几个版本的小册子。回想起来,那时候大家学习都很认真、自觉地寻求高等教育学的知识。

后来,我在许多地方也讲了这两条规律。这样两条规律慢慢地也就在高等教育界传开了。其后,我主编的《高等教育学(上册)》(人民教育出版社、福建教育出版社联合出版,1984年)将这两条基本规律分别作为第一章的"高等教育的性质任务"和第二章"高等学校培养目标"的理论线索,并在《高等教育学讲座》(人民教育出版社,1983年)第二讲"教育的基本规律及其对高等学校教育的作用"做了比较全面的论述。如果大家不太清楚,要详细了解的话,可以去看《新编高等教育学》,在此我就不再多说了。

不过,我当时申明,不是我首先发现这两条教育规律的。实际上,这两条教育规律在普通教育学中早就有了。比如,"文化大革命"前的普通教育学,经常谈教育的历史性和阶级性,所谓的历史性、阶级性是什么呢?其实就是教育的外部制约与适应。后来,大家不谈历史性和阶级性了,开始谈教育与社会的关系,这就涉及教育的外部关系,但没有作为教育规律提出来。又如,普通教育学也谈到遗传、环境、教育这三者的关系,所谈的就涉及教育的内部关系规律;教育学提出的全面发展教育,实际上也是教育的内部关系规律。再如，教育学中所谈到的学生年龄特征、师生关系等，都涉及了教育的内部关系规律，不过以前都没有作为规律提出来。我所做的工作和所起的作用，就是把这些材料集中起来，综合、抽象为简明的教育基本规律，并用高等教育事例做了论证。

对于教育外部关系规律，我心中有数，至今我仍然认为它的表述是比较准确全面的。而教育的内部关系规律是什么呢？当时做报告，我也感觉没有说清楚，还应该进一步进行探讨。但恰恰相反，教育外部关系规律引起了争论，而对教育的内部关系规律只有一些补充意见，没有听到反对、批评的意见。

当初的质疑或批评不是对外部、内部关系提出意见，而是对"外部""内部"这两个词持有异议。1983年在教育部委托华中工学院（现在的华中科技大学）朱九思院长召开的《高等教育学》初稿听取意见会上，有的同志就认为有的哲学教科书或哲学词典关于规律定义为"事物内部的必然联系"，外部关系的提法不妥。对此，我曾做了答辩，与会者认为是可以成立的。我当时的解释是：哲学上所说的"内部"是内在的意思。内在的本质，外在的现象，并不是说事物的内部才有必然联系，事物与事物之间就没有必然联系。当时，我特别引用了列宁对规律的解释，列宁说："规律就是关系……本质的关系或本质之间的关系。"很显然，本质的关系是这一事物本身的内在关系，本质之间的关系是这一事物与另一事物之间的内在关系，即既有本质关系又有本质之间的关系。比如，一所学校，老师跟学生是本质关系，学校与政府、家庭、社会的关系就是本质之间的关系。因此，我们可以说一个事物与另一个事物可以有本质之间的关系，也就是必然的联系。又如，教育与经济是两种不同的社会系统，教育与经济都各有自己的活动领域，都有各自的本质属性，但两个系统之间又有必然的联系。这个必然联系，对于教育来说，就是外部关系，区别于教育自身的内部关系。后来，大家同意了我这个基本解释，《高等教育学》就按教育的外部关系规律和内部关系规律写了出来。当时，我对这个问题的回答在《高等教育研究》杂志中全文发表了，后来也收录到我的论文集里，大家可以去看看。

教育外部关系规律的提出与阐释，为高等教育理论界许多同志所接受，尤其是受教育实际工作者所欢迎，认为教育基本规律的明确表述，有利于人们根据教育规律来解释与解决现实的教育现象与问题，指导教育实践。他们说，我们过去犯错误的原因，就是因为在工作中只跟着政治运动转，没有全面考虑政治、经济、文化等因素的影响，要为经济、文化的发展服务。

二、教育外部关系规律的争论

刚才说大家没有否定教育内部关系规律，只是提出了一些补充性意见，倒是对教育的外部关系规律提出了很多质疑、争论。1988年，《教育研究》发表"纪念党的十一届三中全会召开十周年"系列文章，这是一个教育研究的总的课题，在这个大题目下有一组文章，我写的是《十年来高等教育科学研究的进展》，北京师范大学的孙喜亭教授写的是《社会主义初级阶段教育理论的形成与应研究的课题》。孙喜亭在这篇文章里列举了一些所谓"不科学、不规范"的教育概念与理论，其中就点到了教育外部关系规律。他认为，教育规律的分类只能看它的作用范围以及大小，范围大的叫一般规律，范围窄的叫特殊规律。因此，教育规律只能分为一般规律和特殊规律，不应该分为内部规律和外部规律。他还认为，规律是事物的内部联系，事物的外部只能够是非本质的、不稳定的联系，不能够有外部的本质联系，并且说"外部不可能有规律"是马克思主义的哲学观点。后来，在关于教育理论的一本书里面，他又重复这个批评，并且认为这是教育科学的混乱。孙喜亭给我戴的帽子够大的，所以我觉得有必要解释清楚，就写了一篇文章《教育外部关系规律辨析》，在《厦门大学学报（哲学社会科学版）》1990年第2期发表了。该文发表以后，有几个报纸如《光明日报》《科技日报》等摘要转载了。这篇文章很重要，现在也收录在我的论文集里。

《教育外部关系规律辨析》主要是针对孙喜亭的批评而写的，阐述了以下主要论点：第一，教育与社会以及社会其他子系统，存在着必然的联系，这是客观事实，不能否认，也否认不了。孙喜亭没有否认，也否认不了。第二，外部与外在、内部与内在是不同的概念。在英文中，内部与内在、外部与外在是有区别的。在中文中，"内部"一词，一般是指空间、范围和系统的关系，偶尔也被作为"内在"的同义语使用。孙喜亭所说的马克思主义哲学的观点"规律是事物内部的必然联系"是抄自中文书籍中所写的，实际上是

"内在"的混用。我所指的"外部"不是"外在",我所指的"内部"也不是"内在"。简单地说,教育外部关系规律的"外部"一词,指的是范围、系统的外部,而不是相对于内在本质的"外在"现象;教育外部关系规律,指的正是教育系统与本系统之外的政治、经济、文化等系统(活动、现象)之间存在着的"本质之间的关系",而不是"非本质的不稳定的联系"。第三,根据列宁在《哲学笔记》中对规律的定义,"规律就是关系……本质的关系或本质之间的关系",孙喜亭不能把"关系"两个字抽掉,把六个字的"外部关系规律"说成"外部规律"。人家简单说可以,但作为专门的教育理论的辩论,孙喜亭就不应该也不能任意把我所提的"外部关系规律"简说成"外部规律"。要批评人家可以,但要原封不动引用,不能把"关系"两个字抽出来,故意曲解原意。第四,教育规律有一般规律与特殊规律之分,不同层次的教育规律其覆盖面有宽和窄之分,如教育基本规律是一般的,相对于教育基本规律的教学规律是特殊的,这是毋庸置疑的。但是,不可能用一般规律与特殊规律代替外部关系规律和内部关系规律。为什么呢?因为外部关系规律与内部关系规律所表述的是范围、系统内外的关系,一般规律与特殊规律所表述的是事物的一般与特殊的关系。两者是不同的。我们可以说一般存在于特殊之中,特殊包含着一般;却不能说外部存在于内部之中,内部包含着外部;也不能说内部关系规律存在外部关系规律之中,或外部关系规律存在于内部关系规律之中。所以,不能用一般规律与特殊规律代替内部关系规律和外部关系规律。第五,实践是检验真理的唯一标准。教育内外部关系规律提出以后,在实践中用来分析问题、总结经验,效果很好,得到了教育实践工作者的充分肯定。当时很多文章,包括现在很多文章都认为运用这条规律来研究实际问题很有效。

　　文章发表后,孙喜亭可能没有看到,也可能看到了而置之不理。1991年在北京市的一次教育学研究会上,又歪曲我的原意,做了一个上纲上线的报告,发动大家批判,并作为会议综述公开发表,有的读者,感到疑惑不解。华中师范大学一位哲学专业的研究生程少堂,不同意孙喜亭的所谓"马克思主义哲学观点"。写了一篇反驳文章《教育外部关系规律不能成立吗?》发表之前,寄给我征求意见。他虽未看到我的《教育外部关系规律辨析》一文,但基本观点,尤其是揭批孙喜亭的错误,在于把"外部"与"外在"、"内部"与"内在"混淆起来,是与《教育外部关系规律辨析》一致的。我也把《教育外部关系规律辨析》寄给他参考,他对文章进行修改后,于1992年在《教育研究》上发表,并把我的《教育外部关系规律辨析》的有关部分,作为附录。

程少堂是研究哲学的,着重从哲学角度,对孙喜亭的哲学知识提出了质疑。除了同我的文章持相同观点外,进一步指出:(1)内部不一定都是本质的必然联系,外部不一定都是非本质偶然联系。内部、外部,都有本质的与非本质的、必然的与偶然的联系。(2)孙喜亭说内部关系,就一定是规律性的必然联系,外部关系,就只有非本质的不稳定的联系。并且说"这是马克思主义经典作家的观点"。但他查遍了《马克思恩格斯全集》,无此说法。倒是恩格斯曾经直接用"关于外部自然规律"的概念来区别"人们本身的规律"。也就是说,人的本身有其成长的规律,但人必须在自然界中生活,受自然所制约、适应自然环境,改造自然环境。相对于本身的规律,是外部自然规律。只有中国有的哲学教材,说"事物的内部联系即规律性"这样的话,所说的"内部"联系指的是"内在"联系。孙喜亭所谓"马克思主义的哲学原理"是对这些哲学教材的错误理解。

程少堂还认为,教育外部关系规律是从实际出发提出来,总结了大量的教育实践,并经实际上运用证明是正确的。这条规律符合马克思主义哲学观点。而孙喜亭则是望文生义,在文字上推导,不顾教育与社会存在必然联系这个客观事实,这恰恰是违反马克思主义,对马克思主义哲学的歪曲。后来我同《教育研究》编辑部联系,把有些话删掉。问题可以争论,但不要伤人。

后来,程少堂、程少波还发表文章讨论这个问题;浙江师范大学的刘尧教授,在他的《教育评论学》中,也有专文谈这个问题,都是从理论上论证教育外部关系规律的正确性的。也就是说:"真理越辩越明!"

如果说,孙喜亭对于外部规律的批评,是误把事物与事物之间的"外部"关系理解为所谓"外在"关系,并把外部关系规律与内部关系规律的关系说成是一般规律与特殊规律的关系,并未否定教育与社会的必然联系。而展立新与陈学飞所发表的一篇《理性的视角:走出高等教育"适应论"的历史误区》(《北京大学教育评论》2013年第1期)却否定了教育与社会的必然联系。认为大学的本质只能是"高深学问",以所谓"认知理性"否定"实践理性"认为教学、科研中具有核心地位,不应受社会的经济、政治、文化所影响,应当提倡"为学术而学术",外部关系规律要求教育适应社会是"适应论"的历史误区。

该论文所宣扬的主观唯心主义观点和对历史事实的曲解,已有杨德广所发表的《高等教育"适应论"是历史误区吗——与展立新、陈学飞商榷》(《北京大学教育评论》2013年第3期)和其他刊物发表的几篇文章进行批驳。我不想一一复述。我所注意的是展立新等的文章对教育外部关系规律并未全面了解,批判外部关系规律采取的是断章取义,把自己的曲解作为批判的靶子。对此,我认为有必要全面地阐明两条教育基本规律的几层含义,整理在我所写的《关于高等教育学科建设的反思》(发表于《中国教育科学》2014年第4辑,人大复印资料《高等教育》2015年第5期全文转载)中。这里只就与外部关系规律有关的要点提一下。

(1)教育外部关系规律,即教育与社会关系的规律:教育要与社会发展相适应。

(2)"适应",包括两方面的作用:一是"受制约",一是"起作用",即作用与反作用。教育外部关系规律指教育要受社会的经济、政治、文化等所制约,并促进社会的经济、政治、文化的发展。

(3)教育的外部或内部的关系,都很复杂。教育外部关系包含教育这一社会子系统同其他子系统如经济系统、政治系统、文化系统、科技系统等的关系,和社会的或自然的诸多因素如地理、交通、人口、资源、环境、民族、宗教等的关系。从而构成了复杂的关系,而非单一对应的线性关系。

(4)教育外部关系规律与教育内部关系规律存在必然联系。内部关系规律的运用要受外部关系规律所制约,外部关系规律要通过内部关系规律才能实现。一方面,人的成长,是在一定的社会环境中培养的;另一方面,社会发展所需的人才,只能按照内部关系规律来培养。

(5)"适应",存在主动适应与被动适应的问题。主动适应指对正确的、积极的、符合科学发展观的事物,要自觉地发挥其积极作用;对错误的、消极的、违反科学发展观的事物，要尽可能避免或减轻其消极的影响。被动适应指不加判断、选择，一概盲从照搬，甚至添油加醋。

（6）如何判断事物的正确或错误。积极或消极、符合或违反科学发展观，以便采取主动适应的态度与方法。运用外部关系规律时，要以是否符合内部关系规律为准绳，即以是否有利于教育对象的健康成长为依据；运用内部关系规律时，要以是否符合外部关系规律为准绳，即以是否有利于社会的发展为依据。

以上这几层含义，在我许多论文或者著作中，都有所阐述。近来发现有些人在引用时，理解不够全面，引起歧义，因此把它集中整理如上。

三、我对教育外部关系规律的认识与发展

教育外部关系规律是指教育系统与社会系统之间的关系，以及教育系统跟社会其他子系统的关系。也就是说，教育外部关系规律包含两个层次的关系：第一层是教育作为一个子系统跟社会这个母系统的关系；第二层是教育作为一个子系统与社会其他子系统如政治、经济、文化等之间的关系。

教育要受社会政治、经济、文化等的制约，并为社会政治、经济、文化发展服务，这个界定没有错，但似乎有点太笼统。为什么这么说呢？我在研究教育制度时，发现有些问题不能很确切地表述。比如，教育尤其高等教育与科学技术的关系特别密切，高等教育肯定要受科学技术的制约，并一定要为科学技术发展服务的；高等教育的内容不仅要反映科学技术发展的最新成就，高等教育制度、高等教育方法以及高等教育思想也与科学技术存在密切的关系。可以说，对于近现代高等教育的发展来说，科学技术的作用是极其重要的推动力。黄福涛的博士论文的核心命题是：西方中世纪大学如何转变为近代大学。我在指导他时，就跟他说要抓住科学技术是什么时候进入大学的这个关键。回顾历史，虽然科学技术在工业革命中发挥了作用，但它并没有立即进入大学，因此那时的大学实质上还是中世纪大学，没有走出中世纪大学的框架。也就是说，是否传授、研究科学技术，决定了大学是近现代大学还是中世纪大学。由此可见，高等教育与科技的关系很密切，但是究竟应该把科学技术摆在什么位置呢？摆在经济还是文化的位置？众所周知，科学技术与经济发展密切相关，但在知识经济时代之前，科技并不是经济本身；

同时它又与其他文化作用有所不同。从这个角度看，说高等教育要受到社会政治、经济、文化等的制约，似乎还太笼统。

另外，经济这个概念里面包含两个方面：一个是生产力的水平，一个是反映生产力的经济制度；或者说，一个是生产力，一个是生产关系。这两者对高等教育起的作用，是很不同的。比如说，当前我国经济处在两个转型之中：一个是从粗放型向集约型的生产方式转变，这属于生产力范畴；一个是从计划经济向市场经济转变，这属于经济制度问题。前一个转变作用于教育内容，当然还有教育手段。生产力提高，科学技术水平提高，使得我们的教学内容要适应提高的生产力，也使得我们可以利用更先进的科技手段提高教学效果。比如，我们现在的高等职业教育，就不能停留在过去简单的、粗放型的职业技术教育层面，而是要引进新的科学技术，甚至是高科技的职业技术内容。另一个方面，经济制度从计划经济制度向市场经济制度转变，必然要制约我们的教育制度。例如，我们的大学管理，以能否争取到更多的课题费作为各单位、教师们的业绩评审与排名的依据，就是受不成熟的市场经济所制约。可见，生产力和经济制度对教育的影响是不同的，但是我们现在统统简化为"经济"，把生产力和经济制度都概括为经济，显然笼统了。

以上是我研究教育外部关系规律时认识到的，觉得必须对它们加以区别。经济、政治、文化这个提法没有错，但用这些来解释问题就太笼统，所以我就对这些问题进行了研究，并进一步提出概括为：教育要与生产力和科技水平相适应；教育要与社会制度相适应，最主要是与政治制度和经济制度相适应；教育要与文化相适应，尤其受文化传统的制约。

第一，教育要与科技和生产力发展水平相适应。为什么要把科技和生产力两者并提呢？因为现代的生产力跟古代的不同，是与科学技术紧密联系在一起的。科学技术是现代生产力提高的动力，没有科学技术的发展就没有生产力的提高，正所谓"科学技术是第一生产力"。所以，不论从动力来说也好，还是从要素来说也好，抑或从标准来说也好，科学技术跟生产力都是绑在一起的。生产力有多高，就看生产的科技含量有多高。由此看来，这不是我们平时习惯所说的"文化科学"，泛泛地这么提可以，但细致分析起来，文化和科学是两码事，一个是重在精神方面的，一个是重在物质方面的。

第二，把原来笼统的"经济"分解为生产力和经济制度。生产力和科学技术合在一起，还剩一个反映生产关系的经济制度。经济制度归根结底是反映生产关系，而政治制度归根结底也是反映生产关系的，因为政治是经济的集中体现。因此，把政治制度和经济制度这两个有密切联系的制度放在一起，总称为社会制度。当然，社会制度不只政治制度和经济制度，但它们两个影响作用最大，可以说，直接制约着高等教育制度。高等学校管理"行政化"，就是受政治制度的消极的制约。

第三，原来讲的"文化"太过笼统。文化概念定义很复杂，歧义很多，如物质是文化，精神是文化，科技是文化，思想观念也是文化。但对高等教育而言，最主要的是传统文化，或者说是文化传统。这个文化传统首先是民族文化，其次是外来文化。民族文化与外来文化融合在一起，就形成了一个新的文化传统。文化传统对教育、对社会的很多方面都起着引领和制约作用。需要说明的是，任何文化的发展都不是单纯的。比如说，中国的传统文化，大家以为就是儒家文化，其实中国文化里面包括了外国文化，如释迦牟尼创立的佛教文化。释迦牟尼是出生于尼泊尔的，佛教文化是从印度传入的；马克思主义也是外来的，但是传到中国历经本土化以后就变成了中国的文化，变成了具有中国特色的社会主义文化。现在很多搞国学的学者以为以孔子为大成至圣的儒学才是中国的文化传统，殊不知儒学也是与时俱进的。孔子就是"圣之时也""时中之圣"。现在孔子学院更是遍布全球，东方、西方，闹市、僻壤，都能适应。如果你要理解孔子为什么成为历代的"大成至圣"，最好琢磨"十六字心传"："人心惟危，道心惟微，惟精惟一，允执厥中。""允执厥中"，就是中庸之道，包括"时中"的与时俱进。

总之，对于教育外部关系比较准确的表述应该是这样三个方面：第一是科学技术与生产力，第二是以经济制度、政治制度为主的社会制度，第三是传统文化或者是文化传统。不过要明白，这三者是主要因素，是经常起作用的因素，但绝不排斥其他因素的作用。比如，人口就是一个很重要的因素。人口不仅对普及教育有很大影响，现在对高等教育大众化都有影响。又如，宗教、民族等因素，在许多地方甚至是最重要的。你到少数民族地区去看看，会发现在很多地方宗教、民族都是影响很大的因素。再如，地理因素的影响也很大，我们经常说，沿海发达地区教育发达，地理条件不好的地区教育就不发达，这些都是地理因素在起作用。另外，还有如资源、环境等的作用，在特定情况下，这些因素的作用也可能是主要因素。

以上是我对于教育的外部关系规律后来的一些探讨和认识。如果说我的这些体会和认识比较深入些，那主要是来自对"高等教育"的研究，而不是来自对"普通教育"的研究。因为只有进行高等教育研究，对于规律的认识才能更为具体、深入，才能较好地从现象透视其本质。有人说，高等教育学没有什么新东西，就是拿普通教育的理论去运用，这种观点是缺乏高等教育研究实践经验的偏颇之见。从这里就可以证明，教育理论很多是普通教育发现不了的或很难发现的，只能从高等教育出发才能发现，发现之后再回过头来丰富教育基本理论。令人遗憾的是，现在有些教育理论家，还是守在普通中小学教育的圈子里，还看不到高等教育、职业教育，值得高兴的是有一些年轻的教育理论家，注意到高等教育、职业教育都有宽广的天地。当然，研究高等教育也应该注意普通教育的发展，如关注中小学新课改的进展情况，不能说搞高等教育的就对新课改不管了。不过，我们更希望研究普通教育的也多关注一下高等教育，高等教育研究是一个新天地，是一门发展很快的"显学"，有许多新的理论可以丰富教育理论、扩大教育视野。

四、教育的内部关系规律

如果说外部关系规律更多是体现于高等教育研究领域，那么内部关系规律倒是普通教育探讨得比较多，我所理解的也多半是依靠普通教育的研究成果。原来我对内部关系规律的探讨，主要是从人的全面发展角度，提出德、智、体、美这几个方面有必然联系。现在看来，不只是这个角度，仅仅这个角度还不能够概括教育的内部关系基本规律。如果从教育的本质来说，可能个体与社会之间的关系是更基本的关系。因为教育的本质是个体的社会化或社会的个体化，因而最基本的内部关系规律是教育对象的身心发展跟社会要求之间的关系。个体的发展要与社会的发展相适应，但是社会发展的要求也必须符合个体的身心发展规律。现在我们的学前教育"小学化"，基础教育成为"应试教育"，都是违反教育内部关系规律的。

从教育过程来说，教师、学生和教育影响是最基本的要素，师生通过教育影响构成教育中最基本的关系。这里所指的教育影响是一个专有名词，指的是师生之间的衔接、教育者与受教育者之间的所有一切中介的总和，包括教材、教学方法、教学手段以及教学组织形式等。从教育过程来讲，师生通过教育影响发生的关系是最基本的关系。

由此可见，教育的内部关系可能是多维的，有社会要求与学生身心发展的关系，有德、智、体、美的关系，有师生关系。当然，教育的内部关系规律是否是多维的，这个问题还有待于进一步的探讨。

五、教育基本规律在高等教育研究与实践中的运用

教育的内外部关系规律是抽象的，但它无处不在，无处不起作用。在研究问题、解决问题时，如果掌握得好，应用得当，是能起到很大作用的。首先，用它指导实践，能够知其然，还能够知其所以然。不仅知道要这么做，而且知道为什么这么做，符不符合规律。其次，用它来做教育决策的根据，可以比较正确，避免就事论事、缺乏远见。我们经常在做决策时左右摇摆，就是因为没有掌握规律，只是就事论事。最后，用它可以预测教育未来的发展。这一点很重要。教育理论工作者不能总是走在事物发展的后面，要走在事物发展的前面，看到事物发展的趋势，预测事物可能的未来，这也正是教育理论工作的社会责任，也是教育理论最重要的价值。而要预测未来，很重要的是依靠规律，有了规律的指导，我们对发展可以看得更远、更准确。我们常说要有理论勇气。理论勇气从哪里来？当然来自自信心。自信心又从哪里来？显然不是来自胡思乱想，不是来自主观设想，而是来自对规律的深刻认识与掌握。规律是不以人的意志为转移的。我们教育理论工作者，要善于通过规律，看到发展前景。

高等教育内外部关系规律因为能够解释和说明现象，能够解决问题，所以受到广大教育实践者的欢迎，但许多教育理论工作者还没有很好地认识到这两条教育规律的重要性。这两条规律正像薛天祥主编的《高等教育学》中说的那样，简洁明了，便于理解和操作。根据很多理论工作者和实践工作者反映，这两条规律能够很好地解释教育现象，解决教育问题，预见教育未来。许多人写文章，总结经验，都说得益于这两条规律的指导。比如说，广西大学的黄国勋教授等认为，广西大学之所以能够在 1997 年得到国家优秀教学成果一等奖，主要是得益于这两条规律的指导，尤其是外部关系规律的指导。为什么这样说呢？他们说，依据这两条规律，他们认识到广西大学必须立足本地，面向地方，为地方的经济、政治、文化服务，所以做出了很好的成绩。他们制订发展规划，能够紧密结合地方实际，从来不说要成为中国的重点大学，虽然它也是"211"大学。这所学校搞得很有特色，解决了地方的很多发展中的问题，对广西的发展起了重大的作用。

  下面，谈谈我在研究工作中运用这两条规律，尤其是外部关系规律来研究一些宏观问题的体会。20多年来，我研究过许多宏观的问题，比如科技革命对高等教育的挑战，市场经济与高等教育的关系，民办高等教育的发展，高等教育的地方化与产业化，高等教育通向农村，以及应用型本科、高职教育等，都是得益于对外部关系规律的把握和运用。也研究过许多教育、教学问题，如研究大学生的素质教育、教学改革、教学原则、教师主导作用，以及最早提出反对不许大学生谈恋爱等，都是得益于内部关系规律的把握和运用。比如说，大学生谈恋爱，现在已不成问题，可我在20世纪70年代末80年代初就提出来了，在那个年代提出是很震撼的。有人问我，你作为大学副校长，能不禁止大学生谈恋爱？是的，我反对禁止大学生谈恋爱，反对的依据是教育内部关系规律。大学生谈恋爱反映的是大学生身心发展特征，这是禁止不了的。不能禁止，但要指导，只有不禁止才能谈指导。这些主张都得益于我对教育内部关系规律的研究，即教育必须根据学生的身心发展特征。今天有人说，禁止大学生谈恋爱，是违反人性。当时我还没有提到这样的高度，只说是违反身心发展特征，也就是违反教育内部关系规律。

  关于教育内外部关系规律的应用，我还可以举出几个印象较为深刻的例子。第一个，关于教育与商品经济关系的讨论。20世纪80年代，大家展开对教育是否要适应商品经济的问题。在华中工学院（现华中科技大学）召开的一次讨论会上，有人认为现在是商品经济时代，要发展商品经济，教育应该面向商品经济，提倡竞争，遵循价值规律办事，才有发展前途。但更多人认为，教育是公益性、福利性的事业，不应与商品经济靠近。同时，忧心忡忡，认为商品经济社会的到来，会把教育秩序搞得乱七八糟，会使学校道德败坏。双方各自都有充分理由，并举出许多实例。主持会议的朱九思院长，点名要我做"总结性发言"。因为我没有写文章，只是谈了我的观点。我认为当时经济发展的形势，是从计划经济向商品经济转型（当时尚未提出"市场经济"），正在大力推进"有计划的商品经济"。教育要面向商品经济，要受商品经济所制约，这是必然的。因为这是规律，是教育的外部关系规律，即经济要制约教育，教育要为经济服务；教育要促进商品经济，要繁荣商品经济。既然是必然的，就不是赞成或反对的问题。赞成也好，不赞成也好，规律是不以人们的意志为转移的。简单地说，这不是一个赞成与反对的问题，而是如何适应的问题。如何适应商品经济呢？商品经济对于教育的影响，有好的一面，也有坏的一面。也就是说，商品经济对于教育是一把"双刃剑"，既有正面作用，也有负面作用；既有激励高等教育发展的一面，也有不利高等教育的一面。比如，它影响我们的德育，败坏我们的道德，使大家一切向钱看。

作为教育工作者，我们不能不适应商品经济，但要主动适应，不要被动适应。前面说过所谓主动适应，就是我们要尽量发现积极面，尽量发挥积极面的作用，尽量减少负面影响。我说的是尽量减少，没有说杜绝，因为教育不是万能的，不可能杜绝，只能尽量减少。如果被动适应，那就是无所作为，随波逐流了，甚至教唆学生以不道德的手段去谋取私利。那么，怎么判定哪些影响是积极的，哪些影响是消极的呢？判定的依据是教育的内部关系规律。符合教育内部关系规律，就是积极的；如果它是违反教育内部关系规律，那就是消极的。教育的外部关系规律一方面制约内部关系规律，另一方面要通过教育内部关系规律发挥作用。它所体现的也就是前面所说的这两条教育基本规律的关系：（1）内部关系规律的运行，受外部关系规律所制约。（2）外部关系规律的作用，通过内部关系规律而实现。

因此，商品经济（市场经济）对教育的作用，要符合内部关系规律才能推动教育的积极发展；如果违反内部关系规律，对教育就将起消极的影响。

后来，商品经济发展为市场经济，这个理论同样适合于对待市场经济。根据当时的发言，回来以后我再进一步研究，写成了专论发表，并在中国第三次高等教育会议上单独做了一个非经验总结性的理论报告。教育对经济应该主动适应，不应该被动适应。我现在看很多教育问题都是按照这个道理行事的。就是当一个新事物出现时，既不随便反对它，也不随便赞成它，我要看看它是不是符合于教育的外部关系规律,如果符合就在研究层面上给予支持,同时,及时指出可能出现的负面影响,尽量减少消极因素。

再举一个民办高等教育的例子。有人说我对民办高等教育情有独钟。为什么情有独钟?主要理由有两条。从理性来说,我认为民办高等教育的恢复与发展是符合教育的外部关系规律的,这是理论思维。从情感来说,我看到许多民办高等教育的创办者,不管是校长也好,董事长也好,历尽千辛万苦,他们的那种执着的追求是很令人佩服的。我现在只从理性方面说,民办高等教育的发展是必然的。我的根据是中国的改革开放,所有制已经在变化,几种所有制并存且都有所发展,而且当时的方针政策也开始发生变化。过去,所有制只是发展国有制,保护集体所有制,而抵制私有制。后来是以国有制为主体,发展集体所有制和私有制。所以,建立在私有制基础之上的私立(民办)教育的发展,也就成为一种必然。从所有制的改革看,民办高等教育必将得到恢复与发展。起初,很多人说,我们是社会主义国家,社会主义国家的教育只能是公办学校,不应该提倡私立(民办)教育,民办学校不符合于社会主义的政治制度。对此,我在写文章时,着重分析新中国成立初期私立学校的停办,不是社会主义或新民主主义不允许办私立学校,而是因为缺乏经济基础。新中国成立之后,我们还有大量的私立学校存在,政府还公布了私立教育法规,后来为什么没有呢?因为私有制从限制到改造,没有了经济来源,私立学校经费都得靠政府财政拨款。因此才把所有的私立学校合并到公立学校里。所以说,私立学校的消失,不是因为政治原因,而是缺乏经济基础。那么,现在有了经济基础,民办高等教育就必然要恢复与发展。这是我在1988年提到的。还有人说,民办高等教育是资本主义的不是社会主义的。我在文章中也指出,学校是社会主义性质的还是资本主义性质的,不是决定于由谁出钱,而是按照什么方针来办学的。如果私人出钱,按照社会主义教育方针办就是社会主义的教育,不能因为它是私人出钱就说它是资本主义的。文章发表以后,有民办教育的校长给我写感谢信,说是为他们的办学提供理论支持。当时,有的新闻记者问我:你为什么这么看好民办高等教育?言下之意,是想问我为什么要走资本主义道路。虽然"文化大革命"之后,不兴再扣帽子,但不是没有压力的。我的压力到什么时候解除的呢?是1992

年,邓小平说不要管什么姓社姓资,有利于社会主义就可以搞。教育部发展研究中心也专门召开研讨会,讨论如何发展民办高等教育问题,而我和我的研究生们的研究成果已经出来。魏贻通博士写了一篇发展民办高等教育的博士论文,还编了一本由多位研究生所写的论文集。1992年之后,如你们所知,民办高等教育发展得很快。1995年,联合国教科文组织亚太地区办事处还委托厦门大学高等教育研究所召开了一次亚太地区私立高等教育国际研讨会,促进了民办高等教育的立法。

我们再看高等教育大众化问题。高等教育大众化符合教育外部关系规律。因为经济要发展,综合国力要加强,社会生产力要提高,生活水平要提高,文化水平也必然要提高,就必然要使更多的人接受高等教育,培养更多推动社会发展的专门人才。可以说高等教育是综合国力的一个重要组成部分。但是,当时中国的高等教育的入学率落后人家很多,所以中国要推动高等教育大众化。但是,高等教育大众化会碰到很多困难,引发许多问题,要经过三道关口:一是入口问题,就是招生问题,高等教育一旦大众化起来,就要扩大招生规模,招生政策要重新考虑、重新调整。二是过程问题,就是教育资源的增量如何赶上学生的增量,否则就会导致教育质量下降。三是出口问题,就是就业问题。在高等教育还没有大众化时,已经出现大学毕业生找不到工作的情况,就业很紧张,高等教育大众化了,就业就会更成问题。这就需要把高等教育大众化与经济发展协调起来,因为只有经济发展了,才能创造更多的就业机会;只有高等教育培养更多专门人才,经济才能更快更好发展。运用外部关系规律研究大众化问题,结论就是高等教育必须适度超前发展,过快过慢发展都会让教育与经济不相适应。如果说,20世纪90年代以前,中国高等教育过慢,导致专门人才不足、水平不高等问题;那么,世纪之交,大众化速度过快,导致教育资源不足、就业危机等问题,都是没有很好地遵循外部关系规律办教育。

以上是我对运用教育内外部关系规律研究高等教育问题的一点认识。但是,如果以为运用教育规律研究教育问题,只要简单地把规律套用上去就可以解决所有的教育问题,那就是教条主义了。因为教育规律与教育实践是有矛盾的。

六、教育规律与教育实践的矛盾关系

教育规律与教育实践的矛盾体现在三个方面：

第一，规律的抽象性、一般性与认识的具体性、特殊性的矛盾。教育规律是抽象的、一般的，而教育实践都是具体的、特殊的，从一般规律到具体的实践，中间有许多的环节，如果忽略了这些中间环节的话，规律就成为空洞的口号。现在我们有很多口号是正确的，但如果没有通过中间环节，直接套用到实践中，就是教条主义了。很多教育实践者，抱怨我们的教育理论脱离教育实际。当然，不是理论本身脱离实际，因为凡是正确的理论，都是从实践中总结出来的，都有实践的根据。问题在于理论工作者在运用规律时，忽视对规律转化为实践的中间环节的研究。而规律、理论，一般是不可能直接转化为实践的，必须通过一定的中间环节。

规律、理论转化为实践，中间的环节有许多，概括起来主要有这么几个：一是规律要转变为原则，原则比规律具体，但仍然是抽象的；二是原则要转变为政策、制度，但有政策、制度还不够；三是政策、制度还应转变为措施和办法、方案等，然后才能转化为实践。如果缺乏这些中间环节，教育规律与教育实践的矛盾就很难解决。这是第一个矛盾。

第二，规律的客观性和认识的主观性之间的矛盾。规律是客观的，而认识是主观的，这中间会产生矛盾。规律客观存在，不以人的意志为转移；原则是主观对客观的认识，所以原则具有一定主观性。但原则总是通过大量实践经验总结出来，并经过科学的论证和实践检验的，具有较高的客观性。而教育原则要转变为政策，就带有更多主观性。往往带有决策者个人或群体的主观意志。也就是说，对教育规律的认识，往往带有个人或群体的主观成分。比如说，你认为这样做是符合规律的，但恰恰相反。我曾经读过一篇短短的文章，是写教育误区的，里面谈到这个问题，写得很好。他说：人们走向误区的时候，并不以为是错误的，他还以为是正确的；人们凭自己的经验，总是认为自己是正确地向前走，直到陷得相当深了，才感到不妙，这个时候才知道回来，但要很花大力气，而且损失也很大。

在决策上要避免陷入误区，就要广泛听取教育理论工作者和教育实践者的意见，力求做到决策民主化。

第三，规律的存在是无条件的，规律的运用是有条件的。规律无处不起作用，但规律的运用要有条件。所以马克思说，具体问题具体分析，一切要根据时间、条件而灵活对待。我们常常强调要符合国情、省情和校情，都是指时空条件不同了，不能随便生搬硬套。例如，20世纪有两个理论，一个是教育机会均等理论，一个是人力资本理论，二者对高等教育的影响都很大，尤其是对亚洲的高等教育影响很大。20世纪下半叶以来，全世界的高等教育发展每10年差不多翻一番，就是这两个理论在起推波助澜的作用。教育机会要均等，理论上是正确的，但是有的国家不看时间、也不看条件，就在短期内要把全国高等教育几乎均等了。我国在21世纪初高等教育大众化过程中，增量太快，教育资源跟不上导致高等教育质量下降，就是对规律运用的条件重视不够。再就是人力资本理论，鼓励国家大力发展教育，加大教育投资。人力资本理论是对的，人力资本的确是最重要的，大力培养专家、培养专门人才也是强国之本。但如果跟经济发展不配套的话，人力浪费，待业、失业反而会变成负面影响。总之，这两个理论都是对的，但是要看时间够不够，条件够不够，需要认真考虑。

总的来说，认识规律不难，但是应用规律不容易。刚才我说的那些体验，看起来很简单，其实过程很复杂。

百 岁 感 言

我即将进入百岁高龄，但仍耳聪目明，思维清晰，可以授课、指导研究生、作报告、写文章。许多人问我有什么长寿秘诀。

说是遗传：我的祖父母在我出生之前，均已辞世；我的父亲虽高寿达八十一岁，但我的母亲五十岁就去世了；我有兄弟姐妹共十人，除大姐、四弟和我高寿外，余均夭折；对我影响最大的二兄潘载和，也只活到二十一岁就染肺病去世。

说是健康：我一生身体多病。我的最早记忆（约三岁或四岁），就是在病榻上母亲的擦摩；其后的记忆是少年时经常得感冒和胃病，青年期经常患恶性疟疾（打摆子）。一生还生过几场大病：十七岁时患伤寒；五十二岁时患急性黄疸肝炎；六十四岁时胆结石急性发炎，两次手术，切除了胆囊；如今是肝癌经放疗在养病中。疾病的磨难使我后半生腰弯背驼。

说是运动：身体运动，有利于健康，的确如此。但我只在青年时喜欢翻双杠，其后坚持做掌上压，现在只是每天做十五分钟的简式太极拳而已。

我的理解：身体的运动很重要，大脑的运动更重要。大脑是全身的"司令部"，指挥全身活动。"心之官则思，思则得之，不思则不得也。"人应当保持大脑有足够的运动量。例证：选择做官员，在位时忙于开会、作报告、处理种种复杂问题，精神焕发，身体健康。退休之后，"门庭冷落车马稀"，很快显得老态龙钟；选择做生意人，在谈生意时，跑市场、陪客户，酒酣茶热，满面红光，生意做完，"人一走，茶就凉"，也容易催人衰老；而从事教学与科研工作的人，可以退而不休，继续从事脑力活动。如果说有什么长寿秘诀的话，这就是我所体会的秘诀——大脑的运动比身体的运动更有利于长寿！因此，身体从职位上退下，但大脑不要"退休"。人要退而不休，发挥余热。西方有一种更有意义的说法："迎接人生的第二个青春！"

潘懋元
2019 年 10 月 28 日于厦门

编 后 记

传承是根,创新是魂。

编纂整理《潘懋元文集》具有极其重要的理论意义、历史意义和现实意义。在潘先生百岁华诞暨从教 85 周年来临之际,编纂整理《潘懋元文集》(第二版),其意义更为重要。

世纪老人潘懋元先生是中国高等教育学科的奠基者和创始人,是学术上的"老人与海"。潘先生人生经历丰富,内蕴深刻,富于传奇。他的学术成果丰硕,富有创见。早年作品涵盖诗歌、散文、杂文和小说等,很有文学功力,如果在这条路上走下去,说不定会成为文学大家。然而,潘先生志向不在于成为文学家,而是矢志从教和教育研究,他甚至说:"如果有来生,我还愿意当教师!"他不是一般的教师,而是具有学术创见和学术生命力的教师。作为我国高等教育学的创始人,他创造了一种存在!他的学术生涯开创和见证了我国高等教育研究的发展历程,他的学术成果反映了我国高等教育学科建设和高等教育研究的理论创新。他的学术事业不仅为我国高等教育事业的发展做出了重大贡献,而且对世界高等教育研究做出了创造性贡献。这些贡献体现了中国学者的文化自信、责任担当、精神风貌和卓越成就。

编纂整理《潘懋元文集》(以下简称"文集")是一项宏大的工程,聚集了不少人的智慧和努力。这里有必要简介文集的构想和编辑过程,同时表达最真诚的谢意。

首先,需要说明的是,《潘懋元文集》(第二版)是在 2010 年出版的第一版文集的基础上重新整理而成的,主要是加进 2010 年以后的内容,也有少量 2009 年以前的内容。

编 后 记

最初提出编纂文集设想的,是广东高等教育出版社原社长张耀荣先生。2008年5月,厦门大学教育研究院在院庆30周年之际举办"大学教育质量的理论与实践研究"国际学术研讨会,参加会议的张耀荣先生向潘先生提出,希望出版《潘懋元文集》,以及出版厦门大学教育研究院承担的"国家985工程中国特色高等教育体系研究"系列成果。这一想法得到潘先生的同意和厦门大学教育研究院的支持。潘先生便将整理文集的任务交给了我。我想一个重要原因是,在跟随潘先生做博士后期间,我整理过《潘懋元教育口述史》,以及协助潘先生在广东高等教育出版社出版"高等教育大众化研究丛书"(如《现代高等教育思想的演变——从20世纪到21世纪初期》《中国高等教育大众化的理论与政策》《中国高等教育大众化的结构与体系》等),任务完成得还不错。我深感责任重大,使命光荣,欣然受命。很快,我们组织了一支精干的团队:除我之外,还包括韩延明教授(临沂大学,当时是校长)、李均教授(深圳大学)、向春博士(深圳大学)、刘志文教授(华南师范大学)、李枭鹰教授(广西民族大学,现大连理工大学)等。经过两年多认认真真、踏踏实实的埋头苦干,文集终于在2010年庆祝"潘懋元先生九十华诞暨从教七十五周年"研讨会之际首发,受到高度评价。

光阴似箭,一晃又是十年。青山不老,绿水长流,潘先生的学术生命力依旧生机勃勃。潘先生虽已百岁高龄,仍耳聪目明,思维清晰,继续指导研究生、讲课、做报告、写文章,活跃在教学第一线,而且是老当益壮,益见其高远的智慧。

2018年底,广东高等教育出版社领导提出进一步修订出版《潘懋元文集》。广东高等教育出版社副社长钟凌翊女士与我通电话讲到修订文集事宜,我立即打电话向潘先生汇报此事,潘先生欣然同意。而且,潘先生电话中的反应敏锐让人惊叹不已。听我讲了重新修订文集的事宜后,潘先生接口就说:"好啊,辛苦你出力、出版社出钱,辛苦啦,谢谢哈!"我一听也笑了,老爷子青松不老,太厉害了!跟着潘先生干活,再辛苦也是幸福的,何况我能借此机会再次认真而系统地品读潘先生的作品,从中受益。

广东高等教育出版社的领导真是能干事的人,其出版眼光和务实精神让人很生敬佩。通过电话不久,钟凌翊副社长从广州来到深圳,与我面谈修订文集的具体设想和准备工作,虽然在电话中我一再说这事我一定会重新干起来,不用亲自过来,电话沟通就好。总编辑黄红丽女士更是积极,她当时正在福州组稿,又电话约请钟凌翊副社长立即奔赴厦门,她们一起登门拜访潘先生,商谈再版文集事宜。其诚可鉴!

不久之后,黄红丽总编辑、钟凌翊副社长和我一起去厦门拜访潘先生,讨论文集修订方案。印象深刻的是,黄总编、钟副社长一行先从广州到深圳,在深圳高铁站与我会合,一起去厦门。我一到深圳高铁站,大吃一惊,这么多人!我原以为只是我和黄总编、钟副社长三人行,结果发现她们几乎整个编辑团队都出动了。有些是我认识的,她们原来就参与过文集(第一版)或"高等教育大众化研究丛书"的编辑工作;也有新面孔,她们都是认真干事的人。

在修订文集的方案中,我们确立了"框架不变,分类整理,依照时序,加进新鲜"的原则,以及"人员到位,统筹兼顾,分工合作,各负其责"的原则。接下来,我们立即全身心投入,认认真真干起来。具体分工情况及体系如下:

肖海涛:卷一·高等教育学讲座

肖海涛:卷二·理论研究(上、下)

李　均:卷三·问题研究(上、下)

肖海涛:卷四·历史与比较研究

刘志文:卷五·序文

朱乐平:卷六·讲课录

向　春:卷七·昔年作品及其他

韩延明:卷八·潘懋元教授纪事年表

编 后 记

肖海涛：卷九·潘懋元教育口述史

这里特别要对编辑工作做些说明。

卷一，在保持原貌的基础上，少量地方由于时代发展加进了注释。卷二、卷三、卷四，包括潘先生有关高等教育理论研究、问题研究、历史研究、比较研究等内容，分别由我和李均教授负责。这部分内容繁多，工作量大，搜集资料，按主题进行分类和进一步再分类，是一件很细致的工作。好在我和李均教授是同事，同事合作的好处是非常便利和默契。在文章分类上，我们根据材料，逐一整理，共同协商，分工合作。在这个过程中，包括在平时的工作中，李均教授都给了我很多帮助。

卷五，由华南师范大学的刘志文教授负责整理。当初人手不够，我打电话给刘教授，请他负责序文卷，他毫不犹豫，满口答应，工作认真，高效负责。而每当我给他打电话道谢时，他总说是应该的。

卷六，是潘先生最新版的讲课内容，由厦门大学的博士生、潘先生的学术助手朱乐平负责。我们都知道，潘先生虽已百岁高龄，但仍活跃在教学第一线，而且一讲课就是整个上午。这卷讲课录就是潘先生给2019级博士生讲授"高等教育学专题研究"课程内容的讲课实录。

卷七，包括潘先生早年的学士学位论文、文学作品、人物回忆、杂文、散论等，由向春博士负责整理。这卷新加进了一些有趣的篇章。韩延明教授在整理纪事年表及诸位院友在查阅资料的过程中，一旦发现潘先生早期的作品，就在院友微信群中发布，我们如获至宝，赶紧收录在文集中。潘先生15岁开始从教，实际上他在15岁之前的中学时代就开始了创作和发表，文集收录的最早作品是从他16岁时开始的。这里也特别要感谢刘海峰教授，他在浩如烟海的厦门大学图书馆馆藏中查到了潘先生1945年的本科毕业论文；还要特别感谢刘志文教授，10年前他带领学生去广东省图书馆查阅潘先生1949年以前的作品，搜集到不少珍贵史料，其中不少作品是潘先生自己并没有保存的。

卷八，包括潘先生各个时期个人生活、学术活动等内容的照片和教学、科研及学术活动纪事，由韩延明教授负责。这部分涉及日常生活，时间跨度大，内容细致而繁多，韩延明教授作为校长亲力亲为，真是了不起，他以极大的兴致和求真务实的精神，很早就开始做这些耗时耗力的细致工作。在编纂文集过程中，我们多次通电话，相互讨论，相互鼓励。

卷九，由潘先生口述，我和殷小平博士整理，2007年北京师范大学出版社出版。在潘先生温馨的家中，听着潘先生口述其丰富的教育人生经历，是我们珍贵而难忘的回忆。这次将《潘懋元教育口述史》补充进文集之中，稍加修改，并加进一些新的照片，生动地反映潘先生的教育人生，有助于加深对潘先生作品的理解，也使得文集更为完整。遗憾的是，潘先生的另一本侧重谈高等教育改革的口述史《实践—理论—应用：潘懋元口述史》（2019年华中科技大学出版社出版），由于未满合同期，不能收入文集中。

再者，要特别感谢潘先生的家人、厦门大学教育研究院的领导及师生、众多院友对文集的支持。虽然在工作过程中我们一直踏踏实实地埋头苦干，没做刻意宣传，但仍收到不少关心和问候。厦门大学教育研究院院长别敦荣教授、华中科技大学教育科学研究院原院长张应强教授等多次表达关心和问候。还要感谢为文集搜集资料的潘先生的博士生朱乐平、刘明维等，以及为第一版文集搜集资料的葛喜艳博士、冯晓玲博士等。

当然，最需要特别真诚感谢潘先生对我们的信任，将出版文集这一重大事情交予我们，能够参与其中是我们的荣幸。

有时候，对一个人，你越走近他，就越崇敬他。我们对潘先生的感觉就是这样的。在研究潘先生的过程中，我常情不自禁地感叹："我越来越崇拜潘先生了！""高山仰止！"于我而言，能做潘先生的学生是幸福的，能整理潘先生的教育口述史是幸福的，能一再整理潘先生文集更是幸福中的幸福！

编后记

潘懋元先生是一个传奇。研究潘先生丰富而传奇的教育人生，可以发现，他的学术人格、生命意蕴和人生哲学有两个鲜明的特征：一曰"诚"，二曰"闯"。

"诚"是中国文化的核心概念，是潘先生立身处世的生命哲学。他赤诚向学，忠诚教育，精诚开拓，如《中庸》所言："诚之者，择善而固执之者也"，"诚则明矣，明则诚矣"，"唯天下至诚为能化"。

"闯"是潘先生的英雄本色，是他大丈夫立德、立功、立言的本体功夫。他性格乐观坚强，敢闯，善闯，能闯，敢于创新，敢为天下先，闯出了一条建设和发展中国特色高等教育学之路。

两者合起来，潘先生是诚中有闯，闯中有诚；因诚而闯，由闯见诚；二者的和谐统一，成就了他的教育事业，也为国家的教育事业做出了贡献。

概言之，潘先生是一名优秀的教师，他忠诚国家和人民的教育事业，真诚地热爱教师职业；潘先生是爱国的人民教育家，他"板凳敢坐十年冷，文章不写半句空"，"精诚所至，金石为开"，开创出高等教育学这门"中国创造"的新兴学科。

今天，我们无限自豪、满怀欣喜地看到，中国高等教育学学科体系日益成熟，研究队伍日益壮大，科研成就硕果累累，对不同层面的教育政策和实践产生了积极而有效的影响……这一切，潘先生功不可没，真可谓：

由诚而成懋业，

敢闯而创新元。

最后还需要说明的是，文集涉及的研究成果内容丰富，时间跨度大，编辑加工难度大，难免有不当、错漏之处，敬请批评指正。

肖海涛

2019 年 10 月 30 日初稿

2020 年 4 月 23 日修改于深圳半塘斋